대한민국, 복지국가를 부탁해

대한민국, 복지국가를 부탁해
복지국가의 눈으로 들여다 본 한국 사회의 이슈와 대안

초판 2쇄 발행 2010년 6월 10일
초판 1쇄 발행 2010년 1월 28일

지은이 복지국가소사이어티 편저
발행인 김지숙
발행처 도서출판 밈 제300-2006-180호 서울 종로구 동숭동 4-152 501
전화 02-762-5154 팩스 02-763-5154 이메일 editor@mimbook.co.kr
편집 나무목 디자인 구수연
ISBN 978-89-94115-03-0 03330

이 책은 저작권법에 따라 보호받는 저작물이므로 무단 전재와 무단 복제를 금지하며,
이 책 내용의 전부 또는 일부를 이용하려면 반드시 저작권자와 도서출판 밈의 서면동의를 받아야 합니다.

잘못된 책은 바꾸어드립니다.
책값은 뒤표지에 있습니다.

대한민국, 복지국가를 부탁해

복지국가소사이어티 편저

도서출판 밈

책을 시작하며

복지국가는 우리 모두의 꿈입니다. 우리 국민들은 미국식의 시장국가보다는 유럽식의 복지국가를 훨씬 더 선호합니다. 1997년의 외환위기 이후 가속화된 우리나라의 양극화 성장을 지켜보면서, 특히 2008년 하반기부터 전 세계를 강타한 미국 발 경제위기를 경험하면서 우리 국민들은 미국식 시장국가에 대한 그릇된 선호와 환상에서 충분히 벗어난 것 같습니다.

최근 10여년 사이에 우리 삶의 달라진 모습, 시장만능과 경쟁지상주의 하에서 아이나 어른 가릴 것 없이 모두가 정신이 피폐해지고, 일상이 불안해진 우리네 삶의 모습을 돌아보게 됩니다. 이런 식의 삶은 우리의 미래가 될 수 없습니다. 더욱이 우리 자식들에게 이런 세상을 물려줄 수는 없는 것입니다.

복지국가소사이어티는 이런 인식에서 2007년 7월에 출범하였고, 그 해 10월에 사단법인으로 법률적 출생신고를 마쳤습니다. 출범을 준비할 때는 단지 10여명이 모였고, 모두들 열심히 노력하였습니다. 그리고 약 4개월의 준비 끝에 『복지국가혁명』이란 책을 2007년 7월에 출간하였습니다. 우리가 추구하려는 '불안 없이 더불어 행복한' 복지국가에 대한 열망이 이 책에 고스란히 담겨 있습니다. 그리고 2년 반이 흘렀습니다.

그 사이에도 많은 변화가 있었습니다. 지금은 수십 명의 정책위원들이 함께 복지국가를 꿈꾸고 있고, 수백 명의 후원자와 수천 명의 지지자가 저희 복지국가소사이어티를 응원하며 지켜주고 있습니다. 하지만 아직은 갓 걸음마를 시작한 어린아이와 같습니다. 외국의 진보적 싱크탱크나 국내 재벌회사의 관련 연구소들에 비하면 정말 초라한 외형입니다. 그래도 우리는 기죽지 않고 앞으로 나아갈 것입니다. '역동적 복지국가'라는 우리 모두의 꿈을 한시도 놓을 수 없기 때문입니다.

무엇보다 복지국가소사이어티의 정책위원들은 참 좋은 사람들입니다. 정책위원들은 시간을 들여 정책도 내놓고 매월 후원회비도 내놓습니다. 일부 정책위원들은 얼마 되지 않는 국립대학 교수 월급의 10%를 월정 후원금으로 냅니다. 저는 복지국가소사이어티의 공동대표 겸 운영위원장으로서 항상 이분들을 존경합니다. 그래서 늘 감사하는 마음으로 복지국가 운동에서 최선을 다하려고 노력합니다. 정책위원들의 이러한 열망이 대한민국 국민들의 그것과 다르지 않다는 것을 확신하면서 말입니다.

우리사회가 참 많이 변했습니다. 신자유주의가 우리사회에서 지난 10여 년 동안 지배적으로 관철되어 오면서, 특히 지난 2년 동안 현 정부가 '본격적인' 신자유주의를 추진해오면서 많은 것들이 변했습니다. 양극화 성장 체제의 모순은 구조적으로 심화되었고, 이에 따라 민생은 더욱 불안해진 것입니다. 특히 노동시장과 일자리가 문제입니다. 대기업의 성장은 지속됨에도 불구하고 일자리는 줄어드는 '고용 없는 성장' 시대를 맞았기 때문입니다. 현 정부가 추진하는 부자감세와 규제완화 등의 신자유주의 방책이나 토건사업으로는 '고용 없는 성장'과 양극화의 잘못된 시대를 결코 넘어설 수 없습니다.

노동시장의 양극화를 극복하고, 양질의 일자리를 양산하여 모두가 더불어 사는 행복한 사회를, 그래서 더욱 경쟁력 있는 나라를 만들려면, 보편적 복지를 기본으로 하면서 적극적 복지, 공정한 경제, 혁신적 경제를 축으로 하는 역동적 복지국가의 건설로 과감하게 나아가야 합니다. 노동능력이 없는 극히 가난한 일부 국민들만을 복지의 수혜자로 삼는 현행 잔여주의(선별주의) 복지가 아니라 모든 국민이 복지의 수혜자가 되어 삶의 안정감과 도전정신을 갖게 되는 보편주의 복지를 제도화해야 합니다. 이 위에 맞춤형 교육, 평생교육, 적극적 노동시장정책 등의 적극적 복지를 결합하고, 적극적 조세재정정책을 운용하는 공정한 경제와 지식기반경제를 근간으로 혁신적 기제를 제도적으로 내장한 혁신적 경제를 유기적으로 통합해야 합니다.

복지국가소사이어티 정책위원들은 번갈아가면서 매주 칼럼을 씁니다. 지난 1년 간 한 번도 빼먹은 적이 없었습니다. 또 복지국가소사이어티는 홍보위원회를 운영하고 있습니다. 홍보위원회는 우리사회의 주요 현안에 대해 복지국가의 관점에서 매주 논평과 성명을 내고 있습니다. 이것 또는 지난 1년 동안 빼먹은 적이 없었던 것 같습니다. 우리에게는 이 일이, 복지국가의 담론과 정책을 국민들에게 널리 알리고, 유럽식의 복지국가를 원하지만, 우리나라가 북유럽의 스웨덴과 같은 선진복지국가로 변화하길 희망하지만, 현실의 팍팍한 삶에 쫓겨 이내 접어버리는 우리 이웃의 소중한 꿈을 키워주는 일이 너무나 중요하기 때문입니다.

이 책은 이러한 지난 1년 동안의 노력으로 나온 칼럼과 논평들 중의 일부를 선별한 것입니다. 독자들이 읽기 쉽도록 정치, 경제, 노동과 사회복지, 보육과 교육, 보건의료, 조세재정 등 6개의 주제 별로 구분하여 묶었습니다. 이 책을 읽어보시면, 지난 1년 동안 우리나라에서 무슨 일들이 벌어졌는지, 이러한 일들이 어떤 맥락에서 일어난 것인지, 이들 문제에 대한 올바른 해법이나 현실성 있는 진보적 대안이 무엇인지를 분명하게 이해하실 수 있을 것입니다. 그러한 해법과 대안이 바로 '역동적 복지국가'입니다. 복지국가소사이어티는 누구에게나 열려있는 공간입니다. 독자 여러분들의 많은 참여와 성원을 기대합니다.

감사합니다.

_저자를 대표하여 이상이 씀.

저자 소개 (가나다 순)

감신 경북대학교 의학전문대학원 교수로 예방의학 교실 주임교수를 역임하였고, 현재 경북대학교병원 공공보건의료사업실장을 겸하고 있다. 건강보장과 지역보건을 전공하는 진보적 의료관리학자다. 『보건의료 개혁의 새로운 모색』(공저, 2006) 외에 다수의 보건정책분야 논문과 연구보고서를 출간하였다.

김종건 사회복지학 박사이며, 사회보장과 복지국가를 전공분야로 삼고 있다. 현재 동서대학교 사회복지학부 교수이자 복지국가소사이어티 정책위원이다. 저서로는 『21세기 새로운 사회복지정책』(공저, 2007)이 있다.

김창보 보건행정학 박사로 한국보건사회연구원과 건강보험연구센터에서 근무하였으며, 현재 (사)시민건강증진연구소 소장, 건강세상네트워크 정책위원장, 복지국가소사이어티 정책위원을 맡고 있다. 저서로는 『의료민영화 논쟁과 한국의료의 미래』(2008, 공저)와 『시민을 위한 의료급여 건강보험 이용 안내』(2009, 공저) 등이 있다.

김철웅 한국보건산업진흥원에서 지역보건사업팀장을 지냈으며, 현재 충남대학교 의학전문대학원 교수이자 복지국가소사이어티 정책위원 겸 온라인위원장이다. 저서로 『복지국가혁명』(공저, 2007), 『의료민영화 논쟁과 한국의료의 미래』(공저, 2008) 등이 있다.

문진영 서강대학교 신학대학원 사회복지학과 교수이자 동아시아 사회정책학회(EASP) 회장으로 일하고 있다. 참여연대에서 국민기초생활보장 운동을 하였으며, 현재 복지국가소사이어티 정책위원장이다. 저서로 『복지체제와 노동체제의 정합성: 1987년 이후 생산주의적 복지체제의 동학』(공저, 2008), 『유럽연합의 사회정책에 관한 연구』(2009) 등이 있다.

박기수 의학박사이자 예방의학 전문의다. 현재 경상대학교 예방의학 교수이자 복지국가소사이어티 정책위원이다. 현재 농작업 안전 코호트 경남지역 사업단장과 한국보건의료연구원 겸임연구위원을 맡고 있다. 주요 관심분야는 농업인 건강과 만성질환자의 질병행태 등이다.

박종현 경제학 박사로 국회도서관 금융담당 연구관을 거쳐 현재 진주산업대학교 산업경제학과 교수로 일하고 있다. 복지국가소사이어티 정책위원이다. 저서로는 『케인즈&하이에크』(2008), 『경제의 교양을 읽는다』(공저, 2009) 등이 있다.

박형근 건강보험심사평가원에서 책임연구원으로 일하였고, 현재 제주대학교 의학전문대학원 의료관리학 교수이자 복지국가소사이어티 정책위원 겸 대변인이다. 저서로 『보건의료 개혁의 새로운 모색』(공저, 2006) 외에 다수의 보건정책분야 연구보고서를 출간하였다.

변광수 스웨덴 웁살라대학교에서 스칸디나비아어학을 공부하였고, 스톡홀름대학교에서 언어학 박사학위를 받은 후 한국외국어대학교에서 교수로 재직하였으며, 현재 동 대학교의 명예교수이자 복지국가소사이어티의 고문이다. 한국 스칸디나비아학회 초대회장을 역임하였으며, 저서로는 『북 유럽사』(2006), 『복지국가 스웨덴 사람들』(2009) 등이 있다.

송상호 국민건강보험공단의 노동자로 의료보험 통합운동에 참여하였으며, 오랫동안 노동조합 활동을 해오고 있다. 국민건강보험 보장성 확대 운동을 조직하고 홍보하는 일을 하고 있다. 현재 공공노조 사회보험지부의 정책위원이며, 복지국가소사이어티 정책위원이다.

윤태호 의학박사이자 예방의학 전문의로 현재 부산대학교 의학전문대학원 예방의학 교수이자 복지국가소사이어티 정책위원이다. 빈곤, 건강불평등, 사회정책, 복지국가 등의 연구 분야에 주된 관심을 두고 있다. 저서로는 『보건의료 개혁의 새로운 모색』(공저, 2006), 『의료민영화 논쟁과 한국의료의 미래』(공저, 2008) 등이 있다.

이래경 오랫동안 한국 민주주의와 복지 발전을 위해 일해 왔다. 2006년 풀뿌리 복지운동체인 일촌공동체를 만드는 데 앞장섰으며, 일촌공동체의 상임이사 겸 운영위원장을 맡고 있다. 현재 호이트코리아 대표이자, 복지국가소사이어티의 공동대표다.

이상구 보건대학원을 졸업한 예방의학과 전문의다. 새천년민주당 보건복지전문위원, 참여정부 대통령비서실 행정관을 역임하였으며, 한국보건산업진흥원의 수석연구원, R&D전략개발단장 등을 지냈다. 현재 복지국가소사이어티 상근연구위원 겸 홍보위원장을 맡고 있다. 저서로는 『복지국가혁명』(공저, 2007) 등이 있다.

이상이 의학박사이자 예방의학 전문의로 국민건강보험공단 건강보험연구원 원장을 지냈으며, 현재 제주대학교 의료관리학 교수이자 복지국가소사이어티 공동대표 겸 운영위원장으로 역동적 복지국가를 연구하고 운동으로 실천하고 있다. 저서로는 『복지국가혁명』(공저, 2007), 『의료민영화 논쟁과 한국의료의 미래』(공저, 2008), 『한국사회와 좌파의 재정립』(공저, 2008) 등이 있다.

이성재 인권변호사로 '장애우 권익문제 연구소'를 설립하는 데 참여하였고, 연구소 소장을 지냈다. 15대 국회의원으로 보건복지상임위원회에서 활동하였고, 참여정부 시기에는 국민건강보험공단 이사장을 지냈다. 현재 복지국가소사이어티 정책위원이다. 저서로는 『복지국가혁명』(공저, 2007), 『한국 사회와 좌파의 재정립』(공저, 2008) 등이 있다.

이용재 사회복지정책학 박사로 국회의원 비서관과 건강보험심사평가원의 책임연구원을 지냈으며, 현재 호서대학교 사회복지학과 교수로 재직하고 있으며, 복지국가소사이어티 정책위원이다. 주요 논문으로는 「국가 의료보장체계에서 민간의료보험 의료비의 영향분석」(2009), 「국민연금 급여가 노인 소득불평등에 미치는 영향분석」(2009) 등이 있다.

이은주 간호학 박사로 제주대학교 간호학과 교수다. 제주4.3연구소 소장을 지냈으며, 현재 동 연구소의 이사로 활동하고 있다. 제주여민회에서 활동하였으며, 제주도지사 주민소환운동과 의료민영화 반대운동에 적극 참여하였으며, 현재 복지국가소사이어티 정책위원이다.

이종태 대구 매일신문 기자, 월간 '말' 편집장, 금융경제연구소 연구위원을 지냈으며, 현재 주간지 '시사인'의 국제·경제 팀장을 맡고 있다. 복지국가소사이어티 정책위원이며, 저서로는 『쾌도난마 한국경제』(기획집필, 2005), 『한국 사회와 좌파의 재정립』(공저, 2008) 등이 있다.

이주호 대학에서 사회학을 공부하였으며, 졸업 후 줄곧 보건의료노동운동을 해왔다. 초기의 병원 노동운동을 거쳐 현재의 보건의료산업노조에 이르기까지 현장을 지키고 있는 보건의료노동운동의 베테랑이다. 보건의료노조 전략기획단장이며, 복지국가소사이어티 정책위원이다.

이창곤 한겨레신문 기자로 논설위원과 정치부 대선기획팀장을 지냈으며, 현재 한겨레 지역편집장(사회2부장)이자 복지국가소사이어티 정책위원이다. 한국빈곤문제연구소와 복지법인 〈나눔과미래〉, 비판과 대안을 위한 건강정책학회 등에서 이사로 있다. 저서로는 『복지국가혁명』(공저, 2007), 『추적, 한국 건강불평등』(편저, 2007) 등이 있다.

이태수 경제학과 사회복지학을 공부했으며, 복지국가와 사회정책이 주된 관심분야다. 보건복지인력개발원 원장을 지냈으며, 현재 꽃동네 현도사회복지대학교 교수이며 복지국가소사이어티 공동대표와 참여연대 사회복지위원장을 맡고 있다.

정백근 의학박사이자 예방의학 전문의로 경상대학교 의학전문대학원 및 건강과학연구원의 예방의학 교수이다. 복지국가소사이어티 정책위원으로 활동하고 있고, 저서로는 『보건의료개혁의 새로운 모색』(공저, 2006), 『의료민영화 논쟁과 한국의료의 미래』(공저, 2008) 등이 있다.

정세은 파리13대학 경제학 박사로 현재 충남대학교 경제학과 교수로 재직하고 있으며, 복지국가소사이어티 정책위원이다. 국제거시경제, 재정조세정책 등을 연구하고 있다. 저서로는 『한국형 개방전략』(공저, 2007), 『한국 사회와 좌파의 재정립』(공저, 2008) 등이 있다.

최병모 인권변호사로 판사, 특별검사, '민주사회를 위한 변호사모임' 회장을 지냈다. 복지국가소사이어티 공동대표 겸 이사장, '우리겨레 하나 되기 운동본부' 이사장으로 역동적 복지국가의 실현과 민주주의 발전을 위해 사회적으로 요구되는 다양한 활동에 참여하고 있다.

최병천 오랫동안 진보정당에서 일했으며, 지난 2006년 지방선거 때는 왕십리와 행당 지역에서 서울시 의원 후보로 출마하기도 했다. 칼럼리스트로, 복지국가소사이어티 정책위원이다. 저서로는 『한국 사회와 좌파의 재정립』(공저, 2008) 등이 있다.

홍기표 철도 노동자였으며, 민주노동당 인터넷위원회에서 근무했다. 현재는 인터넷 신문 레디앙의 기획위원 겸 칼럼리스트이며, 복지국가소사이어티 정책위원 겸 홍보위원회의 간사위원으로 일하고 있다. 저서로는 『한국 사회와 좌파의 재정립』(공저, 2008) 등이 있다.

복지국가소사이어티 홍보위원회 복지국가소사이어티는 매주 목요일 오전에 성명 또는 논평을 홈페이지에 게재하고 있다. 이 성명 또는 논평은 인터넷 신문 레디앙에 당일 동시 게재된다. 이 일에는 정기성과 지속성이 중요한데, 사실 2009년 1년 동안 한 번도 거른 적이 없었다. 이를 위해서는 여러 사람의 협력적 노력이 요구되었는데, 이 팀이 바로 홍보위원회다. 홍보위원장은 이상구 정책위원이 맡고 있고, 대변인은 박형근 교수, 간사는 홍기표 정책위원이 각각 맡고 있다. 홍보위원회 위원으로는 이상이 공동대표, 김경혜 정책위원, 김종건 교수, 김철웅 교수, 윤태호 교수가 참여하고 있다.

CONTENTS

책을 시작하며

복지국가 정치

2010년, 역동적 복지국가를 향한 힘찬 도약의 한 해가 되길 염원하며 _홍보위원회	19
역동적 복지국가를 위한 진보대통합 정치를 제안하며 _홍보위원회	24
진보개혁정치 세력의 통합적 재편과 시민사회의 역할 _이상이	28
박정희의 복지국가와 우리 시대가 지향하는 복지국가는 완전히 다르다 _홍보위원회	35
세종시 건설은 원안대로 추진되어야 한다 _홍보위원회	42
중도·실용 친서민 정책의 종착역은 어디인가? _홍보위원회	47
역동적 복지국가의 논리와 우리의 과제 _최병모	53
김대중 전 대통령을 추모하며 _홍보위원회	61
'역동적 복지국가'를 위한 지역 복지국가 운동의 활성화 _정백근	65
제주도지사 주민소환과 풀뿌리 민주주의 _이은주	71
노무현 이후, '초록-복지 동맹'으로 정치 재편해야 _최병천	79
박근혜 의원도 외면하는 신자유주의 _홍보위원회	91
4.29 재·보궐 선거의 의미와 교훈 _홍보위원회	94
복지국가로의 여정은 제2의 민주화 운동이다 _이래경	98
한나라당과 민주당의 법안 합의를 비판한다 _홍보위원회	107

복지국가 경제

국민의 삶과 상관없는 경제성장률 지표 _홍보위원회	113
정부는 부동산 가격 상승 조짐에 미리 대응하라 _홍보위원회	118
제2의 경제 위기를 조장하는 정부의 경제 정책 _홍보위원회	121
'구매력 제고' 없는 일방적 고통 전가는 안 된다 _홍보위원회	125
진보는 시장을 어떻게 볼 것인가? _홍기표	128
신자유주의 금융위기의 원인과 해법 _이종태	134
GM이 몰락한 이유와 복지국가 _홍보위원회	140
기업의 사회적 성격을 높이는 3가지 방법 _홍기표	145
기업가 정신이 충만한 사회가 되려면 _박종현	152

복지국가 노동과 사회복지

지역복지에 우선순위를 둔 지역정치인이 필요하다 _이용재   161
내가 겪어본 복지국가 스웨덴 _변광수   166
스웨덴 복지 vs 한국 복지 _이태수   174
용산 철거민 참사와 통합적 리더십의 필요성 _문진영   179
용산 참살과 후가라이(Fugerei) _이래경   183
지역 NGO의 생존 없이 복지국가를 앞당길 순 없다 _김종건   187
더 이상 빈곤 아동이 없는 사회를 만들자 _홍보위원회   193
우리나라의 고용 문제와 해법 _이상구   199
자영업자 구제는 복지정책 확대로 실현 가능하다 _홍보위원회   206
쌍용차 문제의 근본적 해법, 복지국가에 있다 _홍보위원회   210
4대 사회보험 징수 통합이 던지는 과제 _송상호   217
사회적 기업에 날개를 달아주자 _이용재   223
우리나라 농촌 보건복지의 진단과 과제 _박기수   229
이명박 정부 1년, 복지는 없었다 _홍보위원회   234

복지국가 보육과 교육

교육복지 외면하는 한나라당 지방의원들 _홍보위원회   241
본색을 드러낸 MB식 등록금 후불제 _홍보위원회   245
수능시험과 청년실업 _홍보위원회   249
시민의 힘으로 얻어낸 학자금 대출제도 _홍보위원회   255
'선생'을 '스승님'이 되게 하는 복지국가 교육정책 _홍보위원회   262
강압적인 '일제고사'는 답이 아니다 _홍보위원회   268
국가 경쟁력 향상은 '전국단위 학업성취도 평가'가 아닌
교육공공성 확충을 위한 전면적 투자로만 가능하다 _홍보위원회   272
복지국가가 만드는 교복 값 걱정 없는 사회 _홍보위원회   278
4대강 정비와 등록금 후불제 중에 무엇이 중요한지 국민에게 물어보자 _홍보위원회   282

복지국가 보건의료

오바마 의료개혁, 성공할 수 있을까? _박형근   287
오바마 의료개혁의 성과와 한계 그리고 전망 _박형근   294
동서독 보건의료통합이 우리에게 시사하는 바 _김철웅   306
모든 국민을 효자로 만드는 민생의제! 보호자 없는 병원 _이주호   313
숫자 '5'로 풀어본 의료민영화 _김창보   322
신종플루와 우리나라 보건의료체계 _감신   328
윤증현 장관! 한국 보수와 MB에 대한 애정이 털끝만큼이라도 있다면,
정형근 이사장에게 한 수 배워야 한다 _홍보위원회   334
한국 의사들은 국민과 함께 의료민영화를 거부해야 _이상이   338
국민건강보험의 정치경제학 _이성재   348
정부의 치졸한 의료민영화 정책 추진을 규탄한다 _홍보위원회   357
"당연지정제도 적용하는 영리병원 허용" 주장은 국민을 속이는 것이다 _홍보위원회   360
보편주의 복지와 국민건강보험 _이성재   365
제주도가 영리 병원 홍보에 '올인'하는 이유 _홍보위원회   370
복지국가를 향한 걸음, 사회가 건강해야 사람도 건강하다 _윤태호   373

복지국가 조세재정

한국 사람들이 살기 어려운 근본적인 이유 _홍보위원회   381
'친서민 중도실용'은 복지재정에 반영되고 있는가? _윤태호   386
이명박 정부의 복지예산 정말 늘어난 것일까? _홍보위원회   391
속빈강정 복지예산, 국회가 바로 잡아야 _이창곤   395
프랑스 경제가 위기에 상대적으로 강한 이유 _정세은   404
불로소득세만으로도 복지국가 가능하다 _홍보위원회   411
감세논란과 비정규직 법의 상관관계 _홍보위원회   416
추경은 민생과 복지에 국한되어야 _정세은   422

복지국가
국민전체의 복지 증진과 확보 및 행복 추구를
국가의 가장 중요한 사명으로 보는 국가

복지국가
정치

2010년, 역동적 복지국가를 향한 힘찬 도약의 한 해가 되길 염원하며

홍보위원회 | 논평 2009년 12월 24일

사연 많았던 2009년이 저물어간다. 아직도 해결되지 못한 용산 철거민 투쟁, 전임 대통령의 연이은 서거, 언론악법 날치기, 4대강 및 세종시 논란 등으로 정신없던 한 해가 가고 있다. 이 와중에도 서민들의 삶은 별로 나아지지 않았다. 한 세기에 한번 있을 정도라는 전 세계적 공황으로 인해 돈의 흐름은 따뜻한 윗목으로만 몰렸을 뿐, 결코 아랫목을 향하지 않았다. 물론 시늉은 있었다. 정권 차원에서 중도실용이니, 서민행보니 관심은 보였지만, 내실 없는 생색내기에 불과했다는 것이 중론이다. 처음부터 '강부자' 정권에 뭘 바란다는 것 자체가 허망한 일이었을지 모른다. 그나마 이런 생색내기식 서민 걱정 때문에 좀 더 노골적인 신자유주의 행보를 주춤거렸다는 정도가 다행스러울 뿐이다. 아쉬움 짙은 세밑이다.

아마도 역사는 2000년 이후 10년의 대부분을 개혁과 진보의 시기로 기록할 것이다. 이 시기는 누가 뭐래도 87년 6월 항쟁 이후 진보개혁세력의 황금기였던 것이 사실이다. 조선후기 영·정조 시절처럼 말이다. 그런데 지금 이 시간에 정조 사망 이후 부패한 사대부들이 득세하며 권력을 농단하던 시절 일군의 실학자들이 느꼈을 박탈감과 좌절감이 충분히 이해되는 이유는 무엇일까? 이 모든 것을 이명박 정부만의 탓으로 돌리기에는 뭔가 부족하다.

한나라당의 최대 우군은 무능력한 민주당이라는 신문 사설이 많은 국민의 공감을 얻었다. 정권 교체와 집권의 희망을 주지 못하는 진보정당 또한 그 책임을 면하지 못할 것이다. 새로운 요구에 부응하지 못하는 시민사회와 진보적인 학자들도 오늘의 현실과 내일 새로 써 나가야 할 역사로부터 자유로울 수는 없다.

우리의 현대사는 뜨거웠다. 치열했고, 사나웠다. 그 결과 이 땅의 주류 지배세력은 '민주화'로 대변되는 진보개혁세력에게 권력의 핵을 내주기까지 했다. 지금에 와서 돌이켜 보건대, 이들이 '온갖 수모를 당했다'라고 생각하는 것이 조금은 이해가 간다. 낡은 기득권 세력은 '부정이다, 뇌물이다, 특혜다, 투기다, 인권탄압이다, 친일이다, 주구다, 노동탄압이다'라며 온갖 불명예의 대상으로 신문지상에 오르내렸고 망신을 당했다. 성난 민심을 달래기 위해 곳간도 꽤 내놓은 셈이다. 87년 노동자 대투쟁 이후 노동자의 실질임금이 가파르게 상승했고, 어지간한 복지제도도 형식은 그런대로 갖추어졌다. 그 덕에 이 땅의 민초들은 단군 이래 최대 호황이라는 호사를 누리기까지 했다. 여기에 덧붙여 최고 권력까지 내어주고 10년의 세월을 이렇게 지냈으니 '잃어버린 10년'이란 말이 그들에게 결코 빈말이 아니었으리라.

그러나 긴 기다림 끝에 그들은 드디어 '권력'을 되찾았다. 여기에 더해 진보개혁세력은 10년의 집권기간을 거치며 사분오열되고 말았고, 국민적 지지를 받아왔던 진보적 노동운동 또한 대기업 정규직 노동자의 이해에 집착하면서 사회적 정당성을 상당부분 잃고 말았다.

그런데 이렇게 등장한 MB정부가 지금 헤매고 있다. 지난 시절 겪었던 고초에 대한 보상심리가 강해서인지 뭔가 '군기'를 잡고 싶은 욕망이 곳곳에서 엿보였지만, 어지간해서는 '폼'이 나지 않는 모양새다. 결정적으로 월가의 붕괴와 미국 경제의 극심한 침체로 인해 만족스러운 수준의 성장 자체가 불가능해진 상황이다. 가진 자들의 정부는 우왕좌왕했다. 강력한 재정정책과 시장개입을 통해 거품을 조성하려 하거나, 영리병원이니 서비스산업 육성이니 하는 낡은 구호를 들먹이며 중산층과 서민들의 호주머니에서 돈 빼낼 궁리에만 몰두하게 되었다. 결국 지배적 보수집단의 품위도 지키지 못하고, 파이도 못 키우는 무능만 드러내고 말았다. 그들의 대안은 현실성과 설득력이 없다. 게다가 2012년 정권 재창출을 염두에 둔 현 정부의 성급함과 무리수는 쉽게 멈추기 어려워 보인다.

 문제는 현 정부와 여당이 이렇게 죽을 쑤는 데도 마땅한 대안세력이 없다는 점이다. 이제는 빛이 바랜 '민주화'라는 상표를 떼고 나면 여당이나 야당이나 '그것이 그것'이라는 것을 많은 이들이 알아버렸기 때문이다. 더군다나 세계적 경제 사정마저 불확실해지는 바람에 서민들은 쉽게 정치인들에게 마음을 주지 않는다. 2010년 대규모 지방선거를 앞두고 정치세력 간 이합집산의 궁리는 요란한 반면, 우리가 정작 추구해야 할 새로운 정치의 내용에 대한 목소리는 그리 크지 않다. 이런 상황이 지속된다면 국민들은 더욱 더 마음을 열지 않을 것이다.

 우리 모두가 절감하듯이, 우리사회는 새로운 대안을 필요로 한다. 이에 대한 대답으로 우리가 주장해 왔고, 앞으로도 주장하고자 하는 것이 '역동적 복

● 복지국가, **정치**

지국가*의 실현'이다. 일부 좌파에서는 이것을 개량주의라고 비판하며 삐딱하게 쳐다본다. 다른 일각에서는 서유럽 사민주의 정당들이 겪고 있는 최근의 정치적 곤란을 예로 들며 '복지국가'가 우리의 대안이 아니라고 말한다. 그리고 이 땅의 보수 기득권 세력들은 자신들이 내놓아야 할 몫이 아까워 시장근본주의를 앞세우며 '복지국가'라는 대안에 적대적이기까지 하다. 따라서 우리는 그간 복지국가소사이어티가 주장해 온 '역동적 복지국가'*라는 대안이 결코 쉽지 않은 경로임을 충분히 알고 있다.

하지만 우리는 지금 이 시대가 보유하고 있는 생산력의 토대 위에서 '복지국가의 건설' 외에는 안정적인 경제운용과 지속적인 성장이 가능한 보다 현실적이고도 인간적인 대안은 없다고 생각한다. 신자유주의 논리에 기댄 경제성장 정책은 단기간의 효과는 볼 수 있을지 몰라도 그 거품의 크기만큼 부작용이 클 것이며, 구조적으로 양극화가 심화되면서 장기적인 성장잠재력은 더욱 떨어질 것이다. '역동적 복지국가의 실현'이 단지 일부 좌파의 이념적 선호의 문제가 아니라 이 땅에 살고 있고, 앞으로 살아가야 할 우리 모두의 먹고 사는 문제를 위한 중대 과제일 수밖에 없는 이유가 여기에 있다.

---

* '역동적 복지국가'는 복지국가소사이어티가 내세우고 국가발전 모델을 지칭하는 것이다. 김영삼 정부의 금융자유화로 물꼬를 트고, 97년 외환위기를 극복하는 과정에서 김대중 정부가 신자유주의 경제정책을 본격화한 이후 지난 10년간 우리나라에 구조화된 신자유주의 양극화 성장체제를 극복하는 것이 우리나라 경제사회체제의 지상과제다. 이를 가능하게 하는 대안은 보편적 복지, 적극적 복지, 공정한 경제, 혁신적 경제를 유기적으로 통합한 한국형 복지국가 모델인 바, 이것이 '역동적 복지국가' 모델이다.

한국의 현대사는 30년, 즉 한 세대를 주기로 큰 변화를 겪어왔다. 소설『태백산맥』의 말미에 나오는 한 노인의 독백처럼 동학혁명이 끝난 뒤, 한 세대 이후 3.1운동이 있었고, 그 한 세대 후에 6.25를 겪었다. 그리고 다시 한 세대 후 5.18 광주가 있었고, 이제 우리는 또 다시 새로운 한 세대를 보냈다. 이것은 단순한 운명론적 당위가 아니라 지금 우리가 감지하는 이 땅의 현실이 변화의 시점임을 잘 말해주고 있다.

우리는 새로운 한 세대의 출발점인 2010년이 복지국가의 희망찬 첫 출발이 되기를 간절히 소망한다. 작은 차이와 이해관계를 떠나 연대와 통합의 정치력을 통해 '역동적 복지국가'라는 새로운 목표와 구체적인 정책 내용을 차근차근 준비해 나가는 진보개혁진영의 모든 사람들에게 다가오는 2010년은 결정적인 의미를 가지는 한 해가 될 것이다.

저물어 가는 한 해를 보는 우리 국민들의 마음은 결코 가볍지 않다. 힘겹고 불안하고 고통스럽고, 때로는 분노한다. 그러나 민중은 언제나 민중 스스로의 힘으로 자신들의 희망을 창조해냈다. 이제 더 많은 사회정의와 연대의 솟구침이 요구된다. 그래서 우리는 혼자서 가는 열 걸음이 아니라 열 사람이 함께 가는 길, 노동자 서민과 우리 모두가 함께 가는 더 큰 길을 모색할 것이다. 그리고 우리는 모두가 더불어 살아가는 '사람 사는 세상', '역동적 복지국가'를 향해 힘차게 달려 나갈 것이다. 이것이 2009년 한 해를 보내며 갖게 된 복지국가소사이어티의 2010년도 소망이다.

● 복지국가, **정치**

역동적 복지국가를 위한
진보대통합 정치를 제안하며

홍보위원회 | 논평 2009년 11월 19일

    민주정부 10년 동안 우리사회의 정치적 절차적 민주주의는 크게 발전하였다. 그러나 이러한 성과에도 불구하고 경제사회적 양극화는 심화되었다. 민생의 고통과 불안은 만성화되고 있는 것이다.

    김대중 정부는 우리나라 복지제도를 크게 확충하였고 노무현 정부는 온정적 복지정책으로 김대중 정부 때 도입된 각종 복지제도를 공고히 했다. 그러나 이러한 김대중, 노무현 정부의 복지노선은 이명박 정부의 복지제도와 본질적으로는 동일하다. 보편주의 복지가 아니라 선별적 잔여주의 복지제도* 이기 때문이다.

    한마디로 지난 10년은 우리나라에서 신자유주의 양극화 경제사회체제가 근본적인 토대를 만들었고, 잔여주의 복지제도를 온정적으로 유지해왔던 시간들이었으며, 현재의 이명박 정부는 감세정책과 규제완화를 통해 신자유주의를 더욱 강화하고, 잔여주의 복지제도를 그대로 계승하는 정권인 셈이다.

    이런 시점에서, 우리가 역동적 복지국가의 시대를 열기 위해서 반드시 필요한 것이 바로 진보대통합의 정치이다.

---

* 보편주의 복지는 사회 구성원 모두가 복지의 주체가 되는 것인데, 능력에 따라 누진적으로 비용을 부담하고 복지의 혜택은 누구나 필요에 따라 형평성 있게 누릴 수 있도록 하는 복지제도이다. 이에 반해, 선별적 복지 또는 잔여주의 복지는 엄격한 자산조사를 통해 걸러진 극소수의 경제무능력자 등의 복지수혜자를 선별하여 이들에게만 복지혜택을 주는 방식이다. 전자는 모든 국민에게 삶의 안정감을 주고, 한 배를 타고 있다는 사회연대 의식을 제고하며, 기회의 평등을 실질적으로 보장해 주는데, 경쟁적 시장임금에만 의존하지 않아도 되도록 사회임금을 폭 넓게 보장해주는 사회공공성의 영역이 넓기 때문이다. 이에 비해 후자는 복지가 경제와 선순환하지 못하고 주변으로 분리되는 구조인데, 대부분은 국민은 복지의 수혜자가 아니고, 극빈층만을 대상으로 하므로 복지확대에 대한 사회적 저항도 크고, 국가복지의 규모도 작을 수밖에 없게 되는 바, 이는 신자유주의 경제사회의 핵심적 특징이다.

우리가 복지국가 세력의 역량을 꾸준히 확대 강화하는 동시에 신자유주의 세력에 대한 압박과 공세를 계속하려면, 2012년 대선까지 진보대통합의 단일정당을 만들어야 한다. 이를 통해서 민주당, 한나라당과 함께 단일진보정당이 맞서는 3자 구도로 대선을 맞이해야 한다. 이렇게 되면 민주당은 2012년 대선에서 단일진보정당과의 후보단일화 없이는 정권을 탈환할 수 없게 되고, 따라서 진보세력과 민주당의 진보개혁 연정을 통해 정권교체를 이룰 수 있게 된다. 결국 진보정치세력은 드디어 집권세력의 일 주체로 진보개혁 정권에 참여할 수 있을 것이다.

우리는 그 동안의 역사를 통해 민주당의 집권만으로는 복지국가를 결코 이룰 수 없음을 잘 알고 있다. 이러한 민주당의 태생적 한계는 진보정치세력의 확장된 정치적 역량을 통해 크게 보완되어야 한다. 진보정치세력이 성장하면 할수록 민주당을 친 복지국가 노선 쪽으로 견인하기에 더욱 유리한 상황이 전개될 것이다.

이를 위해서는 아무리 늦어도 2012년 총선 이전까지는 진보대통합 정당이 만들어져야 한다. 우리가 생각하는 진보대통합 정당의 상은 당의 문호를 최대한 넓게 열어준 정당이다. 그래서 신자유주의 양극화 성장체제를 극복하고 역동적 복지국가를 추구하는 데 동의하는 모든 기성 정치세력들이 참여할 수 있도록 해야 한다.

진보대통합이 단순히 진보신당과 민주노동당의 재결합으로 끝나서는 안

된다. 이렇게 협소한 통합만으로는 아무런 통합의 시너지 효과를 얻을 수 없고 사람들의 눈에는 의미 없는 이합집산 정도로 비추어질 뿐이다. 따라서 창조한국당, 국민참여당, 시민사회의 진보개혁세력, 여타 기존 정당의 참여 희망 세력 등 진보대통합의 대의에 동의하는 모든 주체가 제3세력으로 참여하는 의미에서의 통합진보정당이 등장해야만 한다.

2010년의 지방선거는 진보정치세력의 대통합에 중요한 계기를 제공해 줄 것이다. 우리의 최종 목표는 진보대통합 정당으로 대선을 치루는 것이며, 이를 위해서는 앞으로 대략 2년 이내에 진보대통합을 통해 한국 정치구조의 기본 틀을 근본적으로 재구성하는 작업이 모두 끝나야 한다.

따라서 우리는 이제부터라도 시급하게 진보대통합 정치를 위한 본격적인 논의가 진행되길 기대한다. 이를 위해 우리는 진보정당과 진보정치세력들의 대표 또는 실질적 교섭권을 위임 받은 대표들이 참여하는 '진보대통합을 위한 원탁회의'의 구성을 제안하고자 한다. 이 회의를 통해 진보대통합의 다양한 경로를 모색하고 이견을 조율해 나가면서 진보대통합이라는 지상과제를 추진해 나갈 수 있을 것이다.

진보정치가 민중의 이해와 요구에 제대로 응답하지 못한다면, 그것은 더 이상 진보정치가 아니다. 이명박 정부의 독선과 독주는 이미 한국 민주주의의 퇴행을 체감하기에 충분할 정도가 되었다. 의료민영화 등 공공성 영역의 자본주도 시장화 추진은 신자유주의 양극화의 극단적인 모습을 잘 보여주고 있다. 감세와 규제완화라는 신자유주의의 교조적 처방에 더해 4대강 사업이라는 토건국가 시대를 개막하고 있는 것이다.

이제 이명박 정부를 극복하기 위한 범국민적 '반MB 전선'이 매우 중요하다. 그리고 이 전선의 가장 중요한 요소는 신자유주의를 넘어서는 '역동적 복지국가의 비전'임을 잊지 말아야 한다.

이러한 역사적 과제를 달성하기 위해서는 진보대통합 정치가 필수적이다. 지난 수십 년 동안 계속된 진보를 위한 노력과 희생이 헛되지 않고 미래의 '역동적 복지국가'를 힘차게 열어나갈 수 있도록, 이제 현재의 진보가 과거와 미래의 진보를 위해 크게 결단해야 한다. 이를 위해, 우리는 2010 지방선거를 앞둔 현 시점에서 '진보대통합을 위한 원탁회의'를 시급히 구성할 것을 제 정당과 시민사회에 다시 한 번 제안하고자 한다.

● 복지국가, 정치

진보개혁정치 세력의 통합적 재편과 시민사회의 역할

이상이 | 칼럼 2009년 11월 2일

　2009년 10월 28일 치러졌던 국회의원 재보선은 진보개혁정치 진영에게 심각한 패배와 함께 많은 숙제를 안겨주고 있다. 우선 이명박 정부가 실정을 거듭하여 그야말로 정책적으로 죽을 쑤고 있음에도, 진보개혁정치 진영의 실력이 여전히 형편없다는 것이 드러났다. 진보신당은 자당의 후보를 한 명도 내지 못하였고, 민주노동당도 경기 수원 장안 선거구에 출마한 안동섭 후보가 7%대의 득표를 해 3위를 차지한 것이 다소의 위안거리일 뿐이었다.

　3당의 연합 후보였던 경기 안산 상록 을 선거구의 임종인 후보는 진보개혁정치 진영과 시민사회의 지지와 기대에도 불구하고, 15.57%의 저조한 득표에 그쳐 많은 이들을 안타깝게 했다. 이는 민주당 김영환 후보의 41.17%, 한나라당 송진섭 후보의 33.17% 득표에 비해 매우 저조한 성적임에 틀림없다. 진보 성향의 3당이 연합 공천하고 시민사회가 지지한, 전직 국회의원으로서 진보 성향의 검증된 정치인인 임 후보가 야권 후보단일화에 실패하고, 이렇게 참패한 것이다. 이와 관련하여 다음 두 가지 측면의 조명이 필요하다.

　첫째, 진보개혁정치 진영의 실력이 크게 부족하다는 것이다. 기존의 올망졸망한 수준인 진보 성향의 분립된 3당 체제의 실력으로는 의미 있는 정치적 성과를 얻기 어렵다는 점이 다시 한 번 확인된 것이다. 진보개혁정치 진영의 새로운 정치 기획이 절실히 요구된다 하겠다. 둘째, 민주당의 욕심과 근시안적 단견이 장차 화를 부를 수밖에 없을 것이란 점이다. 이번 국회의원 재보선의 경우, 독자 당선 가능성이 높아진 특별한 정치적 조건에서 민주당의 수도권 독식이 가능했지만, 앞으로의 선거에서도 상황이 이렇게 진행되리란 보장이 없을 뿐더러, 특히 내년 6월의 지자체 선거는 야권 후보 단일화가 없으면, 싸워보나 마나한 선거가 될 것이 자명하고, 2012년 대선에서는 더 말할 필요가 없을 것이다.

민주당은 야당 중 맏형에 해당하는 제1야당이다. 틈 날 때마다 '반MB 연대'를 주장하며 야권 연대의 구심을 자처해왔던 터였다. 그런데 안산 상록 을 선거구에서 국회의원 의석 하나를 더 얻겠다고, 한나라당과 박빙의 경합을 하던 수원 장안과 양산 선거구에서 민주노동당의 양보를 얻어낼 수도 있었던 '안산 상록 을 선거구에서의 대승적 양보'를 끝내 거부하고, 무리수를 두면서까지 제 갈 길을 가고 만 것이었다. 민주당은 수도권 선거에서 승리를 거두긴 하였으나, 결국 야권 연대의 틀이 크게 훼손되었고, 민주당에 대한 진보진영의 정치적 불신이 매우 커졌다. 소탐대실이란 말은 이런 경우에 적합하다.

아마 특별한 이변이 없는 한, 다가오는 2012년 대선에서 민주당과 진보개혁정당이 모두 대통령 후보를 낼 경우, 한나라당이 승리하게 될 것이다. 자유주의 정치세력과 진보개혁 정치세력이 각각 후보를 내는 대통령 선거에서 자유주의 정치세력이 독자적 힘으로 승리한 경우는 2002년 대선이 처음이자 마지막일 것이다. 이제 '비판적 지지' 유형의 정치 시나리오는 더 이상 유효하지 않을 것이기 때문이다. 그러기에는 지난 10여 년 동안 우리사회가 경제사회적으로 지나치게 양극화되어 버렸고, 전통적인 '민주 대 반민주' 구도의 안

● 복지국가, **정치**

이한 해법만으로는 해결될 수 없는 진보적 의제가 너무 많아졌다.

　민주당이 2012년 대선에서 이기기 위해서는 최소 10%에 달하는 진보개혁정당 지지 유권자의 표를 반드시 얻어내야 한다. 그런데 이들 진보개혁정당 지지 유권자들은 진보개혁정당이 대선 후보를 내는 한, 진보개혁정당 후보에게 투표할 것이 분명하다. 대부분의 진보개혁정당 지지 유권자들은 이제 더 이상 한나라당과 민주당 간 대결 구도의 긴박성을 이유로 자신의 지지 정당 후보에게 투표하지 않고 민주당 후보에게 투표하는 일을 반복하지는 않을 것이다. 최소한 이들 진보개혁정당 지지 유권자들은 스스로 진보 후보 지지를 포기해야 할 만큼 한나라당과 민주당 간의 차이가 그리 크지 않음을 이미 잘 알고 있기 때문이다.

　결국 민주당이 다음 대선에서 승리하기 위해서는 진보개혁정당과 전략적 제휴를 하는 수밖에 없다. 가장 가능한 길은 연합정권을 창출하는 것이다. 연정을 하기 위해서는 평소 정치적 신뢰를 쌓고, 정책적 연대의 경험들을 통해 최대한 합의할 수 있는 공동의 정책 강령을 마련할 수 있어야 한다. 2009년 10월 28일 재보선은 이를 실험해 볼 수 있는 좋은 기회였으나, 민주당은 이를 놓쳐버렸다. 이제 2010년 6월의 지방선거가 남아있다. 민주당이 지방선거에서도 욕심과 근시안적 사고에 사로 잡혀 진보개혁정치 진영과의 '통 큰 연대'를 거부한다면, 지방선거의 패배뿐만 아니라 이후의 총선과 대선에서 참혹한 결과를 보게 될 것이다.

2009년 10월 28일의 재보선에서 드러났듯, 최근 진보정당들의 실력이 바닥을 드러내 보이고 있다. 이명박 정부의 실정과 가중되는 신자유주의 양극화의 고통과 불안으로 민생이 갈수록 피폐해지고 있고, 여당과 제1야당이 연일 죽을 쑤고 있음에도, 진보정당의 존재감은 좀처럼 찾아보기 어렵다. 그래서 이대로는 안 된다는 공감대가 널리 퍼져있다. 힘을 한 곳으로 모아야 한다는 목소리가 대세다. 이에 대해서는 필자의 생각도 같다. 그런데 최근 민주노총은 위원장이 직접 나서 연일 진보양당의 재결합을 촉구하고 있고, 이를 위한 10만 명 서명운동을 벌인다고 한다. 그런데 이것이 무슨 효험이 있겠는가? 회의적이다. 진보양당이 쪼개질 때의 잡음과 갈등은 이미 언론을 통해 세상이 다 알고 있는데, 이 두 조각을 원래대로 끼워 맞춘다고 통합의 시너지가 있을 리는 만무하다.

그래서 중요한 것이 제3세력의 등장이다. 시민사회가 이 일을 해야 한다. 많은 사람들이 동의하고, 그 가능성에 대해 기대하는 시나리오다. 그런데 두 가지의 문제가 있다. 하나는 시민사회가 아직까지도 애매한 '중립적' 태도를 취하고 있다는 것이다. 최근 시민사회의 원로와 중진들로 구성되어 출범한 '희망과 대안'도 그렇다. 스스로가 나서서 정치적으로 결사하고 뭘 하겠다는 것도 아니고, 아무 것도 안 하겠다는 것도 아니다. 필자는 '희망과 대안'이 민주노동당과 진보신당에 이어 제3의 진보정치세력으로 나서는 것이 옳다고 본다. 그런데 그렇게 될 것 같지는 않아 보인다. 다른 하나는 시민사회가 민주당과 진보정당들 사이에서 모호한 줄타기를 계속하고 있다는 것이다. 시급하게 시민사회의 진보적 정체성을 확고하게 정립할 필요가 있을 것이다. 그런데 이것 또한 쉽게 될 것 같지는 않아 보인다.

그렇다고 진보개혁정치 진영이 지금의 민주노동당과 진보신당의 양립 체제로 총선과 대선을 맞을 수는 없는 일이다. 시민사회의 제3세력이 필요하다. 그래서 이들 3자가 참여하고, 이에 더해 기존의 두 진보정당에 참여하고 있지 않은 여타 좌파 세력들과 진보적 자유주의 세력에게도 문호를 개방하고 참여를 적극 독려하는 것이 옳을 것이다. 즉, 시너지 효과가 있는 범 진보정치 진영의 대통합이 요구된다. 이러한 조건에서 총선과 대선을 맞이해야, '반MB 정치 연대'를 통해, 민주당과 지금보다 훨씬 격상된 지위에서 연대 전략을 세울 수 있게 되고, 이로 인해 진보정치의 지평이 대폭 넓어질 계기를 잡게 될 것이다.

앞서 살펴보았듯이, 문제는 당장 시민사회가 제3의 정치세력으로 집결할 가능성이 별로 없다는 것인데, 그렇다고 손 놓고 있을 수는 없는 일이다. 기존 시민사회의 관성이 잘못되었다면, 이를 바로 잡으려는 노력이 필요하다. 다가올 지방선거에 시민사회의 활동가 출신 인사들과 진보 성향의 지식인들이 스스로 역할을 자임하고 나서야 한다. 어떤 이는 후보로 나서고, 다른 이는 시민정치세력화의 열렬한 참여자가 되어야 한다. 당장 서울시장 선거의 경우를 예로 들자면, 민주노동당과 진보신당 등의 진보정당들이 낼 시장후보들과 시민사회 정치세력화를 통해 나올 시장후보들이 조기에 가시화 되어야 하고, 경선에 돌입해야 한다. 그래서 최강의 진보진영 시장 후보를 선출하고, 이렇게 선출된 후보가 민주당 후보와 일전을 겨루도록 하는 기본 틀을 고민해야 한다.

일이 이렇게 진행된다면, 필연적으로 서울시장과 경기지사의 경우, 민주당은 독자후보로 당선될 가능성이 제로에 가깝게 된다. 진보개혁정치 진영과 끝까지 경합으로 가는 '치킨게임'은 당장 수권정당이 되고자 하는 민주당에 치명상을 주게 될 것이다. 결국 민주당의 입장에서도 진보개혁정치 진영과의 후보 빅딜이나 연합지방정부 구성이 최선의 대안으로 등장할 수밖에 없을 것이다. 이 경우, 양 진영 간의 후보단일화는 후보의 단순 지지도를 묻는 방식이 아니라, 사회경제적 과제를 중심으로 양 진영이 미리 합의한 가칭, '복지국가 서울시정의 10대 정책 과제'를 어느 후보가 더 잘 수행할 수 있겠는지를 묻는 방식이어야 할 것이다.

현재 한국사회가 안고 있는 사회적 모순은 중층적이다. 분단모순으로 인한 남북 간의 평화문제가 악화일로를 걷고 있고, 지난 20년 간 우리사회가 성취한 정치적 민주주의가 퇴행하는 모습을 보이고 있다. 무엇보다도 지난 10여 년 간 지속된 신자유주의 양극화의 모순이 가중되고 있으며, 이로 인해 민생의 고통과 불안이 심화되고 있다. 이제 우리사회가 기존의 패러다임을 과감하게 넘어서서 '역동적 복지국가'로 나아가야 한다. 이는 진보개혁정치가 활

● 복지국가, **정치**

성화되지 않고서는 불가능한 일이다. 당장 진보정당들을 포함한 진보개혁정치 세력의 '역동적 대통합'*을 가능하게 할 제3의 진보개혁정치 세력이 시민사회로부터 출현해야 하는 이유다. 이제 시민사회의 누군가가 먼저 이 일을 시작해야 한다.

---

* 2010년 6월 지방선거에서 진보개혁진영의 승리를 일궈내고자 시민사회가 2009년 하반기에 만든 주요 단체로 '희망과 대안'과 '2010연대'가 있다. 이들 단체는 민주당을 포함한 범 진보개혁진영의 선거연합을 통한 후보단일화를 목표로 활동을 하고 있다. 그런데 이와 별개로 범 진보진영의 제 정치세력들이 진보대통합 정당을 만들어야 한다는 목소리가 나오고 있다. 이 과정을 거치지 않고서는 진보정치의 역동성과 복지국가의 실현을 기대할 수 없기 때문인데, 이후의 정치일정을 고려할 때 진보대통합은 2012년 이전에 이루어져야 하며, **빠를수록 좋을 것이다.** 이는 결국 진보대통합에 대한 국민적 열망이 얼마나 잘 조직되고 확산되는지에 달려있다.

박정희의 복지국가와 우리 시대가 지향하는 복지국가는 완전히 다르다

박근혜 의원은 복지국가를 말하기 전에 스스로를 먼저 돌아보라

홍보위원회 | 논평 2009년 10월 29일

언제부턴가 예상되었던 일이긴 하지만, 박근혜 의원이 드디어 '복지'를 자신의 핵심 정치노선으로 내세우기 시작했다. 며칠 전 박정희 전 대통령 30주기 추도식에 참석한 박근혜 의원은 "우리의 궁극적 꿈은 복지국가 건설"이라는 추도사를 남겼다.

박근혜 의원은 "국민들이 안전하고 행복하게 살 수 있는 나라가 아버지의 꿈"이라고 강조하면서 박정희시대의 경제발전에 대해서도 "경제성장 자체가 목적은 아니었다"고 재차 '복지국가'를 강조했다고 한다. 그리고 이에 화답하려는 듯, 박정희 대통령의 육성 녹음으로 "가난을 떨친 복지국가"를 건설하자는 말이 흘러나오기도 했다.

그러나 과연 박정희가 추구했던 복지국가와 우리 시대가 지금 꿈꾸고 있는 복지국가가 같은 복지국가일까? 대답은 '절대 아니오!'이다. 양자는 질적으로 전혀 다른 세상이기 때문이다.

박정희 시대에 복지국가의 모습이란 "1인당 국민소득 1,000불을 달성해 더 이상 굶는 사람이 없고, 집집마다 자가용이 있는" 정도의 그림으로 상상되었던 것이다. 한국전쟁 이후에 너무나 힘든 삶을 살았던 국민들은 이러한 국가적 목표에 동의해 줄 수밖에 없었다. 그리고 그 결과, 당시 우리 민중들은 '대기업과 재벌 중심의 성장전략'과 '세계 최고 수준의 근로시간', 그리고 '최악의 노동조건' 등을 수용해야만 했었다. 그 뿐만이 아니다. 군인들은 베트남으로, 노동자는 중동의 건설현장으로, 가자는 대로 따라가 주었다.

● 복지국가, **정치**

박정희 시대에 꿈꾸었던 복지란 이렇게 나중에 잘 먹고, 잘 살기 위해 지금 당장의 고통을 모두 감내하며 열심히 일하자는 식의 기복신앙과도 같은 복지국가였던 것이다. 이것은 먼저 고도성장을 일으키고, 그 성장의 후과로 가난했던 사람들이 조금씩 뭔가 얻어갈 것이 생기는 이른바 낙수효과에 입각한 복지국가이기도 했다.

그러나 오늘날 우리가 추구하는 복지국가는 이런 의미와는 거리가 멀다. 일단 우리가 처한 현실이 너무나 달라졌다. 어느덧 우리는 국민소득 2만 불 시대에 돌입했고, 집집마다 자동차가 넘쳐나 이제는 주차 문제가 심각한 상황이 되었다.

그럼에도 불구하고 이 상황을 복지국가로 생각하는 국민들은 없다. 더 이상 세계 최고 수준의 노동시간과 경제협력개발기구(OECD) 국가 중 최저 수준의 사회보장비 지출을 하면서 경제성장만을 추구해야 한다고 믿는 국민도 별로 없다. 한마디로 이제 미래의 불확실한 경제발전을 위해 현실의 복지와 삶의 질을 희생해야 한다는 논리는 설득력을 완전히 상실한 상태이다. 오히려 경제성장을 위해서라도 보편적 복지와 적극적 사회정책을 획기적으로 강화하야 한다는 우리 복지국가소사이어티의 국가발전 전략(역동적 복지국가론)이 공감대를 넓히고 있는 상황이다. 사실 다수의 진보개혁진영이 이미 역동적 복지국가를 당장 우리사회가 나아가야 할 대안적 국가발전 전략으로 인정하고 있는 것이다.

이렇게 된 이유는 오늘의 현실이 복지국가를 추구하지 않아서 발생한 신자유주의적 사회 불평등이 경제성장의 발목을 잡고 있는 상황이기 때문이다. 영국이나 북유럽 국가들이 국민소득이 2만 불에 도달하였던 시기에는 GDP의 30% 수준에서 사회복지비를 지출하였고, 미국이나 일본조차도 20% 수준을 넘는 지출을 하였다. 이에 비해 우리나라는 아직도 사회복지비의 지출이 GDP의 10%에도 미치지 못하고 있다. 이 사실을 현 정부도 잘 알고 있기 때문에 이명박 정부는 지금 건설 관련 예산도 모두 복지예산이라고 주장*하고 있는 것이다.

이렇게 사회복지 분야에 대한 지나친 과소 투자는 결국 우리나라의 사회서비스 분야 고용을 OECD 평균의 30% 수준에서 밑돌도록 만들었다. 그리고 이로 인한 정상적인 일자리 자체의 부족은 OECD 평균의 3배에 이르는 과도한 자영업 비율이 나타나게 했다. 또 과도한 자영업자의 비율은 자영업 자체의 수익률을 떨어뜨려 정권이 아무리 바뀌어도 국민들의 삶이 개선되지 않는 구조적인 원인으로 정착하도록 만들고 있다.

출산 파업이라고 불릴 정도의 저출산 문제, 지나친 사교육비 부담과 과도

---

* 우리나라는 국내총생산(GDP) 대비 사회복지비의 비중이 아직도 8% 정도에 그치고 있는데, 이는 유럽 주요 국가들의 25~30%와 비교해 볼 때, 이들 국가의 25~30% 수준에 불과한 것이다. 이에 대해서는 국책연구기관들조차 문제로 삼고 있으므로, 정부 입장에서는 이 수치를 최대한 부풀리고 싶어 한다. 그래서 현 정부는 아파트를 짓는 건설 관련 예산 등도 복지예산이라고 우기면서 정부예산에서 복지예산이 차지하는 비중을 늘려 '반 복지 정부'라는 비난으로부터 벗어나려 하는 것이다. 사실, 이에 대해서는, 치졸한 눈속임이라며 시민사회단체들이 정부를 비난하였다.

● 복지국가, 정치

한 청년실업의 문제, 전체 노동자의 반이 넘는 비정규직 근로자의 문제 등도 대부분 근본적인 복지 지출이 부족하여 생기는 문제이거나, 양질의 사회서비스 일자리가 크게 부족하여 생겨난 문제들이다. 그러므로 이러한 문제들은 '역동적 복지국가'의 논리에 따라 획기적이고 보편적인 복지정책의 제도화를 통해 해결될 수 있는 것이다.

이제 더 이상 국가저 차원의 대규모 복지 지출을 늦출 수 없을 정도로, 복지에 대한 과소지출이 주는 심각한 폐해가 우리사회 전반을 강타하고 있는 상황이다. 이로 인해 빚어진 사회적 불평등과 양극화가 바로 경제성장의 발목을 잡고 있으며, 앞으로도 지속적인 성장을 방해하는 요인으로 작용할 것이다.

우리는 보다 적극적이고 공세적인 복지를 추구해야 한다. 과학기술의 고도화에 따른 산업구조의 변화에 조응하려면 그에 부응한 사회시스템이 필요하다. 국민 누구나 소득수준에 관계없이 육아·교육·의료 등에 대한 보편적 사회보장 혜택을 누릴 수 있어야 활발한 벤처 창업도 가능해지고 기업가 정신과 창의성이 살아난다. 또 사회공공성의 확대에 기반을 둔 사회서비스를 최대한 창출해야 그에 따른 사회서비스 일자리가 늘어나고, 이것이 커다란 내수기반을 형성하게 된다. 이러한 사회적 벤처 환경과 내수기반이 있어야 산업구조의 미래지향적 재편이 성공적으로 이루어질 수 있는 것이다.

그러나 지금 우리나라는 국내 복지 수준의 미달로 수출에 비해 극히 취약한 내수시장을 갖게 되었고, 모든 생계를 시장임금인 직장의 월급에 의존해야 하는 가계구조는 노동시장의 유연성을 가로막고 있다. 불평등한 사회구조가 산업구조의 변화와 발전에 장애물로 작용하고 있는 것이다. 이것은 한마디로 다른 이유가 아닌, 경제성장을 위해서라도 복지국가로의 전환이 필요하다는 사실을 웅변해주고 있다.

이런 상황에서, 박근혜 의원이 복지국가에 대한 우리 시대의 이러한 과제와 소망을 박정희의 복지국가와 연결시킨다는 것은 사실 매우 놀라운 일이다. 박정희의 복지국가는 더 이상 우리가 생각해 볼만한 복지국가가 아니다. 내일의 성장을 위해 오늘의 복지를 희생해야 한다거나, 성장이 되면 복지도 저절로 될 것이라는 생각과 방식으로는 오늘날의 시대적 요청에 맞는 복지국가를 지향할 수 없기 때문이다. 취약계층에 대한 지원정책의 확대라는 잔여주의 복지 정도로 복지국가를 이해하는 박근혜 의원의 사고방식으로는 복지와 관련해서 아무런 진전도 이룰 수 없으려니와, 더 이상의 지속적인 경제성장을 기대 할 수도 없게 된다.

박근혜 의원은 복지국가를 주장하기에 앞서 자신의 현재와 과거를 먼저 살펴보아야 한다. 우선 박근혜 의원은 현재 신자유주의 포퓰리즘에 목숨을 걸고 있는 한나라당에 뿌리를 내리고 있다. 박근혜 의원은 이명박 대통령을 제외한 한나라당의 최대주주이다. 현실이 이러함에도 불구하고, 그는 신자유주의를 극복해야 성립이 가능한 복지국가를 말하고 있는 것이다. 아무리 정치

● 복지국가, 정치

가 말로 하는 것이라지만, 이 정도쯤 되면 말장난 수준이 아니라 국민에 대한 기만이라고 해야 할 것이다.

또한 박근혜 의원은 입으로는 스스로 과거와 다른 정치노선인 복지국가를 제출하면서도 전혀 자신의 과거에 대한 언급이 없다. 박근혜 의원의 2007년 대선 당시 경선 공약이었던 '줄푸세'는 세금을 '줄'이고, 불필요한 규제를 '풀'고, 법질서를 '세'우자는 뜻으로 전형적인 신자유주의 핵심 정책들을 한국적이면서 대중적으로 알기 쉽고 간결하게 표현한 것이었다.

그런데 이렇게 복지국가를 해체하는 신자유주의 정책인 감세와 규제완화를 추진하면서 복지국가를 추구하겠다는 것은 논리적으로 완전히 모순되는 것이다. 만약 이 두 가지의 가치를 동시에 모두 추구하겠다면, 그것은 한마디로 국민을 속이는 말장난에 지나지 않는 것이다. 박근혜 의원이 진정으로 복지국가 노선에 동의한다면 '줄푸세' 공약에 대한 반성과 폐기 선언이 있어야 할 것이다. 우리는 이것을 기대하고 촉구하는 것이다.

물론 현실 정치인인 박근혜 의원이 이제 와서 복지국가라는 대세를 따르겠다고 생각했다면, 우리는 이에 대해 불만을 제기할 생각은 없다. 오히려 적극 환영하는 바이며, 우리는 박근혜 의원이 아닌 그 누구의 전향이라도 받아줄 의향이 있다. 박근혜 의원이 진정으로 복지국가를 소망한다면, 지금까지 사단법인 복지국가소사이어티가 연구하고 축적한 복지국가의 담론과 정책들을 모두 즐겁게 퍼줄 용의가 있다.

그러나 한 가지 만큼은 확실히 해야 한다. 박근혜 의원이 진정으로 복지국가를 지향하는 정치인으로 인정받고 싶다면, 우선 한나라당 내의 신자유주의와 투쟁해야 한다. 그리고 자신의 과거에 대한 정직한 평가와 반성을 하는 용기를 보여야 한다. 만약 이런 선행조치들 없이 단순히 박정희 식 복지이념으로 복지국가에 대한 우리 시대의 소망을 호도하려 한다면 박근혜 의원께서는 아마도 '신자유주의 복지국가'라는 새로운 이념을 창조해야 할 것이다.

● 복지국가, **정치**

세종시 건설은 원안대로 추진되어야 한다
4대강 살리기도 삽질하다 중단되면 어찌할 것인가?

홍보위원회 | 논평 2009년 10월 22일

행정수도가 이전되면 서울의 땅값이 떨어질 것이라는 일부 수도권 땅 부자들의 우려가 그렇게 신경이 쓰였던 것일까? 이명박 정부의 행정수도 이전 계획 무력화 작업이 점점 본색을 드러내고 있다.

이명박 정부와 한나라당 관계자들의 발언들을 종합해보면, 현재 정부여당은 세종시 계획의 변질, 축소를 위한 세종시법 변경 수순을 본격화하려는 것이 거의 분명해 보인다. 특히 이명박 대통령은 "국가의 백년대계를 위한 정책에는 적당한 타협이 있어서는 안 된다"면서, "정권에는 도움이 안 될지라도 국가에 도움이 된다면 한 때 오해를 받는 한이 있더라도 그것을 택해야 한다"는 말로 기존 세종시 계획의 수정을 강하게 시사한 바 있다.

그러나 우리는 이 대목에서 이명박 대통령이 말하는 '백년대계'란 도대체 무엇인지? 묻지 않을 수 없다. 우리나라의 모든 생산력을 수도권에 몰아넣고 '수도권 공화국'을 만들어 지방은 나 몰라라 하고 내 팽개쳐 두는 것이 국가의 백년대계란 말인가? 오히려 수도권 집중으로 인한 온갖 폐해와 지방의 몰락을 미연에 방지하고, 진정한 국가 균형발전을 이루기 위한 행정수도 이전 결정이야말로 진정으로 국가 백년대계 차원의 결정인 것이다.

대통령의 이 같은 언행은 과거의 약속과도 다른 것이다. 이명박 대통령은 지난 대통령 후보시절 "서울시장 시절엔 반대했지만 기왕 시작된 것, 제대로 만들어야 한다. 더 빨리, 더 크게 해 놓겠다. 행복도시는 계획대로 추진해야 한다"고 말했다. 뒤이어 11월에는 "대통령이 되면 행복도시가 안 될 거라고

하지만, 저는 약속을 반드시 지키는 사람"이라고도 했다. 올해 6월에도 '세종시 문제는 정부 마음대로 취소하고 변경할 수 없다'고 말했다. 그런데 이제 와서 국가 백년대계를 명분으로 세종시법 수정을 선동하고 있는 것이다. 도대체 왜 대통령의 백년대계는 손바닥 뒤집히듯 이렇게 쉽게 바뀌는 것이란 말인가!

또한 우리는 세종시법 문제에 대한 야당의 대응도 보다 합리적이기를 기대한다. 세종시 문제는 재보궐 선거를 앞둔 정치권 샅바싸움도 아니고 보혁대결의 소재도 아니다. 일부 야당은 이번 세종시 논란을 단지 '충청권 민심잡기'와 같은 정치적 목적으로 활용하려 하고 있다. 그러나 이 문제를 지역 대결로 몰고 가려는 일부 야당의 국론 분열 시도 역시 진정성을 찾기 힘들다.

우리는 야당의 대응이 행정수도 이전의 철학적 의미에 좀 더 집중할 필요가 있다고 생각한다. 진지한 논리로 행정수도 이전을 구체화하는 전략이 있어야 한다. 이번 행정수도 이전은 그 동안 불균형 성장 전략을 중심으로 발전해 온 우리나라가 행정수도 이전을 통해 균형발전 전략으로 전환한다는 이른바 전면적인 패러다임의 교체 문제로 이해해 살펴볼 필요가 있는 것이다.

실제로 행정수도 이전이 가져올 효과는 단순히 충청권의 발전으로만 국한되는 것은 아니다. 행정수도 이전 지역은 국토의 중심부로 충청권뿐 아니라 경남권과 전라권 등 전체적인 지역 균형 발전 차원에서 그 효과를 기대할 수 있는 조치이다.

● 복지국가, 정치

　우리는 정부 여당의 세종시 흔들기가 무엇보다도 이미 결정된 정책의 추진 안정성이라는 차원에서 큰 문제가 있다고 생각한다. 행정수도 이전 문제는 전 정권에서도 사회적으로 커다란 논란을 빚었던 문제이다. 그러나 우여곡절 끝에 추진하기로 결정된 사항이다. 이를 정권이 바뀌었다고 해서 이유 없이 변질을 가한다면, 그것은 어떤 매뉴얼을 중심으로 국가의 공적 권력을 운용하는 조치가 아니라 정권을 사적으로 소유한 일부 집단이 자기들 취향에 맞게 국정을 농단하는 것으로 밖에는 이해 할 수 없는 것이다.

　나라의 백년지대계는 정권의 교체와는 상관없이 일관된 전략과 정책으로 그 추진 안정성에 대한 훼손 없이 진행되어야 한다. 경인운하의 사례에서 보듯이, 많은 예산이 투입된 사업이 중간에 중단, 왜곡된다면 나중에 이를 복구하거나 재추진하는 과정에서 몇 배의 예산이 더 들어가게 되는 것이다.

　세종도시 수정론자들은 말한다. "자족도시로 만드는 것이 중요하지 원안 여부는 중요하지 않다"고. 그러나 진정한 자족도시가 요청된다면, 행정수도 이전에 더해서 지금 논의되는 대학과 연구소 이전까지 추가하면 될 일이다. 또 행정수도 이전으로 인해 정부 부처 간 분산의 비효율이 우려된다면 국방부, 외교부 등 비 이전 부서와 청와대까지 내려가는 좀 더 폭넓은 부처 이전을 고민하면 될 것이다. 이렇게 제기되는 각종 문제들을 계속 보완해 나가면서 우리는 꼭 행정수도 이전이라는 정책의 일관성을 수호할 필요가 있는 것이다.

우리는 어떤 사안이 한 번 결정되기까지는 많은 논란과 우여곡절을 겪는 것이 어찌 보면 당연하다고 생각한다. 그러나 일단 결정된 사안이라면 정권의 임기를 넘나들며 안정적으로 추진되어야 한다. 이러한 믿음이 위협을 받는다면, 우리는 정권이 바뀔 때마다, 또 어떤 정책이 파도를 칠 것인지? 그런 두려움에 몸서리를 쳐야 하기 때문이다.

이명박 대통령과 한나라당이 충청권의 강한 반발을 무릅쓰고 세종시 무력화 정책을 추진하는 것은 단적으로 말해 정치적으로 잃는 것보다 얻는 것이 많기 때문이라고 할 수 있다. 이러한 정치공학의 일반 공식에 맞추어 생각해 본다면, 이명박 대통령이 서 있는 현재의 정치적 위치는 자신의 핵심 지지 세력인 강남 땅 부자들의 마음을 잡기 위한 정치적 선택으로 볼 수밖에는 없는 것이다.

그러나 우리는 충고한다. 이러한 얄팍한 정치 공학적 정치력은 정권 붕괴의 촉매가 될 수도 있다. 최근 이명박 대통령의 지지율이 다시 떨어지고 있다는 보도가 나오고 있다. 50%를 상회하며 고공행진을 하던 이명박 대통령의 지지도는 최근 33.0%로 급락했다고 한다. 특히 경상남도와 충청북도 등의 지역에서 대통령의 국정 운용을 부정적으로 생각하는 비율이 50~70%에 이르는 것으로 나타났다. 정부 여당은 이러한 현상들이 과연 무엇을 의미하는지 눈여겨봐야 할 것이다.

이명박 정부가 국가 정책의 추진 안정성을 훼손하면서까지 자기 지지층의

● 복지국가, 정치

이해관계를 노골적으로 수호하기 위한 작업에 몰두한다면, 언젠가 한나라당의 4대강 사업 역시 중도 포기의 아픔을 겪을지도 모른다는 점을 기억해야 한다. 만약 이런 식이라면, 이른바 4대강 살리기를 하던 중에 정권이 교체되어 강바닥에 삽을 꽂은 채 모든 사업을 중단하는 사태가 올지도 모른다는 것이다.

중도·실용 친서민 정책의 종착역은 어디인가?
중도·실용의 시대 진보진영의 나아갈 길

홍보위원회 | 논평 2009년 10월 1일

최근 이명박 정부의 중도·실용 행보가 주목받고 있다. 일부 조사에서 이명박 대통령 지지율이 50%를 넘어섰다는 보도도 나오고 있다. 이명박 대통령의 지지율이 높아질 마땅한 이유가 없음에도 불구하고 대통령 지지율이 상승기류를 타는 것을 보면 중도·실용의 영향력이 만만치 않음을 보여준다 할 수 있을 것이다.

수도권 그린벨트를 풀어서라도 서민들에게 저렴한 가격에 내 집 마련 혜택을 제공하겠다는 '보금자리 주택정책'이 그렇고, '취업 후 상환 학자금 대출 정책'이 또 다른 사례이며, 대통령 최측근 인사들이 발 벗고 나서고 있는 '사교육과의 전쟁'도 여기에 해당한다. 이에 더해 맞벌이 부부에 대한 보육지원 제도 강화, 대기업의 슈퍼슈퍼마켓(SSM) 진출에 대한 사업조정제도의 활성화, 서민금융 사업을 위한 미소금융재단의 설립과 이를 뒷받침해 줄 전국 2~300개 서민금융지점 설립 등의 친서민 정책들이 연이어 발표되었고, 이러한 정책들은 카메라를 동반한 대통령의 서민 행보와 맞물리며 지지율 상승으로 나타나고 있다. 그리고 정운찬씨를 총리로 임명한 것도 중도·실용 분위기 정착에 한 몫을 했다.

그렇다면 이렇게 이명박 정부가 중도·실용 노선을 내세워 상승세를 유지하고 있는 근본적인 배경은 무엇일까?

첫째는 국민생활의 부담을 실제적으로 완화시켜 줄 것이라는 현 정부에 대한 국민들의 막연한 기대심리 때문이다. 현 정부는 정권 출범 후 '어린지

● 복지국가, 정치

Orange' 발언, '고소영' '강부자' 내각 파동 이후 지금까지 뭔가 제대로 보여준 게 없었다. 이명박 후보에게 표를 주었던 사람들이 기대하였던 '중도·실용'을 취임한 지 2년 만에 보고 있으니, 한번 기대해보겠다는 심리가 최근 지지율 상승세의 핵심이다. 특히 최근의 친서민 정책들은 국민들의 생활과 밀접하게 관련된 보육 부담, 대학 학자금 부담 완화, 주거비 부담을 완화하는 것을 주요 내용으로 하고 있어, 국민들의 동의와 기대를 일정하게 받을 수 있는 것이다.

둘째, 최근의 수도권의 아파트 값 상승으로 대변되는 수도권 중산층 중심의 '재산증식 포퓰리즘'이 제대로 역할을 하고 있기 때문이다. 사상 유래 없는 저금리, 부자감세와 막대한 재정적자를 감수하는 재정확대 정책, 부동산 관련 규제의 해제, 수도권 곳곳에 벌여 놓은 뉴타운 개발 계획 등의 요인들은 아파트 가격 급등이 불가피한 상황과 여건을 지속적으로 만들어내고 있다. 백년에 한번 있을 경제위기 상황에서 자기가 갖고 있는 유일한 재산인 아파트 값이 억 단위 이상 뛰는데 싫어할 사람이 많지 않다는 것이 우리네 현실이다. 그러나 실물부분의 실질 성장이 없는 부동산 가격만의 무리한 상승은 거품의 붕괴와 더불어 일본과 같은 장기불황을 초래할 것이라는 점은 이미 충분히 알려져 있다. 그럼에도 불구하고 정부는 기존의 정책을 지속하기 위해 저금리 기조의 유지와 아파트 신축을 통한 공급 확대 정책을 통해 대중의 이해를 자극하고 분위기를 고조시키는 데 이바지하고 있다. 동시에 시장을 향해 '당신도 이제 빚을 내서라도 아파트를 사라!'는 메시지를 지속적으로, 그리고 강력하게 날리고 있다. 이것은 열정적 웅변가의 '정치 선동'만 없을 뿐 포퓰리즘의 전형이라 할 수 있다.

문제는 이러한 이명박 정부의 중도·실용 노선이 실질적으로 얼마나 지속될 수 있을 것인가? 하는 것이다.

첫째, 현 정부는 중도·실용의 친서민 정책을 지속할 재정 여력이 없다. 이미 부자감세를 통해 임기 중 90조 원에 이르는 세수 감소를 예정해 놓고 있다. 이에 더해 4대강 개발 등의 토목사업에 막대한 재정을 투입하기 시작했고, 앞으로도 지속적인 지출이 예정되어 있으므로, 중도·실용의 친서민 정책을 지속할 수 있는 국가의 재정 여력이 없다. 향후 400조 원에 이를 것으로 예상되는 국가의 부채 규모는 현 정부가 부자감세 정책을 포기하지 않으면서, 친서민 정책을 지속할 수 있도록 허락하지 않을 것이기 때문이다.

둘째, 현 정부의 중도·실용 친서민 정책은 근본적인 사상적·철학적 한계가 있다. 복지국가소사이어티가 주장하는 역동적 복지는 보편적 복지(실체적 보편주의)가 달성될 수 있도록 대대적이고 근본적인 정책 전환을 통해 국민 생활의 부담 완화와 가처분 소득의 증가 등으로 내수를 진작하고, 교육과 아동·여성 부문에 대한 적극적인 투자를 통해 국가의 장기적인 경쟁력을 높이는 정책이다. 그러나 현 정부의 친서민 중도·실용 정책은 취약계층 또는 일부의 국민만을 대상으로 하는 잔여주의 복지에 불과한 것이다. 이러한 사상과

● 복지국가, **정치**

철학에서의 근본적인 차이는 정책의 시행과정에서 조금만 시간이 지나면 정책의 대상과 규모의 한계가 분명하게 드러날 것이다. 즉, 중도·실용 정책의 대상이 너무 적고, 정책의 혜택이 다수의 국민들의 생활에까지 영향을 미치지 못할 것이기 때문에 복지 확대로 인한 내수 진작 효과, 이전 지출 효과, 가처분 소득 증가 등의 정책 효과는 나타나지 못하고, 일부 취약계층을 대상으로 하는 시혜적 복지로 끝날 가능성이 높다는 것이다.

더불어 우리가 간과하지 말아야 할 중요한 문제는 철학적 기반 없는 인기 정책으로서의 중도·실용 정책이 가져다 줄 폐해다. 현재 지속중인 세계 경제의 회복기조가 현 정부의 임기 말년까지 계속되어 별 부작용 없이 임기를 마무리 할 수 있다면, 이명박 대통령은 정말 '운'이 좋은 사람이 될 수 있을 것이다. 그러나 그 반대라면, 그는 상당한 낭패를 보게 될 것이며, 그의 어려움은 그 자신의 명예로운 퇴임을 보장하지 못하는 수준을 벗어나 국가적인 위기를 초래할 것이다. 친서민 중도·실용 정책으로 포장된 채, 현재의 부동산 투기를 중심으로 하는 주택정책과 경기 활성화 등의 정책 기조가 계속된다면, 향후에 반드시 다시 도래하게 될 인플레이션과 세계경제 더블딥(double dip)에 따른 자산가치의 하락 여파다. 이것은 상상하기조차 싫은 시나리오다.

또한 '신자유주의' 이명박 정권이 써먹은 친서민 중도·실용 정책이 국민들에게 "복지정책"에 대한 나쁜 기억을 가져다 줄 우려가 있다는 것이다. 이후, 앞으로 어떤 정권이 들어선다고 하더라도, 복지를 확대하는 정책이 국민들에게 부정적으로 인식될 가능성이 높아지고, 복지 반대자들에게는 좋은 '실패의 사례'로 인용될 자료를 제공하게 될 것이다. 또 다음 정권은 현 정권이 초래한 GDP의 50%에 이를 정도의 엄청난 국가 부채와 구조적인 감세로 인해 가용할 수 있는 재정 수단이 매우 부실한 재정 상황을 물려받게 되는 것이다. 이로 인해 어떠한 이름의 복지정책 추진에도 제동이 걸리게 될 것이다.

이러한 상황에서 진보개혁진영은 정신을 똑바로 차리고 올바른 대응 전략을 마련해야 한다. 진보의 가치와 명분을 모두 빼앗긴 채, '학자금 졸업 후 상환제도'를 우리가 해냈다며 플래카드를 내거는 식의 대응으로는 국민의 지지는 물론, 최소한의 관심조차도 이끌어낼 수 없다. 진보세력은 우선 친서민 정책의 실체에 대한 파악과 함께, 이의 한계를 분명히 드러내기 위해 '역동적 복지국가' 정책의 시행을 요구하는 방식으로 적극적인 정책 대응을 시작해야 한다. 현 정부의 친서민 중도·실용 노선과 '역동적 복지국가' 정책의 차이가 무엇인지 국민들이 알 수 있도록, 구체적인 정책의 내용, 대상, 그리고 정책에 투입할 예산의 규모를 통해 국민들에게 분명하게 보여 주어야 한다. 이러한 측면에서 이번 정기국회 국정감사와 예산심의는 매우 좋은 정치적 기회를 제공해 줄 수 있다. 또한 민주당은 단순한 반이명박 행보나 '신민주당 플랜'이라는 의미 없는 정치행태에서 벗어나, 보다 선명하고도 구체적인 민생정책으로 평가받을 수 있도록 해야 한다.

앞으로 세계 경제가 어떤 상황을 맞게 될지 아무도 모른다. 이런 상황에서

● 복지국가, **정치**

경제적 위기를 조장할 수 있는 부동산 거품 키우기를 다시 재개하고, 대중의 욕망을 자극하여 표를 구걸하는 현 정부여당의 포퓰리즘 행보는 또 다른 파국을 부르는 위험천만한 것이며, 현 정부가 추진하는 중도·실용정책이 그 의도가 어디에 있든, 눈앞의 위험을 잠시 가려주는 가면과 같은 역할을 할 가능성이 높다. 이런 시기에, 아파트를 사기 위해 빚을 내는 이 땅의 불안한 보통 사람들이 마음을 돌릴 수 있도록 단단한 진보 정책과 믿음직한 정치행보를 보이는 길이 쉽지는 않겠지만 이 땅의 진보가 해야 할 역사적 임무다. 그 길은 다름 아닌 '역동적 복지국가'다.

역동적 복지국가의 논리와 우리의 과제
역동적 복지국가, 충분히 가능하며 반드시 이루어야

최병모 | 칼럼 2009년 8월 31일

국가발전 전략으로서의 역동적 복지국가론은 보편적 복지, 적극적 복지, 공정한 경제, 혁신적 경제라는 4가지 정책 방향(기둥)을 올바르게 성취하고, 이들을 유기적으로 연계 작동케 함으로써 복지(사회정책)와 성장(경제정책)을 동시에 달성하려는 보편주의 복지국가의 경제사회 논리를 말한다.* 우리는 이러한 논리에 근거하여 신자유주의 세계화라는 악조건 속에서도 복지와 성장을 균형적으로 달성한 북유럽 복지국가들에서 그 원형과 우리나라에서의 적용 가능성을 발견하게 된다.

이들 북유럽 복지국가들은 요람에서 무덤까지 이어지는 보편적 소득보장 정책과 보편적 사회서비스 제공의 제도화 위에 적극적이고 능동적인 교육정책, 적극적 노동시장정책, 혁신적 산업정책을 결합하여 균형 잡히고 안정적인 복지의 확충과 더불어 경제의 지속적인 발전과 성장을 동시에 달성해 왔던 바, 최근 20년간의 경제성장률을 지표상으로 비교해 보더라도 기실 금융과 주택 거품에 의존하여 양극화 거품 성장을 해온 미국의 경제성장률에 결코 뒤지지 않음을 알 수 있다.

'보편적 복지'는 국가가 자본주의적 경제체제를 유지하는 전제 아래 누진적 조세제도를 통해 확보한 국가재정으로 국가 구성원 모두에 대하여 육아·의료·교육·고용·노후보장·주거 등 인간다운 생활을 영위하는 데 필요한 기본적 요구에 대해서는 평등하게 복지 공급을 보장하는 정책을 말한다. 보편

* 자세한 내용은 「역동적 복지국가란 무엇인가?」, 『복지국가혁명』, 도서출판 밈, 2007년 참조.

적 복지는 상위계층으로부터의 조세 수입을 재원으로 선별된 하위의 일부 계층에 대해서만 최소한의 복지 급여를 보장하는 선별적(잔여적) 복지에 대응하는 개념이다.

종래, 이와 같은 보편적 복지 정책에 대해서는 근로의욕을 저하시키고 국가의 과중한 재정 부담으로 경제성장을 저해함으로써 종국적으로는 지속될 수 없는 낭비적이고 낡은 정책이라는 비판이 제기되어 왔다. 특히 시장근본주의를 핵심으로 하는 신자유주의 경제학으로부터 주로 이와 같은 비판이 제기되어 왔는데, 신자유주의는 이러한 비판 위에서 시장의 자유와 함께 국가 기능의 최소화를 추구해 온 것이다. 감세, 규제완화, 작은 정부, 큰 시장이 그것이다. 이러한 신자유주의는 지난 30년 간 미국과 영국을 중심으로 세계 경제를 지배해왔으며, 우리나라에서는 1990년대 중반 본격 상륙하여 외환위기 이후인 1998년부터 지난 10여 년간 우리사회의 양극화 성장체제를 주도하고 있다.

이에 대하여 복지국가소사이어티는 국가가 사회보장제도로 확립된 보편적 복지를 제공하는 데만 그치지 않고, 한걸음 더 나아가 적극적으로 노동시장에 개입하여 맞춤형 교육훈련 등을 통해 노동의 기능적 유연성을 높이고, 적극적인 직업소개와 알선, 산업구조의 재조정 등으로 완전고용을 추구하며(적극적 노동시장정책), 자본과 상품시장에 있어서도 국가의 개입과 규제를 통해 공정하고 합리적인 경쟁체제의 유지를 보장하는 한편, 복지 지출에 의한 분배의 평등을 실현하여 사회 전반의 구매력을 제고하고, 고용을 촉진함으로써 보편적 복지의 실현과 함께 사회와 경제의 발전을 동시에 달성하고자 하는 역동적 복지국가론을 우리사회의 발전 대안으로 제시하기에 이른 것이다.

신자유주의는 영국의 산업혁명 후 아담스미스 등에 의하여 주창되었던 구자유주의(자유방임주의)의 20세기 판이라 할 수 있다. 신자유주의는 최소한의 선별적 복지를 제도적으로 허용한다는 점에서 최소한의 선별적 복지마저도 낯설었던 구자유주의와 구별된다. 그 밖에 구자유주의는 산업자본이 주도세력이었다면 신자유주의는 금융자본이 주도세력이라는 점에서도 차이가 있다. 무엇보다 그 핵심사상은 시장근본주의이다. 따라서 시장에서 개인의 자유를 최대한 보장하는 것(국제적인 금융 및 상품의 이동과 거래의 완전한 자유화, 노동시장의 완전한 자유화에 따른 수량적 유연성 확보), 국가 개입을 최소화하는 것(작은 정부, 균형예산, 규제완화, 국공영기업의 민영화, 중앙은행의 독립, 복지 축소)을 통해 최고의 효율과 경제 발전을 달성할 수 있다고 주장한다. 그렇게 함으로써 그 과실은 적하효과(滴下效果, trickle-down effect)에 의해 저소득층에도 파급된다는 주장이다.

그러나 신자유주의 정책은 모든 경제활동의 기제와 결과를 사회 구성원 개인의 책임으로 귀결시키고, 무한경쟁과 승자독식을 추구하는 결과로 인해, 필연적으로 소수의 승자와 다수의 패자, 소수의 가진 자와 다수의 못 가진 자로 나뉘는 극단적인 양극화를 초래한다. 이러한 양극화는 일자리와 소득의 양극화로부터 시작되어 보육·교육·건강·주거·문화 등 모든 영역의 양극화로 확대되고 또 심화되어 간다. 또한 이러한 양극화는 국민경제 내부에 있어서는 개별 경제주체들 간의 양극화를, 세계경제 체제에 있어서는 국가들 간의 양극화, 국가별 국민 상호 간의 양극화로 이어진다. 이러한 결과는 신자유주의 경제사회체제 아래서는 불가피하며 필연적이다.

한편, 김영삼 정부는 1993년 집권과 동시에 신중한 이론적 검토나 성찰, 또는 어떤 대책도 없이 세계화를 외치면서 경제협력개발기구(OECD) 가입과 함께 자본시장을 개방하였고, 그것이 1997년 외환 유동성 위기를 불러 온 중요한 원인의 하나가 되었다. 그리고 국제통화기금(IMF)은 이를 기화로 금융지원의 조건으로 온전히 신자유주의에 입각한 구조조정 프로그램을 한국에 강요하였고, 한국은 이것을 수용할 수밖에 없었다. 그 결과, 소위 신자유주의적 시장개혁(금융, 자본, 노동)으로 우리나라의 자본시장은 외국 투기자본의 천국이 되었고, 국제적인 신자유주의와 금융자본주의의 결합은 고용과 분배 없는 성장, 극단적인 경제사회적 양극화를 불러왔다.

더군다나 우리나라는 사회안전망 역할을 수행하는 보편적 복지제도의 결핍 때문에 이러한 사회양극화를 저지하거나 완화할 장치가 크게 부족하다. 그 결과, 양극화의 진행 속도와 깊이는 이미 미국을 능가하는 수준에 이르고 있다. 이러한 신자유주의 양극화의 심화는, 첫째로, 상위 20%의 부자와 하위 80%의 빈자로 구성된 소위 20:80의 사회, 더 나아가 10:90의 사회를 조성함으로써 사회통합을 저해하고 성장잠재력을 잠식하는 결과를 가져온다. 즉, 금융자본의 산업지배는 본질적으로 이전소득인 주식투자 등으로 인한 자본소득과 금융소득을 증가시키는 한편, 신자유주의가 지배하는 노동시장의 수량적 유연성 증가로 비정규직이 양산되면서 근로소득의 가파른 감소와 함께 구매력의 전반적 하락을 가져온다.

둘째로, 이것은 결국 절대적·상대적 빈곤층을 양산하고 민생의 불안을 야기한다. 대다수의 국민은 육아·교육·건강·고용·노후보장·주거 등 기초적 생활수요 부문 전반에 걸쳐 감당하기 어려운 불안으로 내몰리게 된다. 복지국가소사이어티는 이를 민생의 5대 불안이라고 부르는데, 이러한 민생 불안의 지속은 중산층의 하강 분해 추세와 결합하여 '개인적 차원에서 아무리 노력해도 삶의 불안은 지속'된다는 패배감 또는 무기력과 함께, 정치적 무관심과 허무주의를 조장하여 민주주의가 퇴행하는 절망의 사회를 불러오는 토양을 만든다.

셋째로, 특히 우리나라와 같이 수출 의존도가 높은 경제구조에서는 수출의 증가에도 불구하고 내수는 감소하여 수출경제와 내수경제가 분리됨으로써 '고용 없는 성장', 만성적 고용불안, 나아가 장기적인 불황에서 벗어나기 어려운 상황이 된다. 또한 이러한 사태는 신자유주의자들이 주장하는 소위 적하효과도 극히 미미하게 만든다.

구자유주의가 세계 공황으로 막을 내렸듯이 신자유주의 역시 지속될 수 없다. 첫째, 양극화의 극단적인 빈부격차로 사회불안이 증폭되기 때문이다. 둘째, 대기업, 자본가, 자산소득자 등 강자의 번영과 극단적으로 대비되는 중소기업, 영세 자영업자, 노동자의 몰락은 구매력 감소와 성장잠재력의 잠식을 가져오며, 이는 만성적 경기침체와 투자 감소, 생산 위축의 악순환을 낳기 때문이다. 셋째, 신자유주의의 치명적 시장실패 때문이다. 이미 미국 발 금융위기에서 금융체계의 심각한 시장실패는 충분히 입증되었으며, 이로 인해 미국 정부는 신자유주의의 금과옥조로 지켜온 시장 불개입 원칙을 포기하고 적극적인 시장 개입에 나선 것이다. 이는 결국 신자유주의는 그 자체로서 지속 가능하지 않다는 사실을 잘 보여주는 것이다.

  이 글의 서두에서 언급하였듯이, 그래서 우리는 우리나라 신자유주의 경제사회체제의 바람직한 대안으로 북유럽의 복지국가들을 주목하는 것이며, 북유럽 복지국가들이 그 동안 역사적으로 축적해 온 보편적 복지국가의 경험과 정책들을 모델로 하여 한국적 특성을 가미한, 우리나라의 실정에 잘 맞는 역동적 복지국가를 우리나라가 당장 취해야할 대안적 국가발전모델로 제시하고 있는 것이다. 우리가 제시하는 역동적 복지국가의 중요한 이념 또는 정책적 지표는 다음과 같다.

  ① 보육·교육·의료·고용·노후보장·주거 등 개인의 인간다운 생활을 영위하기 위한 기본적 수요는 국가가 평등하게 보장한다.

  ② 이와 같은 기본적 수요의 평등한 보장을 통해 인간의 존엄, 사회적 연대, 사회

정의의 실현 등의 민주주의 정부가 추구해야 할 핵심가치를 실현한다.

③ 또한 이와 같은 기본적 수요의 평등한 보장을 통해 기회 및 조건의 평등을 실현함으로써 진정한 의미의 민주주의 사회를 실현한다.

④ 기회와 조건의 평등을 실현함으로써 사회 안에서 건전하고 합리적인 경쟁을 유도하고 촉진하여 개인의 발전과 함께 국가와 사회의 번영을 동시에 추구한다.

신자유주의를 넘어 역동적 복지국가로 나아가야 하는 현 시점에서, 이명박 정부는 신자유주의의 교조적 정책들인 부자감세와 규제완화를 노골적으로 추진하고 있다. 세계적 추세와는 정반대다. 절대 성공할 수 없다. 부동산과 토건으로 경제의 거품을 일으키고, 중도실용으로 서민정책을 흉내 내는 것으로는 신자유주의의 구조적 양극화 문제를 덮을 수 없기 때문이다. 사회 모순과 민생 고통의 폭발을 시간적으로 미루는 것에 불과하다. 이러한 사실을 노동자, 농민, 서민 대중에게 고발하고 역동적 복지국가의 비전을 제시해야 한다. 국민이 충분히 알고 선택하게 해야 한다. 이는 우리 시민사회와 범 진보개혁 정치세력이 담당해야 할 정치사회적 역할이다.

그런데 신자유주의를 숭배하는 이 땅의 보수세력뿐만 아니라, 일부 진보개혁 성향의 인사들조차 북유럽식의 보편적 복지국가를 우리나라에서 실현하는 일이 가능하지 않을 것이라는 견해를 가진 것으로 알고 있다. 우리나라의 인구가 북유럽 국가들에 비해 많다는 점과 노동조합의 조직율이 낮고 진보정당의 정치적 영향력이 작다는 점 등을 그 이유로 들고 있다. 그런데 이는 참으로 잘못된 논리다.

　한 나라의 경제사회제도나 운영원리를 선택하는 데 인구수가 무슨 관련이 있겠는가? 그렇다면 미국을 우리 경제사회의 발전 모델로 삼는 우리나라 주류의 논리도 엉터리인 셈이 된다. 이러한 논리는 억지에 불과하다. 또 북유럽 국가들의 높은 노조 조직율은 보편적 복지국가의 결과이지 전제조건이었던 것은 아니다. 그리고 노동조합과 진보정당의 힘이 부족한 부분은 우리나라에 비교적 잘 뿌리내린 시민사회의 조직적 힘과 진보 개혁적 지식인들의 협력적 노력으로 얼마든지 극복할 수 있다. 단지 선험적으로 할 수 없다거나 하기 어렵다는 이유로 북유럽 국가들이 달성하였던 복지국가의 꿈을 우리가 미리 접어버렸던 것은 아닌지 반성해볼 일이다.

　이러한 패배주의와 소극적 태도가 버리지 않는 한, 우리나라는 시장만능의 신자유주의에 공통의 뿌리를 둔 보수주의 정치세력과 보수적 자유주의 정치세력 간의 대립구도를 한동안 지속시키게 될 것이다. 범 진보개혁 진영의 모든 구성원들이 먼저 역동적 복지국가의 실현 가능성을 믿고, 이를 정치세력화 함으로써 국민들에게 희망을 주어야 한다. 신자유주의 양극화 사회에서 만성적 불안에 시달리는 80%의 국민들이 역동적 복지국가 정치세력의 궁극적인 지지자가 될 것이다. 노동자, 서민 등 모든 국민에게 민생의 희망을 주는 일이 우선이다. 그리고 이것이 현 시기에 역동적 복지국가를 위한 정치연합 또는 복지동맹이 필요한 중요한 이유다.

김대중 전 대통령을 추모하며

홍보위원회 | 성명 2009년 8월 20일

김대중 전 대통령이 2009년 8월 18일 오후 서거했다. 삶 전체가 한국 현대사의 아픔과 질곡이었고 영광과 감동이었던 그의 서거 앞에서 우리는 마음 속 깊은 곳에서 우러나오는 애도의 심정을 숨길 수 없다.

지도자로서 고인이 처했던 정치적 환경은 남달랐다. 그는 엄혹했던 시절, 군사독재에 맞서 그야말로 목숨을 걸고 싸워야 했던 민주주의의 투사였다. 교통사고로 위장된 암살 시도와 일본에서의 납치, 살해 시도, 그리고 55회에 이르는 가택 연금과 6년간의 투옥, 망명과 사형 선고로 얼룩졌던 그의 삶은 평범한 사람들은 상상할 수조차 없었던 고통과 영욕의 삶이었다.

그러나 1987년 6월 항쟁 이후 그는 한 걸음 더 나아간 민주주의를 위해 일정하게 지역주의에 기반할 수밖에 없던 한계를 동시에 갖게 되었다. 또 그가 집권했던 시기는 1997년 IMF 경제위기라는 거대한 외부 환경의 변동 속에서 사회양극화의 심화와 신자유주의 확대라는 원천적 조건 위에 그대로 놓여 있었다. 김대중 정부는 신자유주의 세계화라는 거대한 파도 위에서 신자유주의 방향으로 키를 잡고 항해를 시작하여 위태롭게 항진하는 조각배와 같았다

그러나 우리는 이러한 외적인 한계와 조건 속에서도 김대중 전 대통령의 지도력은 흔들리지 않았다고 평가하고 싶다. 신자유주의 세계관에 경도된 경제학자들과 관료들의 벽에 갇혀 있으면서도 김대중 전 대통령의 뛰어난 정세 인식과 탁월한 정치력에 바탕을 둔 고도의 리더십은 결코 빛을 잃지 않았다.

주지하듯이, 고인께서는 50년만의 평화적 정권교체를 이룩하고, 노벨평화

● 복지국가, 정치

상 수상자로서 이산가족의 상봉과 남북정상회담을 통해 한반도 평화체제의 초석을 닦았던 진정한 평화주의자였다.

그러나 우리가 좀 더 기억하고 싶은 김대중 전 대통령의 업적은 그가 신자유주의의 높은 파도 앞에서 공공성 중심의 국가의료제도를 끝까지 지켜내고 발전시켰다는 사실이다. 2000년 의약분업 파동 당시, 심지어 집권여당의 정책위원장까지도 '정치적으로 아무런 이익도 없는 일'이라며 냉소적으로 외면하던 의약분업을 "국가의료제도의 백년대계를 위해, 의약품의 오남용으로부터 국민건강을 지키기 위해 반드시 의약분업을 관철해야"한다며 결코 물러서지 않았던 김대중 전 대통령의 뚝심과 원칙은 한국 보건의료의 역사에 큰 성과를 남겼다.

1998년 당시 수백 개의 의료보험조합으로 난립해 있던 조합주의 의료보험 제도를 전국적인 단일보험자 조직으로 통합한 국민건강보험을 입법을 통해 관철한 것은 세계적인 성과로 인정받고 있는 바, 이는 시민사회, 농민, 노동계의 오랜 숙원을 충분히 이해하고 이들과 정책적 연대를 구축해왔던 김대중 전 대통령의 강력하고 확고한 지도력이 없었다면, 결코 달성하기 어려웠던 중대한 역사적 성과라 하겠다. 이를 통해, 오늘날 우리나라는 미국의 '식코'형 시장주의 의료제도와는 달리 유럽 복지국가의 의료제도에 더 가까운 보편적 의료보장제도를 갖게 된 것이다.

또 국민기초생활보장법을 제정할 때는 현재 복지국가소사이어티 정책위원으로 활동하고 있는 이성재 당시 국회의원과 단독 면담 채널까지 열어가며, 김대중 전 대통령은 경제부처의 관료주의적 반대와 무관심을 이겨내고, 결국 이 법률이 국회를 통과하도록 힘을 실어주었다. 김대중 전 대통령은 우리사회의 빈자들에 대해 더 이상 지금까지의 동정과 시혜가 아닌, 이들의 기초생활을 보편적 사회권으로 정부가 보장해야 한다는 철학과 원칙에 동의해 주셨던 분이다. 이것은 한국 복지운동사의 획기적인 사건이 아닐 수 없다.

김대중 대통령이 한 평짜리 감옥에 갇혀있는 동안 깨알 같은 글씨로 써 내려갔던 국가발전의 구상들은 향후, 집권 시기에 국가를 운용하는 커다란 밑그림이 되었다. 그는 대통령 재임 시절, 매일 집무실을 나설 때 100페이지가 넘는 두꺼운 보고서들을 챙겨 갔다가 다음날 아침, 밤 세워 고민한 각종 지시와 주석들로 빨갛게 도배가 된 보고서를 보좌진에게 넘겨주었던 것으로 유명하다.

이렇게 나라를 위한 책임감과 국민을 위한 사랑으로 노구를 혹사시키면서 그는 대한민국이라는 이름 앞에 'IT 강국'이라는 수식어 하나를 추가했다. 산업전략 측면에서 김대중 정부는 조선, 자동차, 철강 등의 기계 공업에서 지식과 기술 중심의 산업으로 기반을 전환하는 분기점을 창출하였다.

그러나 김대중 전 대통령의 말년은 행복하지 못했을 것 같다. 노무현 대통령의 갑작스러운 죽음을 지켜보는 그의 가슴은 미어졌을 것이다. 또 그가 만들어 놓았던 한반도 평화체제와 복지제도의 기틀이 끊임없이 위협받고, 심지어 민주주의마저 퇴보하는 상황을 힘겹게 지켜보아야 했을 것이다. 그래서 그의 마지막에 우리는 다시금 민주투사로 돌아간 김대중 전 대통령을 볼 수 있었다.

우리는 고인의 꿈을 알고 있다. 김대중 전 대통령이 꿈꾸었던 나라는 "우리 국민 누구나 행복한 삶을 누리는 민주복지국가 대한민국"이었다.

이제 우리는 온 국민의 여망이 김대중 전 대통령의 꿈과 다르지 않을 것이라는 믿음으로 노동자, 서민을 위시한 온 국민과 함께 그 꿈을 이어갈 것이다. 그리고 그 꿈을 더욱 발전시켜 우리 시대의 지상 과제인 '완전한 사회경제적 민주주의'를 이 땅에서 반드시 이룰 것이다. 그것이 복지국가를 여는 새 시대의 첫 대통령이 아니라, 과거 청산을 우선해야 하는 구시대의 마지막 대통령이 된 것을 늘 아쉬워했던 사람, 김대중 전 대통령이 남긴 뜻에도 잘 부합하기 때문이다.

'역동적 복지국가'를 위한 지역 복지국가 운동의 활성화

정백근 | 칼럼 2009년 7월 27일

얼마 전 경상남도 진주시에서는 진주시의 네 개 시민단체가 주관하고 복지국가소사이어티가 주최하는 진주시 '복지국가 정책아카데미'가 성공적으로 막을 내렸다. 6주 동안 매주 수요일마다 강의가 이루어졌으며, 지난 6월 24일 모든 일정이 끝났다.

50명이 조금 넘는 수강생들이 '복지국가의 담론과 정책'에 대한 강의를 정말 열심히 들었다. 애초에는 시간이 갈수록 수강생들의 강의 참석률이 떨어지지 않을까 고민을 하였지만, 오히려 수강생들이 조금씩 늘어나서 지역의 주관단체들도 놀라움을 금치 못하였다.

'역동적 복지국가'의 담론과 정책을 전파하려는 복지국가소사이어티 소속의 우수한 강사진들이 뿜어낸 열띤 강의가 이런 결과를 낳았음은 너무나 당연하다. 그러나 그 저변에는 현재의 정세에 대한 지역 내 진보적 시민사회단체 활동가들의 어떤 공통된 상황 인식이 깔려 있다. 이들은 현재의 상황을 나름의 기준을 통하여 위기상황이라고 해석하고 있고, 이를 돌파하기 위한 어떤 '현실성 있는 진보적 대안'을 강구해야 할 필요성을 절감하고 있는 것이다.

사실 복지국가소사이어티는 2008년 4월부터 '복지국가 정책아카데미'를 시작하였는데, 서울 마포 사무실에서 제5기까지 '복지국가 정책아카데미'를 성공적으로 개최하였으며, 지방에서는 작년에 이미 부산, 제주, 전북 익산, 충북 청주, 경기 성남에서 '복지국가 정책아카데미'를 개최하였다. 올해 상반기에는 여러 사정상 경남 진주시에서만 '복지국가 정책아카데미'를 개최하였는

● 복지국가, **정치**

데, 경상남도의 다른 지역에서도 이를 개최해달라는 요청이 여기저기서 들어오고 있는 것만 보아도 지역 수준에서 현재의 정세를 돌파할 '적실한 대안'의 필요성에 대한 공감이 여실히 증명된다 하겠다.

이명박 정부의 반국민적 막가파식 정책 추진의 여파는 지방 중소도시 중 하나인 진주시를 포함한 경상남도에도 직접적인 영향을 주고 있다.

올해 10월 이후부터는 영리법인 병원 허용을 위한 현 정권의 작업들이 본격적으로 진행될 것으로 예상되는 바, 작년에 도민 여론조사에서 반대 의견이 우세해 좌절되었던 제주특별자치도의 영리법인 병원 설립 추진은 며칠 전에 있었던 제주도 의회의 의결에 힘입어 더욱 가속화될 전망이다.

이뿐만 아니다. 기획재정부의 기획에 의하면, 이번에는 제주특별자치도뿐만 아니라 전국에 산재한 6개의 경제자유구역을 대상으로 한꺼번에 추진될 가능성이 높아졌다. 경상남도는 '부산-진해 경제자유구역' 중 진해시가, '광양만권 경제자유구역' 중 하동군이 포함되어 있다. 영리법인 병원의 설립 허용을 위시한 의료민영화 추진과 관련하여 진주시와 경상남도의 시민사회단체들이 촉각을 곤두세우는 이유다.

총 사업비가 22조 2천억 원이라는 정부의 발표와 달리 연계사업비를 포함해서 최소 30조 원이 투입될 것으로 예상되는 4대강 정비사업 역시 경상남도에 직접적인 영향을 주고 있다. 낙동강 정비 사업과 관련하여 낙동강에 설치될 예정인 총 10개의 보 중 2개의 보(洑)가 경상남도의 합천군과 함안군에 설치될 예정이기 때문에 경상남도는 4대강 정비사업의 직접적인 영향권에 들어있다.

또한 1억 7천만 입방미터의 하도(河道) 준설, 107 킬로미터의 노후제방 보강, 10개소의 농업용 저수지가 만들어지는 등 경상남도에서 낙동강이 흐르는 주변 지역에는 이래저래 많은 변화들이 예상되고 있다. 뿐만 아니라 낙동강 정비사업과 관련하여 낙동강 식수원을 남강댐으로 이전함으로써 남강 물을 부산광역시로 공급하는 계획을 세우고 있다. 이를 위해서 남강물의 수위를 상승시키고 함양에 지리산 댐을 만들겠다는 계획을 발표하였다. 결국 식수원으로서의 낙동강의 기능을 포기하는 대신 남강댐의 수위를 홍수위 1m 아래까지 상승시키면서 진주 시민들과 서부경남지역 주민들에게는 물 폭탄을 하사하겠다는 것이다.

이는 인근 지역주민들의 생존권과 관련된 문제일 뿐만 아니라 지리산 인근의 환경파괴를 야기한다는 점에서 지역 시민사회단체들이 이미 여러 차례 문제제기를 하고 있고 강력하게 저항하고 있는 사안이다. 하지만 경상남도는 4대강 정비사업과 관련하여 전국에서 가장 먼저 보상을 완료한 김해시가 포함되어 있을 정도로 낙동강 정비 사업에 헌신하고 있을 뿐만 아니라 관련 기초지자단체들 역시 지역 주민들의 찬성여론을 만들기 위하여 분주하기 때문에 향후 격돌이 예상되는 사안이다.

창원시의 대림 B&Co, 두산 인프라코어, 양산시 어곡 공단의 반도코리아 등 경상남도 내의 많은 사업장들에서는 이미 대규모의 정리해고가 진행되었

● 복지국가, 정치

거나 앞으로도 진행될 가능성이 매우 높은 상황이다. 비정규직의 기간 연장으로 정규직화의 길을 철저히 봉쇄하는 비정규직 개악 안을 입법 예고하고, 노동시장의 유연성을 극한까지 유지하려는 이명박 정부의 노동정책은 쌍용자동차에 대한 정리해고를 넘어 경상남도 지역 노동자들의 고용불안도 야기하고 있다.

경제위기와 부자감세로 국세가 감소하다 보니 지자체와 교육청이 재정보조 차원에서 중앙정부로부터 받는 지방교부세와 지방교육재정교부금도 감소할 수밖에 없는 상황이다. 전체적으로 보면 4조 3천억 원이 줄어들 예정이며, 광역지자체가 6,205억 원, 기초지자체 1조 5천억 원, 시도 교육청 2조 2천억 원이 각각 감소될 것이다. 경상남도에 국한해서 보더라도 경상남도의 감소금액은 354억 원, 도 내 기초지자체 2천억 원, 도교육청이 1천 7백억 원으로 총 4천 1백억 원이 감소될 것으로 전망된다. 이는 지자체가 수행하는 각종 사업의 축소, 폐기, 통합으로 이어질 것이며, 그 중에서도 서민들을 위한 복지사업 영역에서 이러한 조치들이 가장 먼저 시행될 것이 분명하다.

이상과 같이 이명박 정부의 정책들은 재정정책, 노동정책, 사회정책, 경제정책 등 모든 영역에서 공공성을 훼손하고 사회경제적 양극화를 심화시키면서 노동자와 서민들의 삶을 피폐하게 만들 것이다. 또한 이러한 정책들은 단지 중앙 차원의 이슈로 끝나는 것이 아니라 경상남도와 도 내 20개 시군의 지방정부 정책에 직접적인 영향을 미치고, 나아가서 이들 지역에 거주하고 있는 주민들의 일상생활 속으로 침투하게 될 것이다. 이는 경상남도에만 한정되는 것이 아니라 경제자유구역의 영향력을 받는 전국의 모든 지역, 4대강이 흐르는 모든 지역, 노동자들이 일하는 사업장이 있는 모든 지역, 지방정부가 존재하는 모든 지역의 총체적 사안이다.

그러므로 현 정부의 시장만능주의에 따른 반민중적인 정책 수립 및 집행에 저항하고, 이에 대한 '설득력 있는 대안'을 만드는 작업들은 지역시민사회를 포함한 지역 내 모든 운동역량과의 유기적인 결합 없이는 불가능하다. 특히, 현 정부는 영리법인 병원 도입과 4대강 정비사업 등의 예에서 보여주듯이 그들이 추구하는 정책들을 교묘하게도 '지역의 경제개발 사안'으로 둔갑시키고 있다. 만약 지역의 운동세력들이 그들이 활동하는 지역 내에서 이러한 문제들을 올바로 인식하지 못하고, 이에 효과적으로 대응하지 못한다면 현 정부의 '시장만능주의 토건국가 노선'에 대한 전체적인 진보 개혁적 저항 전선에 큰 타격이 될 수밖에 없게 된다.

최근 사회경제적 양극화와 신자유주의에 대한 합리적 대안으로 사회경제민주화를 통한 보편적이고 역동적인 복지국가를 건설하자는 복지국가 운동에 대한 담론과 정책이 풍성하다. 이는 현 정부 들어서 더욱 노골적으로 유포되고 있는 '작은 정부', '감세', '민영화', '경쟁 만능' 이데올로기에 대하여 공세적으로 대응하고, 보편적이고 적극적인 복지국가의 상을 제시함으로써 현실의 새로운 사회운동의 하나로서 영향력을 확대해 나가고 있는 것이다. 그

● 복지국가, **정치**

러나 아직 이러한 담론은 지역의 시민사회를 포함한 지역 내 운동세력에게까지는 전달되지 못하고 있는 것이 현실이다.

역동적 복지국가가 되기 위해서는 중앙정부 차원의 근본적인 정책 변화가 필수적이지만, 우리나라가 복지국가가 아니기 때문에 국민들이 겪는 고통은 수도권이나 지방이나 동일하다. 오히려 지방의 지역주민들은 다양한 영역에서 훨씬 더 소외되는 경우가 많으며, 때문에 역동적 복지국가의 필요성을 더욱 절감하고 있는 것이 사실이다. 또한 앞에서도 언급하였듯이 현재의 집권세력이 추진하는 반 공공적이고 반민중적인 정책들은 '지역의 경제 사안'으로 그 성격이 변경되어 추진되고 있는 것들이 많고, 이는 일차적으로 지역 역량들의 힘으로 해결할 수 있어야 한다.

그러므로 복지국가 운동의 성패는 '지역의 복지국가 운동 역량들'이 얼마나 잘 준비되어 있는가에 달려 있다고 해도 과언이 아니다. 복지국가 운동 진영이 지역의 복지국가 운동 역량들을 어떻게 조직하고, 이들과 얼마나 효과적으로 결합하여 현실의 문제들을 잘 해결해 나가는가 하는 것은 향후 복지국가 운동의 확대와 관련해서 매우 중요한 사안이다. 바로 내년에 지방자치단체 선거가 있고, 때문에 복지국가 운동과 관련된 지역의 사안들을 발굴하고 홍보할 수 있는 정치적 공간이 활짝 열릴 것이다. 이제 중앙과 지역의 진보적 활동가들이 '역동적 복지국가'의 정책을 실천적으로 함께 고민해야 할 시기가 성큼 다가온 것이다.

제주도지사 주민소환과 풀뿌리 민주주의

이은주 | 칼럼 2009년 7월 20일

    2009년 7월 15일 제주특별자치도 선거관리위원회는 김태환 지사에 대한 주민소환 투표청구요지를 공표했다. 지난 6월 29일 김태환 지사 주민소환운동본부가 제출한 주민소환투표청구서와 주민들의 서명부를 검토한 결과, 5만 1,044명의 서명이 유효하여 주민소환투표 청구가 적법하다고 판단한 것이다.

    제주도 내의 시민사회단체, 종교계, 강정마을회 등은 주민소환운동본부를 결성하고, 올해 5월 14일부터 도민들을 상대로 제주도지사 소환을 지지하는 서명을 받아왔다. 서명운동이 시작된 지 6일 만에 서명인 수가 1만 명을 넘어섰고, 불과 40여일 만에 청구요건(지역유권자의 10%)인 4만1,694명을 훌쩍 넘긴 7만7,367명의 서명을 받으리라곤 누구도 예측하지 못했다. 주민소환투표 청구는 피소환자의 임기가 1년 이상 남은 경우에만 할 수 있는데, 김 지사에 대한 청구시한은 6월 30일이었다. 법적으로 보장된 서명운동 기간인 120일에 크게 미치지 못하는 기간밖에 남지 않은 상태였음에도 불구하고 주민소환투표 청구가 적법하게 이루어진 것이다.

    주민소환투표 청구 명부의 서명자는 성명은 물론 주민등록번호까지 써야 하고, 주소 역시 주민등록상에 있는 주소로 집의 번지, 아파트의 경우 단지명과 동 및 호수까지 정확히 적어야 하는 등 통상적인 서명을 받는 것과 달리 주민소환을 위한 서명부 작성은 매우 까다롭다. 또 서명이 끝난 후에는 누구나 서명인 명부를 열람할 수 있도록 되어 있어, 제주도와 같은 좁은 지역에서는 지역사회의 특성상 서명인들에게 적지 않은 부담을 안기는 일이었다. 그

● 복지국가, **정치**

럼에도 불구하고 우리나라에서 광역자치단체장에 대한 소환요구가 최초로 받아진 것은 제주지역사회는 물론 전국적으로도 큰 파장을 일으키지 않을 수 없는 사건이 되었다.

제주도는 정부 혹은 관 주도의 정책 추진으로 여러 차례 홍역을 겪어왔다. 주민소환을 요구할 정도로 도정과 도민 사이의 긴장이 격화된 것은 주민소환운동본부가 소환 청구사유에서 밝힌 것처럼 주로 강정마을에 추진되고 있는 해군기지 문제 때문이다.

"특히 김태환 지사는 해군기지 추진과정에서 주민 갈등 문제 등에 대한 해결 노력을 기울이지 않았고, 정부와의 기본협약(MOU)체결도 제주의 이익과 미래에 오히려 역행하는 방향으로 나갔으며, 도민의 대의기관인 도의회도 무시하는 행태를 보이는 등 독선과 무능으로 일관하고 있어 이를 심판하고자함."

해군기지 건설 논란은 1993년 12월 제주도에 새로운 해군기지가 필요하다는 해군본부의 주장으로 시작되었다. 처음에는 화순, 이후에는 위미로 기지 건설 예정지가 바뀌게 된 것에서 보는 것처럼, 해당 지역주민들의 반발이 격렬하였다. 그런데 2007년 4월 강정마을회에서 돌연 해군기지를 유치하겠다는 기자회견을 하였고, 김 지사가 강정마을의 기지 유치 결정에 개입하였다는 의혹이 불거지면서, 마을은 찬반양론의 걷잡을 수 없는 소용돌이 속으로 빨려들었다. 마을 총회 결과 해군기지 유치 결정을 발표했던 마을 회장이 해임되었고, 또 마을 주민들을 대상으로 한 투표에서는 반대여론이 우세한 것으로 나타났다(자연부락 유권자 1,200여 명 중 725명 투표하여 반대 680표, 찬성 36표, 무효 9표).

하지만 그해 12월 국회에서 해군기지 건설예산 174억 원이 통과되었다. 이후, 해군과 제주도정의 군사기지 설치를 위한 행보는 거침이 없었고, 제주도 출신 국회의원들의 문제제기도 소용이 없었다. 결국 제주도지사는 2009년 4월 27일 국방부와 일방적으로 제주해군기지와 관련한 기본협약서(MOU)를 체결하기에 이르렀다. 이런 제주도정의 행태에 대해 제주도의회조차 "굴욕적인 기본협약서를 인정할 수 없다"며 "제주도민의 대의기관인 도의회를 무시하고 기본협약서를 체결한 제주도지사는 사과하라"고 요구할 정도였다.

해군기지를 반대하거나 주민소환운동을 지지하는 사람들이 이구동성으로 지적하고 비판하는 것은 "제왕적 도지사"의 행태, 즉 도정이 도민들의 의사에 반하여 독선적으로 이루어지고 있다는 것이다. 2006년 7월 '특별자치도'로 변경된 이후, 제주도에서는 기초자치단체인 기존 4개 시·군(제주시, 서귀포시, 북제주군, 남제주군)과 시·군의회가 모두 폐지되었고, 현재는 두 개의 행정시(제주시와 서귀포시)와 도의회만 존재하고 있다. 그런데 시·군을 없애 행정 구조를 간편화함으로써 행정을 효율화하고자 한 것이 오히려 도지사의 독선과 아집으로 도정이 잘못 운영될 경우, 이에 제동을 걸 수 있는 행정 장치를 없애버린 셈이라는 비판도 없지 않다. 그러므로 이번 주민소환은 제왕적 도지사의 독선을 막고 풀뿌리민주주의를 지켜낼 마지막 제도적 장치인 것이다.

● 복지국가, 정치

　주민소환운동이 일어난 이후, 제주도의회는 「제주특별자치도 각종 협약 등의 체결에 관한 조례(안)」을 제출하였다. 조례(안)에 따르면, 주민에게 중대한 재정적 부담을 주는 사항, 주민의 재산권 행사에 심각한 제한을 주는 사항, 자치입법의 재·개정과 관련된 사항, 주민의 복리·안전 등에 커다란 영향을 비치는 사항, 그밖에 제주도의 각종 정책사업 등과 관련해 도지사가 필요로 하는 사항의 각종 협약 체결 등에 대해 도의회에서 의결할 수 있도록 하고 있다. 또 이미 체결한 협약이라도 이후 심각한 문제가 발생하거나, 상대방이 고의나 과실로 성실히 이행하지 않아 더 이상 지속할 수 없을 경우 지체 없이 도의회에 보고하고, 의회의 의견을 들어 파기할 수 있도록 하고 있다. 이 조례(안)가 통과될 경우, 제주도가 제주해군기지 건설과 관련하여 국방부와 체결한 기본협약서도 그 대상이 될 수 있을 것이고, 이것은 이번의 주민소환운동으로 얻은 하나의 성과가 될 것이다. 그러나 현재로선 통과여부가 불확실한 상황이다.

　우리나라 최초의 광역단체장 주민소환인 제주도지사에 대한 주민소환투표 청구가 이루어지기까지 몇 가지 쟁점들이 제기되었는데, 여기서는 두 가지 정도를 살펴볼 것이다. 첫 번째 쟁점은 국책사업을 수행하는 것이 해당 단체장의 소환 사유가 될 수 있느냐 하는 것이었다. 김 지사는 "주민들이 중요한 국책사업인 해군기지 건설 추진 문제를 소환의 명분으로 삼았다"며 "그런 주관적인 소환이야 말로 명백한 권한 남용"이라고 강력하게 반발하였다. 이명박 대통령도 7월 1일에 열린 지역투자박람회에서 "국책사업을 집행하는 지사를 주민소환 하는 것은 바람직하지 않다"는 견해를 밝혔다. 전국의 광역 시·도지사들도 이에 대해 유감이라는 성명서를 발표하였다. 그렇다면 국책사업은 해당 주민들의 의사와 상관없이 독단적으로 진행되어도 좋다는 근거가 있는가? 해당 주민들의 완강한 반대에 불구하고 국책사업인 해군기지 건설을 위해 도지사가 국방부와 MOU 체결을 강행한 것은 풀뿌리민주주의에 부합한다는 것인가? 주민소환운동은 도지사의 이러한 독단을 풀뿌리민주주의에 대한 위협으로 간주한 것이다.

두 번째 쟁점은 주민소환 자체가 지역사회의 갈등을 유발한다는 것이다. 전직 도지사, 교육감 등으로 이루어진 제주사회 원로들의 모임에서는 지난 6월 5일 "해군기지 후보지 선정과정이 썩 매끄럽지 않았다는 점을 알고 있으나, 주민투표를 실시할 경우 갈등은 봉합되기 어려울 것이고, 주민투표로 누가 이기든 패자에게는 영원한 아픔을 남길 것"이라며, 양측이 한 발씩 양보하여 대화로 해결하고, 주민소환을 위한 서명운동을 중단해달라고 요청하였다. 또 임기가 1년 밖에 남지 않았는데, 다음해에 표로 심판하면 된다는 주장도 나왔다. 그러나 주민소환을 한다는 것 자체가 이미 갈등양상을 표출한 것이며, 이 상황에 이르기까지 문제해결을 위한 요구가 수없이 있었다는 것을 감안한다면, 이들의 주장은 결국 갈등을 적당히 덮고 넘어가자는 것으로 이해될 수도 있는 대목이다.

하지만 여기엔 생소한 주민소환제도에 대한 이해 부족도 한 몫을 한 것으로 보인다. 일부 주민들에겐 주민소환이라는 생소한 제도가 엉클어진 실타래를 푸는 것이 아니라 단지 뭉텅이를 잘라내어 또 다른 상처를 남기는 것으로만 여겨졌을 수도 있었을 것이다. 대의제 민주주의에 익숙해져서 통상적인 선거에서의 투표행위는 권리이고, 이를 통해 당선자와 낙선자로 나뉘는 것은 당연하다고 인정하면서도, 주민소환을 통해 이미 선출된 공직자를 낙마시킨다는 것은 인정상 할 수 없는 일로 여기는 것이다.

필자는 이번에 제주에서 진행되고 있는 주민소환운동을 지켜보면서 풀뿌리 민주주의의 소중함과 함께, 이것이 현재 얼마나 취약한지, 그리고 이것을 반드시 지켜내고 발전시켜 나가야 하겠다는 절박함을 느끼게 되었다. 현재 제주의 조건에서는 주민소환제도가 풀뿌리 민주주의를 지켜내기 위한 마지막 보루인 셈이다. 그만큼 소중한 것이다. 그런데 바로 이 '주민소환'의 요건이 현실을 고려했을 때 너무 까다롭다는 것이다. 지난 2006년에 치러진 제주도 행정구조개편을 위한 주민투표의 참여율은 36.76%였다. 모든 행정력이 동원되고, 대대적인 홍보활동이 이루어졌으며, 투표당일이 임시공휴일로 지정되었음에도 투표율 1/3이라는 커트라인을 간신히 넘겼던 것이다. 1/3 이상의 유권자들이 투표를 해야 한다는 요건은 우리나라 현실에서는 너무 까다롭다는 생각이다. 물론 주민소환의 요건이 너무 느슨하여 남용되어서는 안 되겠지만, 최근에 진행된 각종 재·보궐선거에서 투표율 30%를 넘긴 경우가 드물었던 경우를 감안하면 투표율 1/3이라는 기준에 대해서는 재고할 필요가 있을 것이다.

주민소환제는 주민투표제, 주민발의제와 함께 풀뿌리 민주주의를 위해 어렵게 얻어낸 성과이다(일례로 2009년 3월 하남시장은 주민소환제에 대해 헌법재판소에 위헌 확인을 하였으나 기각되었다). 제주도는 "주민소환 투표에 소요되는 경비는 19억2천만 원으로 주민소환투표 청구로 제주도의 재정적 부담이 늘고 도민의 혈세가 새어 나가게 되었다"는 내용의 보도 자료를 냈다. 주민소환에 대한 제주도의 이러한 인식은 제주도정의 민주주의에 대한 이해 부족을 잘 보여주고 있는 것이다. "투표는 순간이고 임기는 길다"고 한다. 일단 선출되기만 하면 정책적으로 실패하거나 무능하고 부패하더라도 임기가 보장되기 때문에 발생하는 지역사회의 갈등과 이로 인한 각종 사회적 경비는 주민소환투표의 소요경비에 비할 바가 아니다.

이제 제주도는 직접 참여에 의한 풀뿌리 민주주의의 "특별한" 시험장이 된 듯하다. 2006년에는 행정구조 개편을 위한 주민투표를 치렀고(이 투표의 결과로 제주특별자치도법이 제정되었고, 이 법률 속에 주민소환 관련 조항이 포함되었다), 올 8월 말에는 주민소환투표를 앞두고 있다. 투표의 결과는 누구도 예측하지 못한다. 하지만 그 결과가 어떻게 나오든, 제주도민들은 이미

● 복지국가, **정치**

"민주주의 최후의 보루는 시민의 조직된 힘"이라는 것을 분명하고 보여주고 있는 것이다.

노무현 이후, '초록-복지 동맹'으로
정치 재편해야

최병천 | 칼럼 2009년 6월 15일

서거 이전과 서거 이후의 차이

불과 얼마 전까지 '친노무현' 정치세력은 '죽은 권력'으로 표현되었으며, 실제로 스스로를 폐족(廢族)으로 진단할 정도였다. 그런데 노무현 전 대통령이 실제로 자신의 몸을 부엉바위 아래로 던지자 국면은 '확' 바뀌게 되었다. 500만 명의 조문행렬, '87년 이한열 열사 장례식의 기록을 갱신하는 영결식 인파, 민주당 지지율은 1위를 탈환했고, 친노 정치세력의 간판 주자들이 정치적으로 다시 크게 주목을 받는 일이 벌어지고 있다.

불과 얼마 전까지 한나라당이나 보수언론은 물론이고, 심지어 민주당 내부에서조차 "모든 게 다 노무현 때문이다"라는 분위기가 지배적이었지만 이제 그런 말은 쏙 들어갔다. 노무현 전 대통령과 참여정부에 비판적이었던 진보진영의 인사들도 '인간' 노무현과 '대통령' 노무현을 구분하며 추모의 열기에 가담했다.

그렇다. 서거 이후 가장 크게 달라진 것이 있다면 그것은 아마도 '개인' 노무현과 '정치인' 노무현과 '대통령' 노무현의 분리 정립이 정착되었다는 점일 것이다. 사람들은 좋았던 시절의 노무현, 대통령이 되기 이전의 노무현, 가슴이 가장 뜨거웠던 시절의 '비주류 정치인' 노무현을 상기하며, 그가 살았던 80년대가 얼마나 뜨거웠는지, 회상하고 눈물 흘리고 미안해하곤 했다.

● 복지국가, 정치

'개인' 노무현, '정치인' 노무현, '대통령' 노무현의 분리 정립

그러나 우리는 다시 우리 스스로에게 질문을 던져야 한다. '개인' 노무현과 '정치인' 노무현은 성공했을지 모르겠지만 '대통령' 노무현도 성공한 것인가?

만일 대통령 노무현이 '성공한' 대통령이었다면, 그래서 서민 대중들의 '정치적 엄호'를 받을 수만 있었다면, 노무현 대통령 당신께서 그처럼 애착을 가졌던 것처럼, 그들의 '가치'가 대중적으로 엄호를 받을 수만 있었다면, 2009년 5월 23일 토요일 아침의 '비극'은 있지 않았을 것이다.

그렇기에 우리는 '개인' 노무현과 '정치인' 노무현에 대해 경건한 마음으로, 존경의 마음으로 숙연해질 필요가 있지만, 노무현 전 대통령의 죽음이라는 한국 정치사의 비극을 제대로 규명하고 그것을 반복하지 않기 위해서라도 '대통령' 노무현은 왜 실패했는지를 직시하는 것에서 출발해야 한다.

참된 추모란, 그의 진정성을 가슴으로 받아들이되, 그의 성공과 그의 좌절을 일관된 흐름으로 이해할 때만 가능하기 때문이다. 그래서 그의 한계를 뛰어넘는 '대안'과 마주할 때, 그리하여 이러한 진보적 대안이 서민 대중의 정치적 엄호를 받을 때, 참된 추모는 진정으로 성취되는 것이라고 생각하기 때문이다.

80년대의, 80년대에 의한, 80년대를 위한 대통령

최장집 교수는 대한민국 민주화의 큰 특징을 '운동에 의한 민주화'라고 표현한 적이 있다. 정치인 노무현과 대통령 노무현은, '운동에 의한 민주화' 그 자체라고 해도 과언이 아닐 것이다. 광주로 시작된 80년대, 그 80년대를 살았던 사람이라면 모두가 '민주주의'라는 네 글자를 타는 목마름으로 외쳐본 적이 있을 것이다. 개인 노무현도 그런 사람이었다.

빈농의 아들에서 부림 사건 이후 운동권 변호사가 된 것은 '80년대 다운' 것이었다. 그래서 그는 부산지역의 민주화세력을 대표해서 국회의원이 되었고, 학살자 전두환에 대한 분노를 담아 청문회 스타가 되었다. '80년대적 지조'를 지키기 위해 3당 합당을 거부했고, '80년대적 가치'를 위해 3김 시대와 지역주의에 맞서 끝까지 저항하고자 하였다.

그리고 2002년 바로 그 힘으로, 80년대적 열정의 힘으로 민주당의 대선후보가 되고, 그해 겨울 제16대 대통령에 당선되었다. 그리고 2004년 탄핵파동과 거리로 나온 촛불의 행렬들을 거쳐 2004년 4.15 총선에서 민주화 정치세력의 최초 원내과반이라는 역사적 성취를 일궈내었다.

'운동에 의한 민주화'와 '운동에 의한 대통령'

최장집 교수가 적절하게 표현했듯이 대한민국의 민주화가 '운동에 의한 민주화'였던 것처럼, 그는 '운동에 의한 대통령'이었다. 그런 점에서 우리는 개인적 통치 스타일에서 대통령 노무현의 한계와 실패를 찾아서는 안 된다.

그것은 80년대 운동의 한계 또는 실패였으며, 80년대 민주화 세력의 한계 또는 실패라는 차원에서 보다 거시적으로 조명되어야 한다.

그렇다면 '80년대 운동'의 최정점에 있었던 대통령 노무현은 왜 성공을 거두지 못한 것일까? 80년대적인 것의 그 무엇이 행정부와 입법부를 장악했음에도 불구하고, 더군다나 2004년 총선 결과인 민주노동당 10석과 민주당 9석을 합치면 180석에 육박하는데도 불구하고 대통령 노무현은 성공하지 못한 것일까?

이에 대한 보다 보편적 해답을 얻기 위해 우리는 잠시 정치 선진국이라고 할 수 있는 유럽 정치사에 대해 환기할 필요가 있다. 유럽의 현대 정치사를 복기해보면, 민주주의가 크게 3가지 경향으로 진화했음을 알 수 있다.

민주주의 발전 경향: 자유권 중심 민주주의 → 복지 민주주의 → 초록 민주주의

첫째, 자유권 중심의 민주주의 단계이다.

'전(前) 근대'와 치열하게 싸우며 보통선거권을 비롯한 정치적 시민권의 정착 시대였다. 자유권 중심의 민주주의는 서민들의 '정치적 결정권'이 확대된다는 긍정적 의미가 있지만, 보다 주요하게는 부르주아지(BG)들과 중산층을 위한 민주주의라고 할 수 있다. 소유권에 기반을 두어서 경제적 기반이 튼튼한 이들 부르주아지들과 중산층은 정치적 자유권만 보장된다면, 크게 아쉬울 것이 없기 때문이다. 자유당의 시대라고 할 수 있으며, '정치적 자유주의'의 시대라고 할 수 있다.

둘째, 복지 민주주의 단계이다.

최장집 교수는 '민주화 이후의 민주주의'라는 화두를 던지며 민주주의 그 자체는 본질적으로 절차 그 이상도 이하도 아니라는 점을 강조한 바 있다. 우리가 민주주의를 바람직한 정치체제라고 말할 수 있는 근거는 민주주의 그 자체에서 비롯되는 것이 아니라, 그것이 서민대중의 삶을 개선하는데 기여하기 때문이라는 것이다.

최장집 교수는 이를 사회경제적 민주주의라고 표현했는데, 실제 유럽의 역사에서 이는 복지정치, 복지국가의 형태로 실현된다. 우리는 이를 복지 민주주의라고 표현할 수 있을 것이다. 크게 보아 사민당의 시대이며, 이념적으로 사회민주주의(=사민주의)의 시대라고 할 수 있다.

셋째, 초록 민주주의 단계이다.

절대 빈곤을 극복하고 후기 산업사회가 조성되면서 고학력 화이트칼라층을 중심으로 양이 아닌 질에 대한 욕구, 결과가 아닌 과정에 대한 욕구가 증대한다. 이들은 자연과의 조화, 작은 공동체(커뮤니티), 내면의 성찰, 몸의 재발견, 물질주의에 대한 비판적 사고 등에 대해 주목한다. 이들 욕구의 본질은 한마디로 '의식화 욕구'라고 할 수 있다. 또한 한 차원 높은 인간다움에 대한 욕구라고 할 수 있다. 크게 보아 녹색당의 시대이며, 이념적으로는 생태주의의 시대라고 할 수 있다.

● 복지국가, **정치**

'대통령' 노무현의 실패와 열린 우리당 실패의 본질

다시 '대통령' 노무현은 왜 실패했는가의 문제로 돌아와 보자. 결론부터 말하면, 그것은 80년대 학생운동의 실패이며, 학생운동이 주도했던 민주화운동의 실패였다. 2004년 열린 우리당의 과반 직후, 열린 우리당의 정당지지율이 한나라당의 정당 지지율을 10% 이상 앞서고 있을 때, 그들이 했던 '최초의' 정치적 진검승부는 소위 4대 개혁입법이었다.

국가보안법, 사립학교법, 언론법, 과거사법이 그것이었는데, 필자는 지금도 당시 여론조사 결과가 생생하다. 국가보안법의 경우, 개정 및 폐지가 1/3이었고, 현행 유지가 1/3이었고, '관심 없다'가 1/3이었다.

국민들은 2004년 총선을 통해 80년 광주항쟁 이후 민주화를 이끌었던 양대 세력에 대해 최대한의 정치적 기회를 주었다. 80년대 정치적 민주화를 선도했던 자유주의적 개혁세력에게 '원내과반'이라는 선물을 주었고, 민주화의 또 다른 한축이었던 친사회주의 경향의 민중운동세력인 민주노동당에게 '제3당'이라는 최고의 정치적 찬사를 보냈다.

이를 통한 서민대중의 요구는 간결했다. "과거에 니네들 민주화 하느라 고생 많았으니까, 이제 서민들 먹고사는 문제 좀 잘 해결해보라는 것. 그리고 이제 과거 지나간 이야기 좀 그만하라는 것" 바로 그것이었다.

요컨대, '대통령' 노무현과 열린 우리당에게 서민 대중들이 바랬던 것은 간결하다. '밥이 되는 민주주의', 즉 '복지 민주주의'를 이제는 해달라는 요구였다. 그래서 서민들이 가장 힘들어했던 것들, 주거문제, 교육문제, 노후문제, 의료문제, 일자리 문제를 민주화운동을 했던 당신네들이 제대로 해결해달라는 것이었다.

현대 민주주의에 대한 본질적 재인식
- '복지 없는 민주주의'와 '복지 있는 민주주의'

그러나 열린 우리당의 '운동권' 정치인들과 민주노동당의 '운동권' 정치인들은 서민대중이 원하는 것을 하지 않고, 자신들이 원하는 것을 하기 시작했다. 그에 대한 상징이 바로 4대개혁입법이었다. 그리고 그것이 정의라고 서민대중을 향해 '윽박지르기' 시작했고, 서민대중을 향해 '논쟁'을 걸기 시작했고, 80년대 운동권 시절 후배들에게 그랬던 것처럼, 서민대중을 '가르치려' 들었다.

그런 점에서 우리는 이제 민주주의 그 자체에 대한 환상 및 신화와 과감하게 결별해야 한다. 민주주의 그 자체만으로는 더 이상 '타는 목마름'의 그것이 될 수 없으며, '남몰래 쓸' 그 무엇도 아니다.

이제 우리는 민주주의에 대해 본질적으로 〈'복지 없는' 민주주의〉와 〈'복지 있는' 민주주의〉 두 가지로 구분해야 한다. 전자의 민주주의는 권위주의와는 명백하게 단절했지만, 자유권 중심의 민주주의이며, 서민대중의 삶과 무관한 민주주의이다. 후자의 민주주의는 '밥이 되는 민주주의'이며, 서민대중

● 복지국가, 정치

의 삶과 직결되는 민주주의이다.

　전자의 민주주의는 '전근대'와 싸웠기에 더욱 치열한 과정이었고 바로 그렇기에 고색창연한 이념적 언사들이 난무한다. 자유, 평등, 민주, 탈권위, 탈냉전, 역사 청산 등이 바로 그것이다. 반면, 후자의 복지 있는 민주주의는 일상을 살아가는 서민대중의 생활적 투박함이 지배적 관심사이다. 집 걱정, 교육비걱정, 어머님과 아버님의 노후 걱정, 병원갈 때 부담, 일자리 불안감 등이 바로 그것이다.

　그렇게 볼 때, 현대 민주주의는 본질적으로 〈'복지 있는' 민주주의〉이며 자신의 정치세력이 어떤 이념적 기반을 가지건과 무관하게 현대 민주주의는 본질적으로 '사민주의적'이라고 할 수 있다. 또한 반드시 그래야만 한다. 그렇지 않다면, 서민대중으로부터 '정치적 고립'을 면치 못하게 될 것이다.

'무능한' 민주당의 생존법 – 복고주의와 향수의 자극

　불과 며칠 전 'New 민주당 플랜'을 이야기하며 중도의 강화를 외치던 민주당은 이제 와서 선명 야당과 장외 투쟁을 강조하고 있다. 불과 얼마 전 노무현 전 대통령이 서민대중의 기억 속에서 잊히기만을 학수고대하던 민주당은 이제 '상주'의 역할을 하겠다고 나서고 있다. 어제의 기회주의적 행태를 오늘의 새로운 기회주의로 덮고 있는 형국이다.

　민주화 시대, 민주화라는 임무를 너무도 훌륭히 마쳤기 때문에 시대적 임무라고는 전혀 없는 민주당이, 그리하여 산 것도 죽은 것도 아니었던 민주당이 한나라당을 정당지지율로 제치고 1위를 하는 경이로운 일이 벌어졌다. 그러나 명백한 것은, 2004년 열린 우리당이 과반을 차지하던 바로 그 순간, 대한민국에서 '민주 대 반민주' 구도는 완전히, 머리끝부터 발끝까지 완전히 소멸했다는 점이다. 그리고 그 사실은 심지어 지금 현재도 변함이 없다.

이명박이 아무리 권위주의적 행태를 해도, 미네르바를 구속하고, 인터넷에 재갈을 물리고, 유모차에 대한 조사를 하고, 신영철을 통해 재판개입을 하고, 방송장악 의도를 드러내고, 서울광장을 불허해도, 선거에서 500만표 차로 당선된 이명박 정부가 '군사독재정권'이 되는 것은 아니다.

시국선언 교수들이 정당하게 우려하듯 이명박 정부에 의해 민주주의적 요소가 후퇴하고 있는 것도 명백한 사실이지만, 4.29 재선거에서 이명박 정부에 대한 '심판'이 작동하여 6:0의 결과가 나왔다는 것 그 자체가 대한민국의 '민주주의'가 아직은 멀쩡하게 살아있음을 반증하는 것이다.

그런 점에서 '민주 대 반민주'라는 과거 구도를 재현하려고 안간힘을 쓰는 민주당의 행태는 이명박만큼이나 복고주의적이며, 반동적이다. 더욱 심각하게는 대통령 노무현을 죽음으로 몰고 갔던, 서민대중의 정치적 엄호를 받지 못하게 만들었던, '대통령' 노무현의 실패와 비극을 반복하려는 민주당의 비극에 불과하다.

● 복지국가, 정치

이명박과 한나라당을 이기는 유일한 방법, '초록+복지 동맹'으로 정치를 재편해야

① 62% : 28% (38%)

② 64% (49%) : 35% (26%)

①의 숫자 62% : 28%는 2006년 서울시장 선거에서 한나라당 오세훈 후보가 얻은 득표율과 열린 우리당 강금실 후보가 얻은 득표율이다. 괄호는 당시 열린 우리당+민주당+민주노동당 후보의 표를 합산한 것이다.

②의 숫자 64%는 2007년 제17대 대선에서 이명박 후보와 이회창 후보가 얻은 표의 합계이다. 괄호 49%는 이명박 후보의 득표율이다. 그리고 35%는 정동영+문국현+권영길+이인제 후보의 표를 합산한 표이다. 역시 괄호 26%는 정동영 후보의 득표율이다.

우리가 단지 2010년 지방선거만 보는 것이 아니라면, 그리하여 2012년 총선과 2012년 대선에서 진정으로 승리하고자 한다면, 62:38이라는 숫자에서 시작해야 한다. 또는 64:35라는 숫자에서 시작해야 한다.

2004년 차떼기와 탄핵으로 위기에 몰렸던 한나라당은 단지 노무현에 대한 반감 때문에 전 국민의 2/3에 달하는 65%의 지지율을 받았던 것이 결코 아니다. 청계천과 시내버스 개편을 통해 서민들에게는 '살림살이'에 보탬이 되었으며, 뉴타운과 자립형 사립고 등을 통해서 주거 및 교육 분야에서 '보수

버전의' 정책 이니셔티브(주도권)를 가지고 중산층의 '사회경제적' 욕구에 화답하였던 것이다.

비록 한나라당과 이명박 대통령은 지난 약 4년간의 정치적 성과물들을 1년 만에 다 까먹고 있지만, 우리는 거꾸로 2007년 대선 이전, 한나라당은 왜 정치적 헤게모니를 장악했었는지 '적(?)으로부터 배우겠다는' 마음가짐으로 임할 필요가 있다.

'초록+복지 정치동맹'에 근거한 민주주의가 아니라면 서민대중의 지지는 요원하다

대한민국의 가장 큰 특징 중 하나는 '압축 사회'라는 점이다. 유럽 정치사의 발전 단계를 압축근대화를 이룬 한국적 현실에 맞게 잘 적용하여, 〈초록+복지 동맹〉을 중심으로 정치를 재편해야 한다. 그리하여, 〈개발+시장 동맹〉을 한편으로 하고, 〈초록+복지동맹〉을 한편으로 하여 '21세기 버전으로' 다시 제대로 된 정치적 진검승부로 그들을 제압해야 한다.

가장 크게는 이명박 대통령이 조장한 것이지만, 우리는 노무현 전 대통령을 '비극적 죽음'으로 몰고 갔던 민주대 반민주 구도라는 반동적 복고주의에 대한 미련과 완전히 결별해야 한다. 그리하여 '과거 구도의 부활'에 기반한 착시효과를 통해 이명박과 한나라당을 이길 생각일랑 하지 말고, '미래구도'의 선도적 창출을 통해 우리가 먼저 미래로 나아가야 한다. 반감(反感)의 결집

● 복지국가, 정치

이 아닌, 호감(好感)의 결집으로 승리할 생각을 해야 한다.

　아직 가슴에 뜨거운 불덩이 같은 것이 남아있어, 80년대 타오르기 시작한 그 뜨거운 불덩이에 우리 자신이 데어죽어선 안 된다. 식혀도, 식혀도 우리 가슴에 좀처럼 식지 않는 그 뜨거운 불덩이가 있거들랑, 그 불덩이를 화롯가에 담아, 서민대중들을 우리들의 안방으로 초대해야 한다. 넓게 둘러앉아, 그들에게 열정으로, 진정성으로, 가슴으로, 겸손하게, 최대한의 예의를 갖추어, 부드럽게, 소통하며 호소해야 한다.

　초록+복지 정치동맹이 없다면, 더 이상 한국의 민주주의는 '아무것도' 아니라는 사실을, 아니 너무도 명백한 진실을 우리는 우리 주변에 알려야 한다. 지식인들에게도 알리고, 80년대를 외롭게 지켰던 광주시민들에게도 알리고, 서민대중에게 알려야 한다. 그것만이 '대통령' 노무현의 비극을 반복하지 않을 수 있는, 서민대중의 정치적 엄호를 받으며 민주주의를 굳건하게 지킬 수 있는 유일한 방법이기 때문이다.

박근혜 의원도 외면하는 신자유주의

홍보위원회 | 논평 2009년 5월 14일

현재 한나라당 내에서 사상 최강의 비주류이자 미래 권력으로 일컬어지고 있는 박근혜 의원이 미국 스탠퍼드 대학교에서 행한 연설이 사람들의 관심을 모으고 있다. 박근혜 의원이 이 연설을 통해 사실상 신자유주의의 기본정신을 부정하는 것으로 간주할만한 파격적 입장을 개진했기 때문이다.

박근혜 의원은 "현 위기는 민간부문이 이익의 극대화에만 치우쳐 사회의 공동선을 경시해서 발생했다"며 "앞으론 주주의 이익과 공동체의 이익을 조화시켜 더 높은 기업 윤리를 창달해야 한다"고 강조했다. 또 "이번 경제위기가 시장과 감독의 불일치에서 비롯됐듯이 감독의 사각지대가 있어선 안 될 것"이라며 "정부는 시장경제가 작동하는 과정에 문제가 될 소지를 미연에 방지하는 역할을 더욱 강화해야 한다"고 주장하기도 했다.

박근혜 의원은 한 걸음 더 나아갔다. 그는 "세계 경제는 민간의 탐욕, 정부의 역할 부족, 보호무역주의 대두라는 세 가지 도전에 직면하고 있다"며 "경제 발전의 최종 목표는 모든 국민이 참여하는 공동체의 행복 공유에 맞춰져야 하며, 정부는 공동체에서 소외된 경제적 약자를 확실히 보듬어야 한다"고 주장하기도 했다.

이날 연설에서는 이른바 '민간부문'에 대한 비판도 상당히 높은 수위에서 이뤄졌다. 박근혜 의원은 "수익률만을 높이려는 과다한 레버리지(leverage) 관행과 무분별한 금융 파생상품 거래와 같은 도덕적 해이가 계속되는 한 이번 금융위기 같은 시장실패는 반복될 것"이라고도 말했다.

● 복지국가, 정치

그런데 이러한 박근혜 의원의 연설은 한마디로 요약하면 신자유주의의 기본 원칙에 대한 심각한 부정이라고까지도 말할 수 있는 언사였다. 또 이것은 박근혜 의원이 지금까지 국가의 경제사회적 역할과 합리적 규제보다는 자유시장과 경쟁 체제를 철저히 옹호하는 신자유주의적 기본 입장을 지속해왔다는 점에서 일종의 변신으로 받아들여질 수 있었다. 우리가 박근혜 의원의 스탠포드 대학 연설에 남다른 관심을 기울일 수밖에 없는 이유는 이 때문이다.

물론 이날의 연설은 경제위기에 시달리는 미국의 스탠포드 대학에서 이뤄진 것이기 때문에 현지의 정서와 분위기와 같은 공간적인 특수성을 반영하지 않을 수 없었을 것이다. 또한 그동안 강경보수파로서 낙인 찍혀있던 박근혜 의원이 차기 대선 전략의 일환으로 과감하게 진보 혹은 중도의 공간으로 포지션을 일부 이동하기 위해 개진한 전략적인 연설일 수도 있다. 국내에서 큰 목소리로 언급하기엔 다소 부담이 되었을만한 이러한 신자유주의에 대해 비판적인 입장을 멀리 미국까지 날아가서 개진할 충분한 이유가 있었던 것이다.

그러나 우리는 박근혜 의원이 실제로 가슴에 품고 있는 경제 노선이 어떻건 상관없이 이날 연설 속에 반영된 기본적인 철학과 정신을 환영한다. 그렇다. 박근혜 의원의 말처럼, "민간부문이 자기 이익의 극대화에 매몰되어 공공성을 위협할 정도가 되면 경제위기가 발생한다. 경제 발전의 최종 목표는 소외계층을 포함한 모든 국민이 함께 참여하는 공동체의 행복 공유에 맞춰져야 한다." 현재 이명박 정부가 추진하고 있는 '영리법인 병원의 설립 허용'과 같은 신자유주의 경제사회정책의 결정판은 우리 공동체의 통합적 발전을 파괴하는 극히 해로운 것으로 반드시 철회되어야 하는 것이다.

우리 복지국가소사이어티는 그동안 지속적으로 이른바 자유 시장주의를 절대 명분으로 내세워 공공성을 생명으로 하는 사회정책의 모든 영역에 복지의 원리 대신 자본주도의 시장주의 원리를 도입하려는 신자유주의 경제사회정책에 강력한 경고를 보내왔다. 특히, '시장과 모든 민간의 자율경쟁은 무조건 효율적이다.'라는 시장만능주의의 망령 앞에서 영리법인 병원 설립을 통해 인간의 기본적인 건강권마저 사적 자본의 이윤 쟁탈전 속에 내던져 버리려는 위험한 시도*를 계속하고 있는 이명박 정부의 신자유주의 정책노선에 강력한 반대 입장을 계속 전달해왔다. 우리가 박근혜 의원의 스탠포드 대학 연설을 이명박 정부에 권하고 싶은 이유가 바로 여기에 있다.

우리 복지국가소사이어티는 박근혜 의원이 자기가 행한 연설의 근본정신에 비추어 이명박 정부가 추진하고 있는 '영리법인 병원 허용' 등 일련의 의료민영화 조치에 대한 반대의 기치를 확실히 들어주기를 기대한다. 만약, 향후 이러한 입장이나 진정성이 보이지 않는다면 우리는 박근혜 의원을 단순히 참모가 써준 원고나 읽어대는 립싱크형 정치인 정도로 밖에는 이해할 수 없을 것이다. 박근혜 의원이 신자유주의를 거부하고 공동체의 공공선을 추구하고 국가복지의 확충을 인정하는 '건전한' 보수주의자로 거듭나는 지는 장차 지켜볼 일이다.

* 자세한 내용은 다음 책을 참고. 『의료민영화 논쟁과 한국의료의 미래』도서출판 밈, 2008년.

● 복지국가, **정치**

4.29 재·보궐 선거의 의미와 교훈

홍보위원회 | 논평 2009년 5월 1일

　야당의 분열과 노무현 전 대통령 뇌물수수 의혹으로 인한 검찰 조사 논란 속에서 진행된 4월 29일 재·보궐 선거의 성적표는 아주 깔끔했다. 국회의원 선거 결과가 오대영(5:0)이고, 경기 시흥시장까지 포함하면 육대영(6:0)이다. 한나라당과 이명박 정부에 대해 국민들이 매긴 중간성적은 영점, 즉 **빵점**이라는 소리다. 한나라당 스스로도 참으로 면목이 서질 않는 결과일 터이다.

　이명박 정부가 일반 서민이나 지방 사람의 살림살이보다는 서울의 부자들 먹고사는 문제에 세심한 관심과 극진한 정성을 기울여 왔다는 사실을 국민들은 잘 알고 있었다. 하지만 힘 있는 야당이 부재하고, 전대미문의 경기침체 상황에서 경제를 살리기 위해 여당에 힘을 실어 달라는 호소가 어느 정도는 먹히고, 지역적 기반과 맞물리면서 최소한의 체면치레는 할 줄로 알았다. 그러나 국민들의 평가는 준엄했다. 대운하 삽질, 의료·교육·물·가스의 민영화, 부자감세, 언론 탄압과 민주주의 말살로 상징되는 이명박 정부와 한나라당에 대해 국민들은 '아니다'라는 분명한 의사를 표현한 것이다.

　이번 재·보궐 선거의 의미 있는 대목의 하나는 울산 북구 진보신당 조승수 후보의 당선이다. 창당 1년 만에 진보신당이 원내 진출에 성공했다는 결과보다도 그 과정에서 보다 큰 의미를 찾아야 한다. 잘 알려진 것처럼 진보신당은 민주노동당 주류의 소위 '종북주의'와 '패권주의'를 비판하면서 이를 명분으로 분당하여 새롭게 만들어진 진보정당이다. 그리고 이번 울산 북구의 조승수 후보는 분당 과정을 앞장서 주도했던 인물이었고, 민주노동당 주류로부터 분당의 원흉으로 찍혀 있던 사람이었다. 그리고 울산의 진보정치를 대표하는 조승수와 김창현의 인물 대결이었기에 진보정당의 후보 단일화는 결코 쉬운 일이 아니었다.

그런데 막상 선거가 시작되고 나서 확인된 지역의 민심은 진보정당의 단일후보를 원한다는 것이었다. 진보정당 간에 둘로 나뉘어 표 달라며 돌아다니지 말라는 거부의사를 분명히 했고, 부자 정당 한나라당에 대항할 수 있는 단일한 대오를 요구했다. 우여곡절 끝에 단일화에 성공하여 진보신당 조승수 후보가 당선되기는 하였지만 이번 단일화의 최대 공신은 지역 주민의 민심이었다는 점을 진보정당은 잘 새겨보아야 한다. 노동자의 도시 울산북구의 민심은 한나라당에 맞설 수 있는 능력 있는 현실 진보정치세력을 원했던 것이다. 자신들의 선의를 주로 앞세울 뿐 노선과 가치에 따라 분화되고 쪼개진 무기력한 정치집단에게는 표를 줄 마음이 없다는 것, 비록 진보정당이 승리한 선거였지만 마음에 깊이 새겨야 할 중요한 대목이다.

전주와 경주의 무소속 당선의 결과는 민주당과 한나라당의 텃밭에서 벌어진 이변이라는 점이 눈길을 끈다. 특히 민주당의 경우 수도권 1개소와 시장 선거 1개소에서 승리를 하였다고 자위하면서, 수십 년 텃밭이었던 전주 2곳 모두에서 참패를 당한 것은 애써 외면하고 있다. 전남 장흥과 광주의 지방의원 선거에서도 민주당은 민주노동당에게 졌다. 민주당에 대한 호남 민심이 예전 같지 않다는 것을 보여주는 단면이다. 정동영이라는 유력한 지역정치인

● 복지국가, **정치**

의 존재 이외에도 현재 민주당에 대한 지역 주민의 거부감 또한 만만치 않다는 것이 드러난 선거 결과이다. 민주 세력이 피땀으로 이룩한 정권을 무기력하게 내어주고도, 국민을 위한 비전 제시나 정책에 대한 치열한 고민 없이 이전 정부에서 시행하던 정책을 되풀이하여 읊조리거나, 참여정부에서 적극적으로 추진하던 정책마저도 야당이라는 이유만으로 현 정부 정책을 반대하는 것에서 자신의 정체성을 찾는다면 민심이 더 이상, 제1야당의 자리조차 허용하지 않을 것이라는 뼈아픈 반성을 해야 할 대목이다. 물론 경주의 결과 또한 한나라당에게 비슷한 교훈을 주고 있다.

민주노동당과 관련해서는, 민주당의 텃밭인 전남 장흥과 광주 서구의 지방선거 모두에서 민주노동당이 낙승을 하였다는 점에서 크게 의미를 부여할 수 있겠다. 한나라당 지지세가 거의 없는 민주당의 지역주의 정치공간인 호남에서 진보정당이 승리를 거두고, 민주당의 지지세가 미미한 영남에서 한나라당의 지역주의 정치를 진보정당이 넘어설 가능성을 보였다는 점에서 우리나라 진보정치 가능성의 실마리를 보여주는 것이기도 하였다. 한편, 인천 부평 선거에서는 또 다른 중요한 교훈을 준다. 보수 여야 정당이 2강이 되고 진보정당이 1중을 이루는 선거구도는 실제의 투표결과에서 2강 1약으로 귀결된다는 점이다. 여론조사에서는 진보정당을 지지하면서도 실제투표에서는 민주당을 찍는 일이 벌어지기 때문이다. 이래서는 진보정치의 승산이 없다. 애초부터 3강의 구도, 또는 보수와 진보의 2강 구도가 되도록 진보의 힘을 비약적으로 결집해야 하는 것이다. 민주노동당과 진보신당의 단순한 재결합 이상의 그 무엇이 될 새로운 계기와 새로운 세력이 필요할 것이다. 이는 우리 복지국가소사이어티가 주장해온 '복지국가 정치연합'*과 맥락을 같이 하는 것이다.

이번 4.29 재·보궐선거의 결과에는 이명박 정부와 한나라당에 대한 국민의 냉정한 경고가 담겨 있음을 알아야 한다. 또한 진보정당과 민주당에게도 만만치 않은 고민과 과제를 던져주고 있다. '민심이 천심'이라 했다. 우리 복지국가소사이어티는 이 땅의 모든 정치세력과 정치인들이 민심에 더욱 겸허해지기를 희망한다.

---

* '역동적 복지국가의 건설'이라는 뚜렷한 가치와 노선을 중심으로 기존의 정치판을 재편해야 한다는 것인데, 각 정치세력이 갖고 있는 정강정책의 공통분모를 최대화함으로써 '보편적 복지국가'에 대한 강령적 동의를 갖는 새로운 정치세력을 형성해야 한다는 것이다.

● 복지국가, **정치**

복지국가로의 여정은 제2의 민주화 운동이다

이래경 | 칼럼 2009년 4월 27일

한국의 상황과제는 복지국가 실현

　유엔이 설정한 인류사회의 제1의 규범은 천부적 인권의 보호와 적극적 참정권의 획득이다. 개별 국가의 모든 국민이 재산과 지위에 상관없이 보편적 투표권과 피선거권을 획득한 것은 19세기 말부터 20세기 중반의 일이었다. 이후, 경제사회적 성과를 여하히 배분하고 선순환 구조를 형성하느냐를 중심으로 19세기 후반부터 시작하여 21세기 현재까지 사회경제적으로 인간답게 살 권리, 즉 생활권의 확립이 중심 주제가 되었고, 유엔은 이를 성취해야할 제2의 규범으로 규정하고 있다.

　한국 사회는 1960년대 시작한 산업화와 1987년 정점을 이룬 민주화운동이 성공함으로써 천부적 인권의 보호와 보편적 참정권을 담고 있는 제1의 규범을 성취하였다. 그러나 얼치기 보수정권의 무대책 금융개방과 이로 인한 외환위기, 그리고 방향타를 상실한 민주정권 10년을 경과하면서 한강의 산업화 기적과 민주화의 모범을 이룩한 대한민국이 졸지에 일 년에 10,000명 이상의 국민이 생활고로 자살하는 나라, 800백만 명이 비정규직이라는 현대판 노예 생활을 해야만 하는 나라, 천만 명이 넘는 국민이 가난 속에 내일의 희망이 없는 고통 속에 하루하루 가슴을 쓸어내리는 야만적 국가로 전락해 버렸다.

　그럼에도 세계 13위의 경제대국, 산업생산력 기준 7위인 대한민국은 여전히 가능성의 나라다. 우리가 나아갈 방향은 열심히 일하는 사람들, 정직하게 사는 사람들, 시장에 참여할 수 없는 사람들이 인간답게 살아갈 수 있는 나라, 즉 복지국가의 실현이다. 우리가 그동안 피땀 흘려 산업화와 민주화를 이루어 놓은 까닭에 복지국가를 실현할 수 있는 경제사회적 기반은 이미 충분하다.

복지국가의 실현을 가로막는 장애들

한국 사회는 양적 요소를 투입하면 고도성장이 가능했던 경제개발의 초기 단계를 이미 지났고, 총 요소생산성의 핵심으로 사람을 중심에 세워야 하는 질적 전환기에 들어서 있다. 그럼에도 현 정부는 미망 속에서 고도성장기의 토건 중심 개발로 한국경제가 되살아날 수 있다고 믿고 있다. 성장만이 살길이라는 주장 속에는 "복지는 부담"이라는 사고가 깊숙이 자리 잡고 있고, 복지 혜택은 못난 놈들이나 바라는 것이라는 잘못된 판단이 꽂혀 있다.

한국경제의 본질적 문제는 생산의 부족이 아니라 배분과 소비의 왜곡에 있다. 우리나라가 자원이 없는 관계로 수출 중심의 개방체제로 가야한다는 기본방향은 맞으나, 수출과 생산만이 살길이라는 주장은 대단히 위험하며, 이는 재벌 등 극소수 부자들의 계급 이데올로기를 반영한 것일 뿐이다. 동양에서도 경제는 경세(經世)와 제민(濟民)의 합성어로, 經世는 생산을 의미하며, 濟民은 분배를 뜻하는 것으로, 경제의 의미는 생산에만 국한되는 것이 아니라 생산된 산출물을 여하히 잘 배분하여 국민들의 생활을 윤택하게 하는 것임을 분명히 하고 있다.

● 복지국가, **정치**

이런 점에서 한국의 현실은 참담하다. IMF 이후 양극화는 국민경제의 당위적 존재기반을 와해하고, 경제적 성과를 독식한 강남을 중심으로 한 상류층의 소비부문이 미국을 중심으로 한 외부경제와 강고히 결합함으로써 한국경제가 새로운 형태의 식민경제화로 진행되고 있다. 발전과 성장론에 근거하여 국가 자원을 독점하며 고속 성장한 재벌과 수출 중심 경제는 원료와 시장을 외부에 의존할 뿐만 아니라 수출의 성과가 오로지 일부 산업, 일부기업, 일부계층에 편재되어, 생산영역뿐만 아니라 소비와 분배의 영역에서도 독점과 외부의존이 심화된 것이다.

극소수 상류계층의 소비행태를 보면, 출산도 미국에서 해야 하고, 초중등학교부터 외국 유학을 해야 하고, 외식도 외국 체인 음식점에서 해야 하고, 차량을 위시하여 외국산 명품을 소비해야 하고, 골프도 외국 나가서 해야 하고, 외국에 별장 겸 부동산 투자도 해야 하고, 아파도 외국 유명병원에 입원해야 하고, 이젠 펀드 등 자산운용도 외국에 나가서 해야 하는 상황에 이르렀다. 개방경제를 비판하는 것이 아니라, 개방경제가 가져오는 부정적 폐해에 무기력한 정부의 무방비 상태를 지적하는 것이다. 최근 유전자변형식품(Genetically Modified Organism, GMO) 수입 허용과 미국 쇠고기 수입개방도 정부의 이러한 무기력함에 무능력함을 보탠 사례인 것이다.

반면에 2007년 기준으로 20% 상위계층의 소득이 20% 하위계층 소득의 8배가 넘는 극심한 양극화 현상을 목도한다. 800백만 비정규직이 항상적 빈곤상태에서 신음하고 있고, 농어민을 포함하여 천만이 넘는 국민이 미래에 대한 희망을 포기한 채 하루살림을 걱정하는 것이 한국 사회의 현 주소다. 사회에 진출하는 새로운 세대는 스스로를 싸구려 인생으로 폄하하며, 소위 워킹푸어(working poor)시대를 절망한다. 매일 30명이 넘는 사람들이 생활고를 못 이겨 자살한다. 이런 나라를 하나의 국민국가라고 말할 수 있을까?

국가가 국민 개개인의 일생에 걸쳐 인간답게 살 수 있는 기본적인 조건을 제공해 준다는 믿음이 없다면, 그 사회는 온갖 편법과 비리가 판치게 될 것이다. 더 나아가 법을 무력화 하면서까지 자신의 사익을 추구할 것이고, 한마디로 정글 사회, 약육강식의 사회가 되고 말 것이다. 정글 사회, 야만 사회는 복지가 절대적으로 결핍된 한국 사회를 지칭하는 또 다른 용어다. 한국이 부동산 투기로 망국지경에 이른 것은 바로 이런 정글 법칙이 작동하여 스스로가 자신의 미래를 대비하지 못하면 비참해진다는 일종의 사회적 강박이 작동한 결과다. 복지국가의 모범인 스웨덴의 경우, 국민의 80%가 정부에서 제공한 공공 임대주택에서 살고 있다는 사실과 극명하게 대비된다.

이명박 정부가 주장하는 '한국의 선진화'는 신뢰사회를 구축하지 못하고서는 결코 이룰 수 없는 것이다. 신뢰사회는 보편적 복지체계를 구축함으로써 비로소 형성되는 것이다.

한편, 우리나라가 복지국가로 나가는데서 가장 핵심적인 문제점은 이를 추동해 낼 주체적 역량이 너무나 빈약하다는 점이다. 정치에 입문한 민주화 주도 세력의 일부는 87년 민주화운동의 정점 이후 오만과 무지 속에 갇혀 있었다. 민생과 민본이라는 민주화의 기본명제를 잊어버렸던 것이다.

최장집 교수는 『민주화 이후 민주주의』라는 저서를 통해, 진보적 정당에 대한 강조와 기대를 이야기하였으나, 현재의 정당체제에서는 별 희망이 보이지 않는다. 노동단체들도 기업별 노조라는 한계를 크게 벗어나지 못한 채 조직이기주의에 몰입한 실망스런 모습을 연출한다. 비정규직, 자영업자, 실업자들은 무력하여 조직적인 대응과 전진을 발견할 수 없다. 아마도 강고한 보수언론이 만들어내는 연막과 반복적 학습과 망각이 크게 작용한 탓일 것이다.

복지국가의 중요성

첫째, UN이 규정한 민주화의 제2규범, 인간적인 생활을 영위하기 위한 경제·사회·문화적 제 권리, 인권으로서의 복지권(생활권)을 상기시키고자 한다. 이것이야말로 우리가 피땀과 눈물을 흘려 만들어낸 산업화와 민주화의 목표이기도 하다. 노벨경제학상을 수상한 아마티야 센은 이를 human security라는 표현으로 사회안전망 구축의 당위성과 긴급함을 역설하였다. 현대 국가에서 이는 이미 헌법적 기본사항에 속한다.

둘째, 한국경제를 역동적으로 재구성하고 선진경제로 진입시키기 위한 혁신요소로서 복지의 역할이다. 한국경제의 단계는 이미 양적요소의 투입을 통해서 유지 발전할 수 없는 수준이다. 이를 극복하고 성숙한 경제를 이루는 방법은 총생산성의 강화, 기술과 경영의 혁신, 그리고 사회와 문화 등에서 새로운 발전 요소를 재발견하는 것이고, 그 중심에는 사람이 있다. 사회안전망의 구축을 통해, 끊임없는 재교육과 혁신을 통해, 공정한 분배와 신나는 문화를 통해, 소비의 선순환 구조를 형성해야만 한국경제는 올바르게 전진할 수 있는 것이다.

셋째, 개방시대의 내부통합 기제로서 복지가 중요하다. 한국은 기본적으로 개방체계를 유지하면서 더 발전하여 세계 시민국가로서의 역할을 다해야 한다. 그러나 개방에는 반드시 따라야 할 조건으로 국민통합이 필요하다. 이정우 교수는 "세계화와 개방이 긍정적이고 발전적으로 작동하기 위해서는 국민경제 내부의 통합력이 강하게 작동해야 하며, 이를 위해서는 반드시 높은 수준의 사회안전망을 구축해야 한다"는 요지의 발표를 하였는데, 여기서 우리는 다시 한 번 북유럽 모델이 주는 교훈을 받아들여야 한다. 내부통합이 없는 상태에서 개방과 세계화를 추진하는 것은 곧바로 남미나 필리핀과 같은 몰락을 초래할 수 있기 때문이다.

정치적·정책적 복지담론의 중요성

김구 선생님은 해방 후 한국 사회의 미래 모습이 강한 나라가 아니라 아름다운 나라이여야 한다고 세 번씩이나 강조했다. 우리의 목표는 G5국가가 된다거나 GDP가 4만 불이 된다거나 하는 수치놀음, 또 다른 사기극이어서는

● 복지국가, 정치

안 된다. 마땅히 올곧은 사람들이 부지런하고 아름답게 사는 사회여야 한다.

그래서 현 단계 한국 사회의 전략적 목표는, 첫째도 복지(상생)국가요, 둘째도 복지(상생)국가요, 마지막도 복지(상생)국가여야 한다. 이를 위해서는 복지담론이 마땅히 우리사회의 머리말이 되어야 하며, 정치권, 학계, 언론계 등 사회 상층부에서 활발한 논의가 진행되어야 한다.

이미 복지국가소사이어티, 새로운 사회를 여는 연구원, 참여연대 등에서 많은 전문가들이 열심히 활동하고 있다. 일부 정치권에서는 복지를 매개로 한 정치연합 등이 제기되기도 한다. 각 분야의 정책전문가들이 모여 동의할 수 있는 실천 가능한 정책적 대안을 만들어가는 일이 매우 중요하다. 이러한 복지와 상생을 향한 담론이야말로 우익 보수언론이 장악하고 있는 이 땅의 가식과 허위에 가득 찬 여론을 뒤집고 일반국민들에게 실상을 전달하는 핵심적 사안이다.

다만 우리가 지향하는 복지와 상생의 담론은 단순한 빈민구제, 나눔, 봉사의 수준(소위, 영미식의 빈민구제)을 훨씬 뛰어넘는 것이며, 그래서 역동적인 보편적 복지국가여야 한다.

복지국가 실현을 위한 제2의 민주화운동을

우리사회의 상층부에서 전략적인 복지담론이 확산되는 동시에 복지 이해당사자인 복지계, 시민단체, 종교계 등에서는 실질적이며 구체적인 실천운동이 조직적으로 전개되어야 한다. 우리나라 역사에서 변혁은 위로부터 이루진 것이 별로 없었다. 오히려 당시에는 실패한 것처럼 보였으나 결국은 역사를 바꾸고 사회를 변화시킨 것은 대부분 무지한 백성들, 시민사회의 힘에 의한 것이었다. 임진왜란 당시의 의병활동이 그러했고, 일제 말 동학의 갑오농민전쟁이 독립운동의 깊은 뿌리를 이루었고, 민주화운동도 결국은 일반 시민들이 적극적으로 참여함으로써 목적을 성취해낸 것이었다. 복지국가의 실현도 결국은 정치·정책적 담론화과정과 일반국민들이 결합된 생활운동이 변혁운동으로 발전하면서 비로소 이루어지리라는 느낌이다.

필자는 제2의 민주화운동으로 복지국가(상생사회)의 실현을 위한 광범한 시민사회의 연대와 결합을 주장한다. 이는 보수와 진보를 따지자는 것이 아니라 야만적 상황에 처한 우리의 삶에 대한 구체적인 고백과 이를 해결하기 위한 실천적 방식을 이야기하자는 것이다. 1987년 위대한 제1의 민주화를 이루어냈듯이, 이제 다시 우리 국민의 결집된 역량으로 제2의 민주화인 복지국가를 만들어내야 한다.

상황은 긴박하다. 용산 재개발지역에서 생계의 마지막 벼랑까지 몰린 전세입주자들과 죄 없는 전경이 희생된 참사(용산학살)가 이를 반증한다. 이미 노동시장의 50%를 넘는 비정규직은 노동시장 유연화라는 재벌들의 일방적 이데올로기 공세에 현대판 노예로 온갖 불평등을 참아내고 있다. 사회안전망이 없는 노동시장 유연화는 자본가의 수탈적 논리일 뿐이다. 600백만이 넘는 자

● 복지국가, **정치**

영업자 대부분은 자신의 미래에 대한 아무런 안전장치 없이 하루하루를 넘기고 있다. 50세만 넘기면 언제 잘릴지 모르는 것이 대부분 샐러리맨의 모습이다. 자라나는 학생들의 모습은 또한 어찌할 것인가? 농어민들의 실상은?

우리사회의 고백과 새로운 시작이 필요하다. 아파트 평수, 자동차 브랜드, 자식들의 비교 성적 속에서 남을 끌어내려야 출세하고, 좀 산다는 유세를 떨어야 하는 못된 세상의 패러다임을 단호히 거부하고, 함께 손잡고 나누고 격려해가는 상생의 패러다임으로 당사자가 앞장서며, 시민사회가 함께 솔선수범해서 나가야 한다. 이미 각 분야에서 상당한 수준과 역량을 가진 시민사회의 제 단체, NGO 조직들이 명확한 상황과제로 복지국가의 실현을 설정하고, 이를 중심으로 강고히 연대하여 성취하려 한다면 우리의 정치경제적 지형은 크게 변할 것이다. 복지국가 실현을 제2의 민주화운동으로 삼고, 시민사회의 제 단체들은 새롭게 연대해야 한다.

한나라당과 민주당의 법안 합의를 비판한다

홍보위원회 | 논평 2009년 3월 5일

민주당은 한나라당과 매우 잘못된 법안 처리 합의를 하고 말았다. 두 당은 논란이 되는 미디어 관련법을 100일 후에 표결 처리하고, 시장만능주의 경제 관련 법안을 포함한 나머지 법안들은 모두 조속히 처리하기로 합의하였다. 그런데 이러한 합의는 독점규제와 공정거래에 관한 법률(출자총액제한 제도 완화 조항), 은행법, 산업은행 민영화법, 금융지주회사법 등 매우 중요한 법률들을 졸속으로 무더기 처리하는 위험천만한 것이다.

한나라당에 대한 기대는 처음부터 없었다. 한나라당은 1%의 부자들, 대기업, 보수언론만을 위한 정책으로 일관하면서 이명박 대통령이 공약하였던 '반값 등록금'과 '신혼부부 내 집 마련 지원' 등 그나마 일부 기대를 모았던 정책들도 전혀 시행하지 않고 있다. 그들은 IMF 수준의 경제난을 일종의 '면죄부'로 활용하면서 이러한 공약들을 스스로 폐기하고 있다. 외환위기와 고물가, 청년실업과 구조조정에 더하여 신입사원 연봉 삭감으로 일자리를 창출한다는 황당한 정책 발표를 본 우리 국민들은 이제 남은 4년을 버텨나갈 힘도, 의지도 모두 상실하고 있다.

이번 양당의 합의에서 반드시 짚고 넘어가야할 중요한 지점은 법안의 처리를 둘러싼 소위 입법전쟁의 과정에서 우리가 야당인 민주당의 실체를 적나라하게 확인할 수 있었다는 점이다. 민주당은 언론노조 등 여론의 거센 반발이 예상되는 미디어 관련법은 시간을 끌며 양보와 타협을 할 명분을 찾고, 정작 우리 경제사회를 시장만능주의의 위험천만한 길로 몰고 갈 경제악법들은 너

● 복지국가, **정치**

무도 무력하게 내준 것이다.

　이제 이러한 경제 관련 법률의 통과로 우리 경제는 미국의 경제 구조 이상으로 금융과 대기업의 독점구조와 불확실성이 더욱 강화될 전망이고, 그만큼 경제력의 집중과 함께 국가 시스템 전체의 위험도 커졌다. 우리가 추구하는 '역동적 복지국가'의 경제사회 구조와는 완전히 배치되는 극단적 시장만능주의의 위험한 길로 치닫고 있는 것이다. 이러한 민주당의 법안 양보는 단순히 '의석의 한계'에서 기인하는 것만은 아니다. 그들의 타협은 참여정부의 신자유주의를 계승한 '이념과 파노라마 정당의 구조적 한계'에 뿌리를 두고 있다.

　민주당은 겉으로는 한나라당과 결연하게 맞서는 듯 태도를 취하였지만, 그들은 한미 FTA 추진과 의료민영화 등 각종 신자유주의 정책을 추진하였던 전통과 원죄를 가지고 있다. 민주당이 무력하게 금산분리 완화 등을 담은 시장만능주의 주요 경제 법안을 양보하는 과정을 지켜보면서, 우리는 다시 한 번 기존 보수 정당들의 실체를 확인할 수 있었다.

　우리 국민은 현재 더 이상 믿고 기댈만한 유력한 정치세력을 가지고 있지 않다. 이명박 정부가 조성하기 시작한 수십조 원의 국채는, 대출 서류에 서명도 한 적 없는 우리 자녀들에게 향후 수십 년 간 갚아 나가야 할 빚더미를 물려주게 될 것이다. 우리가 후손들에 물려줄 이러한 천문학적 부채는 녹색뉴딜과 4대강 개발이라는 이름하에 건설회사 배불리기에 투입될 것이 예정되어 있다. 심화되는 양극화 사회의 민생 불안과 고통은 시장만능주의가 아닌 '역동적 복지국가'를 요구하고 있건만, 이명박 정부 하에서 우리 현실은 이와 정반대의 길로 나아가고 있다.

우리는 올 4월 보궐선거와 내년의 지방자치선거에서 달라진 유권자의 정치행태를 보고 싶다. 우리 국민들이 지난 몇 년간의 학습효과를 통해 시장만능주의와 이에 찌든 보수정치세력들의 한계를 충분히 인식하였다면, 국민을 위한 보육·교육·의료·노인 돌봄 등을 제도적으로 보장해주고, 인간다운 주거와 보편적 사회서비스를 통한 일자리 창출을 제대로 할 수 있는 '복지국가 정치세력'을 선택해야 할 것이다.

의원 숫자가 적어서 다수당의 입법을 막을 수 없다 하더라도, 국민을 위해 끝까지 싸우다 장렬하게 옥쇄할 수 있는 정체세력, 더 이상 자신이 저질러 놓은 원죄에 얽매이지 않아도 되는 참신한 정치세력, 국민의 살림살이와 복지를 더 나아지게 해 줄 수 있는 정치세력, 그러한 진보 개혁적 정치세력의 출현과 높은 집권 가능성만이 중산층과 서민에게 희망을 줄 수 있다.

복지국가
경제

국민의 삶과 상관없는 경제성장률 지표
국민생활을 반영하는 경제지표를 제정하라

홍보위원회 | 논평 2009년 9월 10일

2009년 9월 들어, 기획재정부와 한국개발연구원(KDI)는 각각 「경제전망 수정」과 「거시경제안정보고서」라는 제하의 중요한 보고서를 발표하였다. KDI는 「경제전망 수정」에서 수출 감소세가 완화되고, 내수의 개선 추세도 지속되면서 경기가 회복국면에 진입하였으며, 이에 따라 올해 경제성장률 예측치를 -0.7%로 올려 잡고, 내년 경제성장율도 4.2% 정도로 개선될 것이라는 전망을 내놓았다.

또한 기획재정부는 한국은행, 금융위원회, KDI, 금융연구원, 조세연구원 등의 공동 작업을 통해 작성한 「거시경제안정보고서」에서 2008년 9월 시작된 금융 불안과 세계경제 위기가 점차 해소되고 있다고 밝히고 있다. 이 보고서는 따라서 금융시장의 안정세와 부동산 시장의 회복세 같은 전반적인 경제 회복 신호에 따라 국내 경제정책도 재편되어야 함을 역설하고 있다. 이러한 일련의 움직임들은 마치 출구전략을 위한 사전작업 같은 느낌을 주고 있다.

우리는 현 시점에서 이러한 보고서가 제출되는 의미에 대해 지적하고 싶다. 위의 두 보고서는 모두 일반 국민들의 피부에는 별로 와 닿지 않는 것 같다. 그 이유는 이러한 중요 경제 전망들 내부에 서민들의 생활에 직접적인 영향을 미치는 지표 자체가 들어 있지 않기 때문이다.

각종 경제지표에 나타나는 외형상의 경제가 아무리 성장하여도 결국 대기업과 자산가들에게만 이익이 될 뿐, 일반 국민의 삶은 전혀 영향을 받지 않거나 오히려 어려워진다. 실제로 우리 경제의 여러 가지 지표들이 나아지고 있

● 복지국가, **경제**

고, 국제수지의 개선과 외환보유고의 증가 등으로 경제의 외형적인 개선이 이뤄지고 있는 것은 사실이다.

그러나 이러한 지표상의 수치들은 나빠질 때는 국민의 삶에 분명히 영향을 끼치는데 비하여, 이상하게도 그것이 좋아질 때는 우리의 일상생활과는 직접적으로 관련이 없다. 왜 이런 것일까? 이것은 애당초 이러한 지표들 자체가 국민의 삶이 아니라 전체로서의 국가에만 초점을 맞추고 있기 때문이다.

대기업, 부동산 소유자, 주식 부자 등에게만 직접적으로 와 닿는 지표를 중심으로 경제 전망치가 구성된다는 것은 박정희 시대부터 시작된 개발독재와 대기업 중심 경제정책이 아직도 이어지고 있다는 하나의 반증이다.

정부의 이같은 인식은 지난 9월 2일 국회 경제정책포럼에서 한 윤증현 기획재정부 장관의 발언에서 그대로 나타난다. 윤장관은 "(국가의 장기 경제성장을 위한 4대강 개발 등) 미래를 위해 투자를 할 것인지, 아니면 복지예산으로 써 버리고 말 것인지 잘 생각해야 한다"고 말했다. 토목공사는 투자이고 복지는 소모적 활동이라는 인식이 윤장관과 정부를 지배하고 있는 기본인식인 것이다.

이렇게 기존의 인식 틀을 재생산하는 거시경제 지표들을 중심으로 평가와 전망이 이뤄지는 한 '경제를 성장시키기 위해서는 국민들이 더 참아야 한다'는 기존의 정부 홍보 논리에서 우리는 한걸음도 나아가지 못할 것이다. 우리의 사고가 대한뉴스라는 감옥에서 벗어나지 못하는 셈이다.

우리나라의 경제구조는 근본적으로 바뀌고 있다. 이제는 OECD 국가들의 일반적인 추세에 따라 저성장 자체를 인정해야할 시점이 되었다. 새로운 추이에 맞는 새로운 경제 전략을 설계해야 하는 시점인 것이다. 단기적으로 성장 관련 경제지표가 앞으로 아무리 좋아져도 국민들의 삶과는 상관이 없고, 실제로 지표상의 경제성장이 이루어져도 더 이상 서민들의 생활이 직접 개선되지 않는다는 사실을 우리는 익히 알고 있는 상황이 되었다. 따라서 이제는 국가 경제 운영의 목표치로 설정하는 경제지표 자체를 바꾸고 새로운 지표를 통해 국가경제 이전에 국민의 삶을 측정할 수 있어야 한다.

이를 위해 첫째, 국민생활과 관련된 경제지표를 만들고 정비하여, 이를 중심으로 경제 전망치를 개편하는 것이 필요하다. 이미 만들어져 있는 서민 생활 관련 경제지표도 있고, 아직은 국가 통계 시스템에 포함되어 있지 않은 지표들도 있다. 이를테면, 잘 알려진 엥겔지수를 활용할 수도 있고, 가계 수입 중 평균 가처분소득의 비율 및 소득 분위별 가처분소득액 조사 등도 정기적으로 발표하는 것이 가능할 것이다.

주택담보 대출의 이자율이나 주거비 비중 등도 중요한 지표가 될 수 있고, 보육비 및 유아교육비 부담률, 대학생 자녀를 둔 가구의 가구 수입 중 학자금 지출 비율, 노인 부양 가구의 매달 부양비용 등도 중요한 통계치로 활용될 수 있다. 가구 평균 민간보험 납부액이나 가구 소득 대비 부담률 등을 표시하는 것도 가능할 것이다. 국회가 적극적으로 나서서 정부가 이러한 지표들을 국

● 복지국가, 경제

가 운용의 중심적인 통계 자료로 채택하도록 요구해 나가야 한다.

두 번째로는 경제운영의 목표와 방향을 외형적인 경제성장률이 아니라, 국민들의 삶을 실질적으로 개선하는 쪽으로 바꾸어 나가야 한다. 국민들이 매일 매일의 삶에서 고통을 받으면서도, 국가의 정책 목표를 자기 개인의 삶의 개선 문제와 연결시키지 못하는 것은 근본적으로 정치인들의 잘못이지만, 이에 동조한 학자들의 잘못도 크다. 이제는 보육·의료·교육·일자리·주거·노후보장 등 서민들의 생활에 직접적으로 영향을 주는 지표들을 중심으로 정부의 경제 운용 성과를 평가하여야 한다.

이렇게 해서 논의의 중심을 국가라는 전체의 움직임이 아니라, 국민들의 실질적인 삶의 개선으로 바꾸어야 한다. 국가 재정운영의 목표도 국민의 삶을 평가하는 새로운 지표를 개선하는 것으로 설정되어야 하고, 선거를 통한 국민들의 평가도 이 새로운 지표의 개선 실적으로 이루어져야 한다.

지표의 개발과 운용은 매우 중요하다. 우리는 많은 판단들을 지표상의 통계에 의존한다. 재개발과 부동산 가격 상승이 대부분의 지역 주민들에게는 삶의 터전을 내주고, 결과적으로 주거비 부담만 증가시키는 일임에도 불구하고, 실제 선거에서는 뉴타운 개발 공약을 지지하는 일이 빈번히 일어난다. 또, 감세 정책이 오히려 서민들에게는 손해가 되는데도 불구하고 증세를 통한 복지확대 정책보다는 감세 정책을 주도하는 정당을 지지하는 서민들이 발생한다. 이런 현상들은 대개 국가라는 전체적 차원의 통계와 지표들이 우리의 눈과 귀를 현혹시키기 때문이다.

  GDP라는 통계지표는 미국 상무성 연구원 쿠즈네츠가 개발한 것으로 단순히 경제의 외적 성장만을 표시해주는 지표일 뿐이다. 우리가 이러한 지표에 매몰된다면, 국가경제는 발전하는데 우리의 삶은 별반 나아지지 않는 황당한 모순에서 빠져 나올 수 없다. 우리는 새로이 국민의 삶을 반영하는 지표를 창조해야 한다. 우리가 이렇게 새로운 지표를 만들어 국민이 올바른 판단을 할 수 있는 근거와 통계를 창조하지 못한다면, 어느 정당이 집권하더라도 국민의 삶은 더 이상 개선되지 않을 것이다.

● 복지국가, 경제

정부는 부동산 가격 상승 조짐에 미리 대응하라

홍보위원회 | 논평 2009년 9월 17일

미국의 서브프라임 모기지론 사태로 촉발된 경제위기의 공포가 아직 가시지도 않은 마당에 또 다시 집값 폭등에 대한 우울한 걱정이 재연되고 있다.

국토해양부는 2009년 8월 아파트 실거래 현황을 집계한 결과 전국에서 5만 45채가 거래되어 전 달보다 10%가 늘었다고 밝혔다. 올 들어 거래건수가 5만 채를 넘기기는 이번이 처음이다. 이렇게 거래가 활발해지는 속에 특히 상당수 강남 재건축 아파트 가격이 큰 폭으로 오르고 있다. 강남구의 경우 한 달 새 1억 500만 원 이상 집값이 오르는 경우도 나타나고 있을 정도로 집값 상승 현상이 뚜렷해지고 있다. 토지도 사정은 비슷하다. 국토해양부는 전국 땅값이 4개월 연속 오름세를 보이는 가운데 7월 땅값이 0.21% 상승하면서 올 들어 최고치를 기록했다고 밝혔다.

이렇게 최근 급격히 제기되고 있는 집값 폭등에 대한 우려는 첫째 정부의 과도한 유동성 공급에 그 근본 원인이 있다. 정부는 경기활성화를 위한 과도한 정부지출을 하면서도 동시에 적극적인 '부자감세'를 계속하는 모순된 정책노선을 밟아 왔다. 정부가 돈을 마구 풀면서 세금은 덜 걷으니 시중에는 돈이 남아도는 현상이 계속되었다. 경제위기답지 않게 부유층의 주머니에는 넘치는 돈이 항상 가득하지만 마땅히 쓸 곳은 없는 조건이 형성되었던 것이다.

이 와중에 한국은행 역시 저금리 정책을 통해 경기 탈출을 지속적으로 지원해왔다. 그 결과 언제부턴가 시중에는 유동성이 넘쳐나는 상황이 되었고 이는 곧바로 주식시장 활황과 부동산 폭등 조짐으로 이어지고 있는 것이다.

여기에 정부는 이미 오래 전부터 부동산 가격 상승을 막기 위한 각종 규제들을 하나씩 철폐해왔다. 현 정부는 종부세 폐지를 주도했으며 토지거래허가구역 해제, 양도소득세 완화 등 각종 규제의 해제로 부동산 가격 상승을 사실상 용인하거나 암묵적으로 이를 부추기는 듯한 정책 지향을 보여 왔다.

문제는 여기서 그치지 않았다. 뉴타운 개발과 각종 도로 신설 등 이른바 개발호재들이 최근 지속적으로 터져 나오면서 일부 지역에 돈이 집중적으로 몰리는 전형적인 투기조짐이 일고 있기도 하다. 결과적으로 현재 시점에서 이미 시장에는 향후 집값 폭등에 대한 강한 기대치가 형성된 것이나 마찬가지 상황이 되었다. 우리는 어느 덧 부동산 투기 바람이라는 거대한 태풍 앞에 서 있는 꼴이 되었다.

우리 복지국가소사이어티는 이렇게 실물경제 회복에 한 발 앞서 선행하고 있는 부동산 거품에 대해 경고하지 않을 수 없다. 7%경제성장을 공약으로 내세웠던 현 정부인 만큼 어떤 특효약이라도 써서 인위적인 경제성장이라도 하고 싶은 욕망이 간절한 것은 이해가 된다. 그러나 이렇게 경기 회복 차원에서 부동산 가격 상승을 일부 용인하는 듯한 행보를 걷는 것은 매우 위험한 사고라 할 수 있다.

이것은 온 나라를 향후 더 깊은 경제위기의 수렁 속으로 밀어 넣을 수 있는 투기적 발상이 아닐 수 없다. 물론 일부 계층은 앞으로 있을 부동산 가격 상승을 즐기고 싶겠지만 대부분의 국민들에게 부동산 가격 상승은 거품붕괴와

● 복지국가, 경제

경제위기의 재연이라는 독화살이 되어 돌아올 것이며 결국 일부 계층의 놀라운 불로소득은 대다수 서민들에 대한 고통전가로 이어질 뿐이다.

정부는 하루속히 부자감세라는 기본 노선을 수정해야 한다. 이를 통해 경제 위기 속에서도 남아도는 자금 여력을 주체하지 못해 결과적으로는 부동산 시장에 기웃거릴 수밖에 없는 부유층에 대해 적극적인 유동성 회수정책을 시도해야 한다. 부유층이 자신들도 감당하지 못하는 자금 여력을 그대로 놓아두면 그것은 언젠가 더 큰 거품을 형성해 결국은 경제위기를 촉발하는 근본 원인으로 작용하게 된다.

또한 동시에 '장기전세주택(시프트, SHift)'를 포함한 공공 임대주택의 적극적 확대와 대규모 공공전세 단지 조성 등의 적극적인 주택 수요안정 대책을 마련해야 한다. 서울시 전체 가구의 30% 수준에 달하는 전세 세입자들에게 안정적인 주택공급 정책을 마련해주는 것은 이들 세입자들의 주거복지를 위한 것일뿐 아니라 부동산에 대한 투기적 수요를 억제하여 주택시장의 안정화에도 크게 기여할 것이다.

제2의 경제 위기를 조장하는 정부의 경제 정책
부동산과 주식의 조기 과열은 다시 한 번 경제 위기를 초래할 것이다

홍보위원회 | 논평 2009년 8월 27일

경제 위기가 끝났으므로 출구 전략을 준비하여야 한다는 목소리가 경제계와 기획재정부에서 나오고 있다. 이러한 움직임에 발을 맞추기도 하려는 듯, 한국은행이 4/4분기 금리 인상을 예정하고 있다는 소식이 들린다.

정부는 이미 경기 진작을 위해 팽창 예산으로 책정된 국가 예산의 대부분을 상반기에 조기 집행한 바 있다. 또한 이것도 모자라 29.5조 원이라는 사상 초유의 추가 경정 예산안을 편성하였다. 그리고 이들 예산의 조기 집행을 잘 시행한 시도지사와 지자체 장들을 청와대로 불러 격려하기도 했다. 여기에 한국은행을 통해 27.5조 원의 시중 유동성을 공급했고, 외화 266.2억불 등 50조 원에 이르는 현금의 추가 공급을 단행하였다. 한국은행은 기준금리도 6개월째 동결하고 있다.

그러나 아직 실물경제는 침체의 늪에서 빠져 나왔다고 보기 어렵다. 소비심리가 많이 상승했다고는 하지만 이제 겨우 7년 전 수준을 회복했을 뿐이다. 한국은행이 발표한 '8월 소비자심리지수(CSI)'는 114로 5달 째 꾸준히 상승해오고 있다. 그러나 이 수치는 2002년 3분기와 같은 수치일 뿐이다. 전년 대비로 따지면 4.4%나 감소한 수준이다. 앞으로 소비의 지구력을 담보해줄 일자리 창출의 효과도 매우 미미하다. 오히려 실업문제는 더욱 심각해져서 실업급여 수급자가 100만 명을 넘어섰다.

더 큰 문제는 상반기에 많은 예산을 집행했기 때문에 올해 하반기부터는 실제로 경기진작 용도로 쓸 수 있는 예산이 거의 없다는 점이다. 이 와중에

● 복지국가, **경제**

아직 실물 경제의 어려움은 그대로이고, 경제난의 원인이 되었던 미국 발 부동산 유동위기도 근본적인 해결이 되지 않은 상태에서 유가 및 원자재 상승은 다시 시작되었고 국제 무역도 활성화되지 못하고 있다.

그러나 이렇게 실물 경제의 회복이 더딘 가운데에도 부동산과 주식이 먼저 꿈틀거리기 시작했다. 부동산이라는 무서운 곰은 이미 겨울잠을 마치고 활동을 시작한 것으로 보인다. 실물 경제의 뒷받침이 없는 상태로 주식 시장도 다시 상승곡선을 그리며 종합주가지수가 1,600선을 돌파하였다. 주택담보 대출이 전년 동기 대비 10.3% 증가했고, 이미 강남 3구의 부동산 가격은 2006년 수준을 회복하였다는 통계가 나오고 있다. 이렇게 되는 이유는 시중에 잠복해 있는 풍부한 유동성 때문이다. 호시탐탐 자산증식의 기회만 엿보고 있는 시중의 잠재 유동성들이 서서히 기지개를 펴고 있는 것이다. 그런데 이 와중에 정부는 오히려 부동산 시장을 자극하는 듯한 행보를 펼치고 있다. 기획재정부는 주택담보대출인정비율을 40%에서 60%로 상향조절 하는가 하면, 강남 3구를 포함하여 풀 수 있는 부동산 관련 규제는 거의 모두 풀어 경기 부양 방침에 적극 부응하고 있다.

우리는 지난 시절의 교훈을 통해 뼈저리게 알고 있다. 주식 부자, 부동산 부자들의 배는 아무리 다시 불려준다 해도 이들은 자산 증식에만 관심을 가질 뿐, 실물경제에 기여하는 바가 거의 없다는 사실을 말이다. 부유층의 소득 증가는 국가경제 전체적인 차원에서 볼 때 일부 고가 명품의 매출 증가 외에는 소비 진작 효과가 거의 없다. 반대로 부동산 가격의 증가는 전세와 월세 가격의 상승으로 이어져 서민들의 가처분 소득을 더욱 감소시키는 역효과를 내게 된다.

그러나 정부는 서민층에 대한 복지 지출 확대로 경제를 살리려는 진지한 노력은 외면한 채, 부자감세라는 비판의 칼날을 회피하려는 물 타기 전략에만 고심하고 있다. 언론이 계산 한 바에 따르면, 3년간 예정된 부자감세 규모가 전년대비 17조 5,000억 원, 기준년도(2007년)대비 70조 4,400억 원에 달한다. 그에 비해 이번 세제 개편안에 포함된 서민층 지원규모는 월세 소득공제(900억 원), 주택청약종합저축 소득공제(300억 원)에 지나지 않는다. 이런 사정에도 불구하고 정부는 이번 세제개편안이 마치 서민층 지원을 중심에 놓은 세제개편안인 듯 여론을 호도하고 있다.

정부의 인위적인 경기 부양 시도는 많은 부작용들을 예상하고 경계해야 한다. 정부와 여당은 지난 2007년 대통령 선거에서 민주당이 패배한 중요한 원인 중의 하나가 부동산 가격 폭등과 그에 따른 서민생활 불안임을 잊지 말아야 할 것이다. 한나라당이 이를 망각한다면 아마도 '칼로 일어선 이, 칼로 망한다'는 교훈을 절감하게 될 것이다.

정부는 지금이라도 보편적 복지 중심의 성장 전략을 마련해야 한다. 국민의 5대 불안을 해소하기 위한 전면적인 복지프로그램을 수립하여 보육·교육·의료·노후보장·주거비 부담을 제도적으로 대폭 경감시켜야 나가야 한다.

● 복지국가, **경제**

    광의의 복지 분야에서 정부의 이전지출을 확대하고, 이를 통해 국민의 가처분 소득을 증가시켜 결국 내수의 진작으로 연결시키는 경제 전략을 추진해 나가야 한다.

    우리 복지국가소사이어티는 이러한 보편적 복지 중심의 경제 정책만이 경기 탈출의 유일한 해법이라고 생각한다. 우리는 이명박 정부에게 경제사회정책의 근본적 전환을 요구한다. 지금 집중해야 할 것은 부자감세 논란을 피해 다니기 위한 물 타기 전략이 아니다. 보편적 복지 중심의 전략으로 한국 경제의 전면적인 전략 기조 변화를 단행해야 한다. 나로호 발사는 실패했지만, 저 하늘 높은 곳 우주를 향해 복지 한국의 미래를 힘차게 쏘아 올린다면 대한민국의 희망이 보일 것이다.

'구매력 제고' 없는 일방적 고통 전가는 안 된다

홍보위원회 | 성명 2009년 3월 13일

MB 정부 1년이 지났다. '747-일자리 300만개' 공약은 일찌감치 사라졌지만, 급하게 대체된 '녹색뉴딜-일자리 96만개' 역시 성격상 다름이 없다. 건설업자 일자리 만들기를 핵심으로 일자리 수를 중복, 과대 포장하고 있고, 그나마 단순노무, 비정규, 나쁜 일자리가 대부분이기 때문이다. 노동에 대한 일방적 고통 전가를 노사정 고통 분담으로 포장하는 능력 역시 탁월하여 도로 포장에 능한 정권의 이력답다.

이번 경제위기가 임금이 높기 때문이 발생하지 않은 것은 누구나 안다. 지난 수십 년 간 임금 몫은 줄고 이윤 및 지대 몫이 늘어난 것은 전 세계적인 현상이다. 이렇게 늘어난 이윤 및 지대가 특정 계층에 집중된 한편 실물경제가 아닌 투기자본으로 몰리면서 결국 파탄이 났다. 이번 위기를 극복한다 하더라도 또 다시 반복될 것이 불을 보듯 뻔하다.

따라서 위기 극복을 위한 노동 대책은 이윤 및 지대를 실물경제에 투자하도록 유도하고 수출 의존도를 줄이며 구매력을 증가시켜 내수를 진작하는 방향에서 이루어져야 한다. 수출-내수 간의 부(不)의 관계를 정(正)의 관계로 바꾸는 것 역시 시급하다. 고용을 통한 복지, 고용을 통한 성장이라도 최소한 달성되어야 하며, 노사정이 고통을 분담해야 하는 이유도 여기에 있다. 아니 대기업과 정부가 져야할 책임이 80% 이상이다.

그런데 이명박 정부의 노동 정책은 그 반대이다. 노동에게 제시된 양보 목록은 줄을 잇는다. 잡 셰어링(Job Sharing)이 일자리 나누기가 아닌 임금 삭감

● 복지국가, 경제

으로 바뀌었고, 공공부문 10% 인원 감축에 청년 인턴제 도입, 비정규직 입법 개악과 최저임금 삭감, 대졸 취업자 임금 삭감에 단기간 근로 확대 등이 연일 발표된다.

 그런데 정부와 대기업의 양보 목록은 없다. 외국산 투기자본의 유입과 국내산 부동산 투기 규제, 대기업의 불공정 거래 개선과 중소기업 육성 전략에는 관심조차 없다. 공기업과 대기업의 고용 회피 및 비정규 사용 관행 규율, 위험구제(Risk Relief) 수단으로서의 공공부문 역할 전환, 재정 및 관리의 투명성 제고도 보이지 않는다. 사회안전망의 근본적 개선과 사회임금의 증가를 통한 구매력 제고 역시 이들 목록에는 존재하지 않는다.

 더군다나 노동에게 강요되는 양보가 나쁜 일자리 늘리기에 더해 기존 임금의 삭감 등을 통한 구매력 약화라는 사실은 심각한 문제이다. 이윤과 지대가 투기자본에 몰리는 것을 규제하기 어렵다면 임금부분이라도 늘려 소비 증가와 내수 진작을 꾀하고 투기자본으로 돌아가는 몫을 줄여야 한다. 기업임금을 올릴 수 없다면 사회임금(Social Wage)을 늘리면 된다. 실질 임금이 줄어도 가처분 소득이 늘면 구매력은 제고된다. 주거비와 교육비, 사회적 위험 증가에 따른 비용만 낮추어도 가처분 소득이 증가하여 국민들은 지갑을 열고 중소기업은 살아나며 중산층이 늘어난다.

 정규직 좋은 일자리를 늘리면 단기적 위기 극복뿐만 아니라 중장기적 경제 체질의 개선과 삶의 질 향상에 무조건 도움이 되어 위기는 기회로 바뀐다. 미국, 일본, 영국, 호주 등지에서 좋은 일자리 창출과 내수 진작, 투기 자본 규제가 정책의 핵심으로 떠오르는 이유도 여기에 있다. 영미권 선진국을 좋아하여 오렌지를 어륀지로 바꾸면서도 제대로 베끼고 제대로 따라하는 법은 배우지 못한 모양이다.

마지막으로 이명박 노동 정책은 이 시대 정부의 역할을 되묻게 한다. 고통 전가가 여성, 고령자, 청년층, 자영업, 중소영세기업 등 약자 우선이라면 소득 증가는 강자우선이다. 대기업, 상류층이야 잘 살 수 있는 길이 수십 가지인데도 감세까지 해주면서, 살길이 막막한 사회적 취약계층에게는 임금마저 줄이란다. 약육강식, 승자독식에 패자부활전이 없는 한국 사회에서 정부마저 기댈 언덕이 아니라면, 저임금 노동자와 근로빈민, 중소영세기업은 어찌 살라 하는 것인지 이 봄이 싸늘하다.

30조원 추경이 거론된다. 25조원의 재정 적자를 감수하며 편성한 2009년 정규예산이 부자감세와 비즈니스 프렌들리 정권의 내수외면, 민생고통 예산이었음이 분명히 드러나고 있다. 이번 추경은 전면적으로 복지국가의 기틀을 세우고 내수경제를 활성화하는 데만 사용되어야 할 것이다. 우리 복지국가소사이어티는 이명박 정부가 그 동안 추진해온 '반 노동-반 복지' 정책을 비판하며, 어떤 경우에도 '구매력 제고' 없는 일방적 고통 전가는 불가함을 다시 한 번 강조하고자 한다.

● 복지국가, **경제**

진보는 시장을 어떻게 볼 것인가?

홍기표 | 칼럼 2009년 4월 13일

    민주노동당 탈당파들의 주도로 만들어진 진보신당이 2009년 3월 29일 제2차 당 대회를 열고 당 강령을 확정지었다. 최대의 관심은 진보신당의 경제 강령이었다. 흔히 좌에서 우까지 쭉 늘어놓고 누가 어느 정도로 좌파인지? 혹은 어느 정도 우파인지? 이를 규명하기 위한 잣대로 '경제 강령'을 이용하는 경우가 많다는 점에서 특히 그렇다. 진보신당의 경제 강령은 '자본주의 극복'에 대한 의지를 좀 더 강하고 뚜렷하게 표명하고 있다. 그리고 신자유주의를 직접 거명하면서 이에 대항한 투쟁 의지도 밝혀 놓고 있다. 그러나 진보신당의 강령은 '시장원리'의 긍정적 측면을 어떻게 사회공공성 강화라는 커다란 목표 안에 반영할 것인가? 라는 좀 더 난해한 문제에 대해서는 명쾌한 입장을 정리된 형태로 제시하지 못하고 있다.

    그 동안 많은 사람들은 "신자유주의 = 시장주의"라는 등식에 익숙해져 있었다. 진보세력은 보통 '시장'의 원리 또는 이념을 적극 반대하거나 적대시하는 것으로 알려져 있기도 하다. 시장은 자본 또는 자유경쟁을 뜻하는 것으로 간주되고 있기 때문이다. 그런데 시장이 원래 그렇게 나쁘기만 한 것일까? 국가나 사회 운영의 기초를 설계하면서 '시장의 원리'를 완전히 삭제한다면, 우리는 과연 어떤 대안을 갖고 있어야 하며, 또 가질 수 있을 것인가? 우리는 어디까지 '시장'을 받아들이고, 어디서부터 '시장'을 배척해야 할 것인가? 이제 우리 진보진영은 이런 질문에 답해야 한다.

    필자는 스물두 살 때, 계획경제를 경험해 본 적이 있었다. 소련으로 유학을 다녀온 것은 아니었다. 필자가 계획경제를 경험했던 곳은 다름 아닌 '군대'였다. 북한 사회주의 체제와 맞서고 있는 한국군 내부의 생산과 소비는 일종의 '계획경제 시스템'이었다. 군대에서는 군수 담당자들의 계획에 의해 군용 빵을 대량으로 생산·분배했다. 그러나 병사들은 군용 빵이 맛이 없어 잘 먹지 않았다. 그래도 우리 군대의 계획경제는 끊임없이 그 맛없는 빵을 만들어서 계획대로 배급했다. 빵은 여기저기서 계속 남아돌았다.

그 결과, 필자는 어느 날 '빵 차'와 '청소차'가 서로 뒤를 마주 보는 꼴을 보고 말았다. 군수담당 병사는 빵 차에서 빵을 내려 곧바로 청소차로 옮겨 실었던 것이다. 빵은 포장도 안 뜯어진 채 청소차로 직행했다. 물론 상부에는 계속 다 소비된 걸로 보고된다. 우리는 오랫동안 자본주의 체제에서 살고 있다고 믿어왔지만 이런 사회주의 계획경제에 대한 체험은 나만의 경험이 아니다. 일방적 계획경제의 사례는 조금만 찾아보면 우리 주변에서 쉽게 볼 수 있다.

사회 구성원의 개별적 사정을 배려하지 않은 채, 전체적 차원에서 획일적으로 수립된 직접 계획은 비효율과 낭비를 낳는다. 필자는 이것을 생산과 소비의 2차 모순이라고 부른다(생산과 소비의 1차 모순은 무정부적 생산에 의한 낭비를 뜻한다). 이러한 생산과 소비의 2차 모순을 방지하려면 반드시 전체의 목표와 개체의 개별적인 선택권을 상호 결합시켜야 한다. 다시 말하면, 시장원리를 무조건 배타시하는 것이 꼭 진보라는 등식은 성립될 수 없다는 얘기다.

● 복지국가, 경제

　반대 측면에서, '시장'이 꼭 보수 정치세력의 노선인지 의심스러운 구석이 많다. 최근에는 보수주의자와 시장주의자를 구분하는 관점이 점점 강화되고 있기도 하다. 이 땅의 자칭 보수주의자들은 경제적 자유의 핵심적 요소로는 자유시장을 강조하면서도 정치적으로는 자유주의를 거부해왔다. 국가보안법 폐지 반대가 대표적이다. 사실 시장원리를 사상계에 적용한다면 국보법은 폐지되어야 마땅한 것이다. 설사 불온한 사상이 있다 해도 그것은 사상의 자유시장에서 자유경쟁을 통해 도태시켜야 하는 것이지, 사상의 시장 진입 자체를 막아서는 안 되는 것이기 때문이다. 따라서 국가보안법은 분명히 반시장적인 것이다. 자세히 들여다보면, 시장이란 본질적으로 자유와 어떤 역동성을 내장하고 있는 것이라서 '보수의 원리'와는 처음부터 맞지 않는 속성을 갖고 있는 것이다.

　사실 보수주의자들은 시장원리에 따른 차분한 해법보다는 자유의 제한에 해당하는 간편한 '소유 제한'을 더 선호하는 경향이 있다. 대표적인 인물이 홍준표 국회의원이다. 홍준표 의원은 2005년 여름, 부동산 가격 급등이 심각한 사회문제로 부상하자 '성인 1인당 1주택 법안'을 추진한다고 밝힌 바 있었다. 한나라 당 국회의원이 주택 소유를 수량적 차원에서 직접 제한하자는 좌파적 해법을 제시한 것이었다. 재밌는 것은 당시 민주노동당의 논평이었다. 민주노동당 대변인은 "입법의 취지는 이해하지만 방식은 신중하게 생각해 봐야한다"는 신중한 논평을 냈다. 뭔가 좀 뒤바뀐 것 같은 느낌이 들지만 원론적으로 생각해 보면, 이렇게 '자유시장의 원리'를 부정하고 소유권에 대한 직접 제한을 추진하는 것이 오히려 '보수주의' 정책노선에는 더 잘 부합하는 측면이 있는 것이다.

한때 권영길, 심상정 의원실에서는 대형 할인마트에 대한 영업시간 직접 규제를 법안으로 제시하기도 했다. 상인들의 영업시간을 규제한다는 것이 헌법상 어떤 합리적 근거가 있는지 모르겠지만, 그 이전에 이러한 해법이 '12시 넘으면 통행금지'를 시행하던 박정희 시대의 보수적 해법과 본질적으로 어느 지점에서 차이가 나는지? 의문을 가져 볼 필요가 있는 것이다. '자유시장'인가, '직접 제한(규제)'인가?

그렇다면 우리가 추구해야 할 사회적 해법의 기초는 무엇일까? 소유권의 직접 제한 또는 과도한 정부 규제가 시장원리의 근본적 부정이라면, 또 다른 방법은 '세금에 의한 방법' 또는 '유인(인센티브)에 의한 방법'이 있을 수 있다. 사실 '공공성'을 추구하는 과정에서 소유권의 직접 제한을 통한 해법을 추구할 것인가? 아니면 '세금의 중과' 또는 '경제적 유인'을 통한 해법을 추구할 것인가? 이 문제가 최근 논쟁의 초점으로 부상하고 있기도 하다.

토지정의시민연대는 '시장친화적 토지공개념'이라는 일관된 입장을 견지해오고 있다. 이것은 부동산 문제를 '소유의 직접 제한'이 아니고 '세금 부과에 의한 방법'으로 풀어야 한다는 것이다. 분당 이전의 민주노동당 정책위원회는 토지정의시민연대가 제시한 이러한 조세주의 해법에 대해 '어설픈 타

● 복지국가, **경제**

협'이라고 비난했었다. 그러나 필자는 이러한 비난을 보며 2002년 당시의 사회당을 떠올렸다. 민주노동당이 2002년 대선에서 부유세를 주장하자, 사회당에서 "부유세로 세금을 더 걷는다고 자본주의가 뒤집어지나?"라는 비판을 제출한 바 있었다. 이는 세금을 더 물리는 방식으로는 자본주의를 바꿀 수 없다는 뜻으로, 당시 민주노동당의 불철저한 진보노선을 비판한 것으로 해석해도 무방하다. 필자의 생각으로는, 세금을 많이 걷으면 자본주의도 장기간에 걸쳐 근본적으로 성격이 변화될 수밖에 없는 것이다.

진보정치 세력의 강령이 신자유주의를 명시적으로 반대하는 것은 매우 정당하고 올바르다. 그러나 현재 시점에서 그것이 '시장'에 대한 전면적 부정으로까지 이어지는 것은 반드시 경계해야 한다. 범 진보진영 차원에서 시장원리에 대한 보다 합리적인 정리와 구체적인 논쟁이 필요하다. 복지국가를 추구하는 전체적인 전략 속에서 시장의 원리는 어떤 지점에서 어떻게 결부되어야 하는지? 진지한 검토가 필요하다. 우리가 당장 시장의 원리를 대체할 뚜렷한 대안을 확보하지 못한 조건에서 무조건 시장을 백안시하는 것은 전혀 진보적인 태도가 아니다. 서민과 노동계급의 정치적 동의를 얻을 수 없을 것이기 때문이다. 지금 우리가 필요로 하는 것은 정부와 사회의 적절한 규제와 유인 하에서 보다 공정하고 혁신적으로 작동하는 '시장'과 이와 더불어 작동할 보편적 복지와 적극적 복지의 제도화이다.

더불어 한 가지 확실한 것은 설사 그것이 복지국가라 하더라도 군대에서 빵 나눠 주는 식의 복지국가가 되어서는 안 된다는 점이다. 우리는 '거시적 비효율'이라는 측면에서 '시장실패' 못지않게 이러한 '정부실패'도 경계해야 하기 때문이다. '실패한' 계획경제의 비효율을 초래하는 이런 체제는 개인의 자유와 사회연대를 동시에 구현하려는 우리의 복지국가 이상과는 거리가 멀다. 그래서 우리는 '그냥 복지국가'가 아닌 '역동적 복지국가' 모형을 고민하고 있는 것이다. 진보에게 '시장'이란 무엇인가? 라는 어려운 질문에 솔직하게 대답할 시기가 점점 다가오고 있다.

● 복지국가, 경제

신자유주의 금융위기의 원인과 해법

이송태 | 칼럼 2009년 1월 12일

대공황 이후 최악의 세계적 경제 불황이 2009년 들어 더욱 본격화될 전망이다. 그리고 이런 재앙의 주범이 신자유주의 금융시스템, 혹은 '고삐 풀린 금융'이란 것은 더 이상 논쟁의 대상이 아니다.

금융 카지노의 재앙

신자유주의 금융시스템은 금융의 핵심 역할을 '실물경제 지원'에서 '카지노'로 바꿨다. 덕분에 금융 부문은 실물경제와 상관없이 초고수익을 올리는 산업으로 발전했다. 각국 정부는 전 세계를 배회하는 수백조 달러 규모의 자금을 자국으로 유치하려 했다. 이를 위해서는 '카지노 판을 즐길 수 있는' 규제 없는 환경을 국내에 창출해야 했다. 또한 이런 카지노의 '판돈'을 늘려주는 조치를 추진했다. '판돈'을 늘리는 방법은 금융기관들이 마음껏 신용을 창출하고, 위험한 거래에 참여할 수 있도록 각종 규제를 제거하는 것이었다.

이에 따라 2006년 현재 전 세계의 금융자산(예금-주식-채권-파생상품) 규모는 GDP의 13배에 달하게 된다. '판돈'의 지나친 확장이 서브프라임 사태라는 금융파탄으로 귀결된 것이다. 또한 이런 금융시스템이 발전한 나라에서 금융자원은 고용과 경제성장을 창출하는 생산적 부문이 아니라 투기로 집중되게 마련이다. 최근 해외 학계에서는 이처럼 불안정하고 비생산적인 금융시스템을 안정적이고 효율적이며 사회적으로 유용한 방향으로 전환시킬 수 있는 대안으로 다음과 같은 논의들을 내놓고 있다.

중앙은행의 민주화

신자유주의 금융시스템에서 중앙은행의 목표는 물가안정이다. '금융 카지노'에서 화투패의 역할을 담당하는 것은 금융상품인데, 이를 투자자들에게 순조롭게 판매하려면 물가 수준이 안정되어야 한다. 원금과 이자(배당)를 일정한 기간 이후 돌려받을 투자자 입장에서 물가상승은 앉아서 손해 보는 상황이기 때문이다.

그러나 이에 대해, 미국 메사추세츠대 교수이자 정치경제연구소(PERI) 설립자인 로버트 폴린(Robert Pollin)은 '중앙은행의 민주화'를 주장하고 있다. 사회적 여유자금을 생산적 부문으로 흐를 수 있게 하는 권한을 중앙은행에 부여하자는 것이다. 더욱이 정책적으로 신용공급이 우선적으로 이뤄져야 할 부문(고용창출, 환경산업, 서민주택)을 결정하고, 은행이 이런 부문에 대출하는 경우 지급준비율 등에서 혜택을 부여하자고 주장한다. 정부 개입이 없어야 '자금의 효율적 배분'이 가능하다는 신자유주의적 입장에서는 펄쩍 뛸 소리다.

더욱이 폴린은 중앙은행 이사와 의장을 시민들이 선출해야 한다고 주장한다. 또한 중앙은행에 노동자-소비자-지역 공동체 대표들이 참가하는 '금융시장위원회'를 설치해서 이런 세력들이 통화정책에 영향을 미칠 수 있게 하자는 것이다. 이 또한 신자유주의 금융시스템의 금과옥조인 '중앙은행 독립성' 교리를 정면으로 부정하는 주장이다.

파생금융상품의 규제

이번 세계 금융위기의 주범으로 지적되고 있는 CDO 등 파생금융상품에 대해서는 '폐기'에 가까운, 매우 강경한 논의들이 제출되고 있다. MBS, CDO 등은 수천 개에 달하는 대출채권(은행이 소비자로부터 대출금과 이자를 상환받을 수 있는 권리)을 담보(기초자산)로 만든 이른바 유동화 증권이다. 심지어 이런 유동화 증권을 담보로 새로운 유동화 증권을 만들기도 한다. 사태가 이러하니 당연한 일이지만, 이 같은 증권들은 위험성과 수익성, 심지어 궁극적 채무자를 파악할 수 없을 정도로 불투명한 금융상품일 수밖에 없다.

그래서 정치경제연구소(PERI)의 제임스 크로티(James Crotty) 교수는 각각의 기초 자산들, 이런 기초 자산 각각의 리스크, 기초 자산의 궁극적 소유권이 파악되는 파생상품만 거래를 허용해야 한다고 주장한다. 그러나 수천 개의 기초 자산을 담보로 하고 있는 파생상품의 경우 이 같은 조건을 충족시키기는 현실적으로 매우 힘들다. 그러므로 이는 복잡하게 설계된 파생금융상품의 거래를 사실상 금지하자는 매우 과격한 소리다.

그러나 크로티 교수의 주장은 시장주의적 논리로 따져 봐도 일리가 있는 것이다. 복잡하게 설계된 파생금융상품의 가격은 자본시장의 다양한 공급자와 수요자 간에 결정되는 것이 아니다. 오히려 파생상품의 발행자인 투자은행과 신용평가기관(투자은행으로부터 수수료를 받는)이 가격결정에 독점적인 영향을 미친다. 이처럼 시장이 형성되기 어려운 '불량 상품'의 거래를 금지하는 것은 오히려 시장친화적인 발상일 수 있다. 더욱이 CDO 같은 장외 파생 금융상품의 부실이 실물경제로 전염되고, 이후 수조 달러에 달할지도 모를 납세자의 돈(구제금융)을 요구하고 있는 현실에서, 크로티 교수의 주장은 매우 타당하게 다가온다.

공적 신용평가기관의 설립

로버트 웨이드 런던 정경대 교수는 자기자본비율(BIS) 제도의 개선을 주장하고 있다. 주지하다시피 자기자본비율은 주로 금융기관의 재무 건전성을 평가하는 제도이다. 그런데 1990년대 말 이후 이 제도에서도 엄청난 규제완화가 발생한다. 무디스, S&P 등 신용평가기관의 투자등급만 받으면, 금융기관 스스로 자사의 재무 상태를 평가할 수 있게 된 것이다. 금융기관 입장에서는 자사의 재무 상태를 우량하게 평가할수록 더 많이 대출하고, 더 큰 규모의 채권을 발행하며, 더욱 위험한 투자를 할 수 있으므로, 모럴 해저드에 빠질 수밖에 없다.

미국의 대형 투자은행 지주회사들(베어스턴스, 리먼브러더스, 메릴린치, 모건스탠리, 골드만삭스)의 경우, 2004년 SEC의 자율규제 방침에 따라 자사의 재무 상태를 자기 회사에서 만든 수학 모델로 평가할 수 있게 되면서 부채비율이 20~30배에 이르게 되었다. 이들은 CDO 같은 위험한 금융상품에도 듬뿍 투자했고, 그 결과는 우리가 익히 아는 바와 같다.

● 복지국가, 경제

　이런 재앙에서 중심적 역할을 수행한 것이 바로 무디스, S&P 등 민간 신용평가기관들이다. 이들은 기업이나 금융상품을 평가할 때 지나치게 호의적인 투자등급을 부여하는 버릇이 있었다. 이런 현상의 원인은, 신용평가기관이 우량한 투자등급을 부여한 대가로 수수료를 듬뿍 받을 수 있었기 때문이다. 이에 따라 크로티 교수 등은 공적 신용평가기관을 설립해 민간 신용평가기관을 견제하는 방안을 내놓고 있다. 혹은 신용평가기관이 평가 대상 기업이 아니라 투자자(금융상품 매입으로 피해를 입을 수 있는)로부터 수수료를 받게 해야 한다는 주장도 있다.

왜곡된 인센티브의 교정
　한편 금융업체의 잘못된 경영을 교정하기 위한 대안들이 나오고 있다. 예컨대 미국 7대 대형투자은행의 CEO들은 2004~2007년에 모두 36억 달러에 달하는 보수를 받았다. 그러나 이 기간 동안 이 투자은행들의 총 시장가치는 3,640억 달러나 떨어졌다. 이는 금융업체 CEO들이 성과급 보수를 위해 지나치게 위험한 단기 투자를 감행해왔기 때문으로 풀이된다.
　이에 따라 구제금융을 받는 금융업체의 경우, 경영진이 호황기에 벌어들인 보수를 환수할 수 있도록 법제화하자는 제안이 나오고 있다. 또한, 금융기관에 대한 구제금융이 거의 10년 주기로 제공되고 있으며, 그 재원이 납세자로부터 나오고 있다는 점을 감안하여 금융기관만을 대상으로 하는 '구제금융

대비세'를 신설하자는 주장도 있다.

불황은 제도개혁의 기회

자본주의는 운명적으로 호황과 불황을 끊임없이 반복할 수밖에 없는 체제다. 그리고 불황기에도 나름대로의 미덕이 있다. 불황으로 인해 적나라하게 폭로된 당대 경제시스템의 문제점을 개혁해서, 더욱 번영하고 지속적이며 평등한 호황기를 준비할 수 있는 시기라는 점이다.

그러나 이런 사회·경제적 개혁에 실패하면, 불황기가 터무니없이 길어지면서 경제력 집중(독점)과 빈익빈부익부만 심화될 수도 있다. 이에 따라 미국을 비롯한 선진 자본주의 국가들에서도 그동안의 '신자유주의 금융시스템'에 대한 개혁 논의가 이처럼 치열하게 진행되고 있는 것이다. 이런 상황에서 '탈규제로 경제를 살리겠다'며 정부·여당이 추진하고 있는 금산분리 완화는 '개혁'이 아니라 국론 분열적 '퇴행'에 불과하다. 이미 세계는 탈규제가 아니라 '경제를 살릴 수 있는 규제'를 고민하는 단계로 이행하고 있기 때문이다.

● 복지국가, 경제

GM이 몰락한 이유와 복지국가

홍보위원회 | 논평 2009년 6월 4일

2009년 3월말 기준으로 자산규모가 820억 달러인, 세계 최대 자동차기업 제너럴모터스(GM)가 6월 2일 밤 뉴욕 법원에 파산보호를 신청하였다. 이로써 '미국 제조업의 상징'이었던 지난 101년간에 걸친 GM의 역사는 끝이 났다. 이는 미국 내 제조업체 파산으로는 사상 최대의 기록을 갱신한 것이다

전문가들은 GM의 파산에 영향을 끼친 요인으로 생산라인의 경직된 운용으로 인한 낮은 생산성, 고유가 시대에 부응하지 못하는 낮은 연비의 대형차 위주 생산, 할부 금융 등 금융 부분에 대한 과도한 투자, 일본과 한국의 저가 자동차들에 의한 시장 잠식, 노조의 과도한 복지 요구 등을 꼽는다.

여기서 한 가지 눈여겨 볼 대목은 일부에서 GM이 파산한 원인을 "노조의 과도한 복지 요구" 때문인 것으로 인식하고 있다는 사실이다. GM은 노조의 요구에 따라 퇴직자와 그 가족에게 까지 값비싼 민간의료보험료를 지원하도록 하는 과도한 복지제도를 운영해 왔는데, 이것 때문에 결국 회사의 이익 구조가 나빠져 파산에 이르렀다는 것이다.

그런데 우리는 이 대목에서 미국과 한국의 의료보험제도가 어떻게 다른지 잠시 짚고 넘어갈 필요가 있다. 한국의 현대와 기아자동차의 근로자 평균 의료보험료는 7만 9천원 수준이나, 우리나라의 국민건강보험제도와 같은 국가 차원의 공적 의료보장제도가 없는 미국에서는 직장에 근거한 고가의 민간의료보험에 가입해야 한다. GM의 경우, 회사에서 가족을 제외한 생산직 근로자 본인이 최소한의 의료보장을 위해 매달 민간보험회사에 내야할 평균 의료

보험료는 50만원에 이르고, 과장급 이상의 간부 직원과 그의 가족까지 제대로 된 혜택을 주기 위해서는 매월 수백만 원 수준의 의료보험료를 회사가 부담해야 한다.

우리나라 자동차 회사가 퇴직자들을 위해 건강보험료를 따로 부담한다는 이야기는 일찍이 들어본 적이 없을 것이다. 그러나 미국의 경우, 회사에서 퇴직자를 의료보험에 가입해 주지 않게 되면, 65세 이상 부부의 경우 연 평균 20만 불의 의료비용을 부담(피델리티 투자보고서, 3월 6일)해야 하기에 자동차 노조는 조합원의 강력한 요구로 퇴직자 의료보험을 요구할 수밖에 없었던 것이다. 결국 이러한 복지비 부담이 기업의 경쟁력을 저하시키고, 생산되는 자동차 한 대당 단가를 수백 달러(GM 차 한 대당 의료비는 약 250만원, 일본 도요타 차 한 대당 의료비는 약 25만원, 우리나라 차 한 대당 의료비는 약 15만원)나 높이고 있었던 셈이다.

즉, 우리는 GM의 파산을 통해 국가복지의 과소가 기업의 경쟁력을 얼마나 심각하게 약화시킬 수 있는지, 그 생생한 사례를 보고 있는 것이다. 이에 반해 독일과 북유럽의 국가들이 높은 세금 부담에도 불구하고, 이들 나라에서 생산되는 자동차들이 가격 경쟁력을 가질 수 있는 것 또한, 국가에 의한 보편적 복지제도가 잘 정비되어 있기 때문이다. 즉, 국가 주도의 효율적이고 효과적인 보편적 복지제도는 개별기업의 경쟁력 강화를 위해서도 꼭 필요한 것이다.

● 복지국가, 경제

　GM의 파산을 바라보며 우리가 찾아내야 할 또 하나의 교훈은 필요한 정부 규제는 생산력 발전의 중요한 계기가 된다는 사실이다. 국가 경쟁력 강화를 위해 지난 정부에 이어 현 정부와 대기업들이 내세우는 주요한 요구는 과감한 규제의 완화 또는 철폐다. 그러나 규제 완화와 자유로운 경제활동의 대표적인 국가로 손꼽히는 미국에서, GM이 결국 파산으로 이어진 또 하나의 원인은 규제 완화와 이에 따른 '시장실패'에 있음도 충분히 숙고해 볼 지점이다.

　대기오염 배출과 관련하여 유럽의 나라들이 유로 쓰리와 유로 포 등의 규제를 스스로 만들어 규제를 강화할 때, 자동차 회사들의 로비를 받은 미국은 환경 규제의 강화를 미루었고, 유럽과 일본, 한국의 자동차들이 정부의 환경 규제 강화와 각종 지원 정책에 따라 가볍고 효율성 높은 경차 생산에 주력 할 때 미국의 자동차는 크고 무겁고 효율이 낮은 엔진 기술과 낮은 연비로 많은 대기오염 물질을 동시에 뿜어 대는 무거운 탱크 같은 자동차를 지속적으로 양산하였다.

　우리는 GM의 파산 소식과 동시에 들려오는 도요타의 신차 프리우스에 대한 폭발적 인기를 대비시켜 볼 필요가 있다. 이 차는 ℓ당 연비가 무려 38km에 달하는 친환경 자동차이다. 즉, 부시 정부의 대기오염 규제 완화라는 자동차 회사 지원 정책(?)으로 8년 동안 기술개발을 미룬 미국 자동차는 세계적인 경쟁력을 상실하며 자멸의 구렁텅이로 빠져들었던 것이다. 역설적이게도, 이렇게 미국 신자유주의 정부의 '친기업적 규제 완화'는 오히려 GM 제품의 세계적인 경쟁력을 상실하게 만들었던 것이다.

우리나라는 지난 참여정부와 현 정부를 가릴 것 없이 한미 FTA를 조속히 추진하는 명분으로 자동차 산업의 이득을 꼽았으며, 이러한 명분하에 각종 규제 완화가 추진되고, 심지어는 의료민영화까지 추진되고 있다. 이러한 시점에서 오늘날 GM 파산이 주는 교훈을 우리 정부는 심각하게 받아들여야 할 것이다.

한미 FTA를 통해 관세가 철폐되면, 한국의 자동차는 약 2% 정도의 가격 경쟁력을 더 가지게 된다고 한다. 그러나 한미 FTA를 비준하게 되면 한국으로 진출한 미국 민간보험회사의 이익을 보호하기 위한 투자자-국가 제소가 공식화되어 우리나라 국민건강보험의 보장성 확대는 사실상 불가능하게 될 것이다. 이렇게 되면 한국의 자동차는 미국의 GM처럼 자동차 한 대당 엄청난 수준의 의료보험료를 내장할 수밖에 없게 될 것이다. 이는 -10% 이상의 경쟁력 상실로 귀결될 것이다. 2%를 받고 10%를 주는 계약서에 국회가 도장을 찍는다면 국민들이 과연 동의할 수 있을까?

그러나 우리 정부는 GM 파산을 지켜보면서도 기존의 규제 완화 정책에 대한 반성의 기미를 보이지 않고 있다. 청와대, 총리실, 그리고 한나라당 역시 GM의 몰락을 보면서도 한미 FTA 추진을 재고할 생각이 전혀 없는 것 같다.

우리 복지국가소사이어티는 한미 FTA 추진과 규제 완화가 아니라, 한미 FTA 비준의 재검토와 선별적인 규제의 강화, 그리고 국민건강보험의 보장성

● 복지국가, **경제**

강화를 포함한 전면적인 보편적 복지국가의 도입이야 말로 국가 경쟁력을 높이는 지름길임을 다시 한 번 강조하고자 한다.

기업의 사회적 성격을 높이는 3가지 방법

홍기표 | 칼럼 2009년 9월 7일

　최근 '기업'과 '사회'가 서로 접근하는 현상이 두드러지고 있다. 그동안 '사회'라는 말은 주로 사회보장 혹은 '복지'라는 개념과 연결되었고, '기업' 이라는 말은 '이윤'과 연결되어 왔기 때문에 이 새로운 현상은 복지와 이윤이 결합하는 새로운 흐름으로 인식되기도 한다.

　이 양자의 접근 현상 중에 먼저 눈에 띄는 것은 '사회적 기업'이다. 2007년에 사회적 기업 육성법이 제정되었고, 최근 신영복 선생님께서 '사회적 기업가 학교'의 교장을 맡는 등으로 사회적 기업이 잔잔한 물결처럼 동심원을 그리며 확산되고 있다. 「사회적 기업 육성법」에 따르면, 사회적 기업이란 "사회서비스 또는 일자리 등을 제공하여 지역주민의 삶의 질을 높이는 등의 사회적 목적을 추구하면서 재화 및 서비스의 생산·판매 등 영업활동을 수행하는 기업"을 말한다.

　이러한 사회적 기업은 유럽에서는 이미 1970년대부터 그 개념이 형성되기 시작했다. 우리의 귀에 익숙한 사회적 기업으로는 요구르트 회사인 '그라민-다농 컴퍼니'가 있고, 국내 기업 중에도 '아름다운 가게'가 사회적 기업으로 많이 알려져 있다. 이 같은 사회적 기업과는 별도로 1997~1998년에 미국에서는 '사회 기업가 정신(Social Entrepreneurship)'이라는 개념이 제시된 바도 있었다. 이 역시 사회복지와 자본축적을 위한 기업 활동을 결부시킨다는 용어였다.

　또 기업의 사회적 책임(Corporate Social Responsibility: CSR)이라는 개념

도 최근 일각에서 강조되고 있다. 1963년 맥과이어는 기업의 사회적 책임을 "기업의 사회에 대한 경제적·법적 의무뿐만 아니라 전체 사회에 대한 책임까지를 의미한다"고 정의한 바 있다.

전경련이 주도하는 이른바 '윤리경영'이라는 개념도 넓게 보면, 이렇게 기업과 사회가 접근하는 현상의 하나로 보인다. 물론, '윤리경영'이라는 것은 우호적인 기업 이미지를 형성해 경영 성과를 높이기 위한 것이고, 따라서 그 한계가 비교적 뚜렷한 측면이 있다. 실제로 제록스, 휴렛패커드와 같은 기업들은 윤리경영으로 큰 이윤을 남겼다는 주장이 있다. 그러나 기업의 사회봉사 활동이 하나의 경영전략 차원으로 격상되었다는 점에서 윤리경영 역시 '기업'과 '사회'가 서로 접근하는 경향으로 해석할 수 있겠다.

그런데 필자가 보기엔, 이상 열거한 사회적 기업, 혹은 기업의 사회적 책임이라는 개념들은 다소 좁은 맥락의 의미 규정으로 보인다. 이상의 개념들을 비하하는 것은 아니지만, 이것들은 기업이 태생적으로 갖고 있는 풍부한 사회적 성격에 비하면 좀 협소한 규정이다. 원래 모든 기업은 태어나면서부터 사회적 성격을 갖고 있다. 기업은 일정하게 사회적으로 형성된 조건 속에서 탄생하고, 그 활동을 통해 지속적으로 사회에 기여한다. 기업의 사회적 기여라 함은 단순한 재정 지원부터 사회적 혁신에의 기여, 고용 기여 등 매우 광범위하다.

즉, 원론적으로는 모든 기업이 사회적 기업이며, 결국 사회적인 기업이 따로 존재하는 것은 아니고, 중요한 것은 '기업이 어느 정도까지 사회적 성격을 띠느냐'의 문제라는 것이다. 필자의 관점에서, 기업의 사회적 성격을 높이는 데는 3가지 방법이 있을 수 있다. 즉, 조세제도, 주식제도, 회계제도를 통해 거의 모든 기업을 사회적 기업으로 만들 수 있다는 것이다.

첫째는 조세제도이다. 사실 현존하는 모든 기업은 '법인세'를 통해 이미 사회에 기여하고 있다. 물론 이윤을 내지 못해 세금을 못내는 기업도 많지만, 기본적으로 현재의 모든 기업은 법인세를 통해 사회에 기여하는 시스템 위에 존재한다. 법인세는 국가재정에 기여하는 중대한 3대 세수 중의 하나이다. 법인세율이 높을수록 기업의 사회 기여도는 높아진다. 예를 들어, 법인세율이 30%면 기업 활동으로 번 이익의 30%를 사회에 환원한다는 뜻이다. 이런 식으로 기업의 사회적 기여분을 우리는 수량적으로 파악할 수도 있고, 세율을 통해 이를 조정할 수도 있다.

이명박 정부의 감세 정책에 대해 우리는 흔히 '부자감세'라고 표현한다. 물론, 대중 선전용으로 보면, 이렇게 의미 전달이 쉬운 용어도 별로 없다. 그러나 우리가 보다 주목해야 할 이명박 정부 감세 정책의 의미는 법인세율 인하 즉, 기업의 사회적 성격을 총체적으로 하향 조정하는 문제이다. 전두환 정권 시절에 37%가 넘었던 법인세율은 이제 20%로 하향 조정될 예정이다. 기업의 사회적 성격이 17% 포인트나 추락한 셈이다.

두 번째로는 주식제도를 통해 기업의 사회적 성격을 높일 수 있다. 우리는

● 복지국가, 경제

'사회적 기업'의 사례를 통해 국가가 기업의 창설 과정에 개입하는 모습을 볼 수 있다. 국가가 민간 기업의 창설에 개입하는 것은 중요한 의미가 있다. 사실 사회적 기업이 아니더라도 국가는 기업의 탄생과 유지에 개입해왔다. 기술보증기금, 산업은행과 같은 기관들을 동원해 기업의 설립과 회생 등을 지원하고 있다.

그런데 한 가지 아쉬운 것은 국가가 이러한 기업의 창설에 개입해서 그 소유권을 분배받는 전략에 대해서는 별로 심도 있는 논의가 진행되고 있지 못하다는 것이다. 만약 국가가 기업의 창설이나 혹은 기업의 위기에 개입해서 그 대가로 해당 기업의 소유권을 주식으로 보상 받는다면 기업은 향후 배당을 통해 국가 재정에 기여하게 된다. 또한 배당 이전에 소유 자체로서 사회적 성격을 갖게 된다. 이것은 전체 기업의 사회적 성격을 높이기 위한 전략으로써 매우 큰 가치가 있는 것이다. 그러나 아직 이런 측면이 주목을 받지 못하고 있다.

사무기기 전문제작 기업인 '신도리코' 같은 기업은 우상기 창업주가 주창한 '3애 정신'이라는 창업이념이 있다. '3애 정신'이란 '나라를 사랑하고, 직장을 사랑하고, 사람을 사랑한다'는 것인데, 이 정신을 구현한 이윤 배당의 원칙이 〈3:3:3:1〉 원칙이다. 여기서 〈3:3:3:1〉 원칙이란 기업의 이윤 전체를 10이라고 가정했을 때, 3을 기업 발전을 위해 재투자하고, 3은 자본가에 배당하며, 3은 종업원에 지급하고, 그리고 나머지 1은 사회를 위한 공익사업에 사용한다는 원칙이다.

여기서 자본가가 가져가는 30% 외에 나머지 70%는 대개 사회적 의미를 지니는 배당이다. 이런 원칙 하에서라면 아무리 민간 영리기업이라도 할지라도 그 기업의 사회적 공헌은 극대화 될 수밖에 없다.

사실 국가는 여러 가지 측면에서 훌륭한 주식 투자자의 자질을 갖고 있다. 우선, 국가는 장기투자의 주체로서 적합한 성격을 갖고 있다. 국가는 단기이익에 그렇게 목을 매지 않는다. 미국 자본주의가 겪었던 큰 문제 중의 하나가 주주들이 단기이익을 추구하기 때문에 전문경영인들이 모두 '당기업적주의자'가 되어 버린다는 것이었다. 이것은 중요한 시스템 상의 문제였다. 장기투자에 대한 회피요인이 되기 때문이다. 그런데 국가는 이런 습성이 없다.

둘째 국가는 안정된 재력을 바탕으로 거대 자본을 동원할 수 있는 능력이 있다. 재정규모 자체도 크거니와 국채 등으로 동원할 수 있는 자본 여력이 어마어마하다.

셋째, 국가는 경영권에 별 관심이 없다. 국가의 기업경영 능력은 전혀 확인된 바 없기도 하고, 개별 기업의 경영권에는 관심도 없다. 단지 법인세를 많이 내면 좋아할 뿐이다. 국가야말로 이상적인 주주라고 할 수 있다. 따라서 이런 국가를 개별 기업이 소유권 분배를 통해 '주주'로 영입하지 못할 이유가 별로 없다. 그러나 쌍용차의 해결 과정에서 보듯이 오늘의 정부는 이런 방식으로 기업의 사회적 성격을 높이는 데 큰 관심을 보이지 않고 있다.

세 번째로는 회계제도를 통해 기업의 사회적 성격을 높일 수 있다. 회계제도를 통해 기업정보를 생산하고 공동 소유하는 것은 중요한 의미가 있다. 정보를 공동 소유하면 기업의 진로에 대한 이해관계자들의 합의를 끌어낼 수 있는 여지가 커지기 때문이다. 앞서 예를 든 신도리코는 회사의 회계장부를 누구나 한 눈에 볼 수 있는 전산시스템이 갖춰져 있다. 직원 누구나 투명하게 경영 내용을 알 수 있고, 세무서조차 이 전산시스템에 들어와 그 내용을 그대로 세금으로 처리할 정도라고 한다.

기업의 사회적 책임론자들은 '기업의 사회적 책임을 어떻게 양적으로 측정하고 판단할 것인가'를 심각하게 고민했던 것 같다. 그들은 국제표준화기구(ISO)를 동원해 새로운 표준을 작성하는 데 골몰했다. 그들은 연구 끝에 ①환경 ②인권 ③노동 ④지배구조 ⑤지역사회 참여 ⑥공정관행 실천 ⑦소비자 이슈 등 7개 분야에 걸쳐 기업의 사회적 책임을 측정하기 위한 지표, 이른바 ISO26000을 개발 중에 있다.

그러나 필자가 볼 때, 기존의 회계기준을 잘 활용하기만 하면 ISO26000이 아니더라도 기업의 사회적 공헌도를 수치로 표현하는 것은 어렵지 않다. 현재 재무제표라고 부르는 것들 중에는 대차대조표, 손익계산서, 이익잉여금처분계산서, 현금흐름표라는 것들이 있다. 그러나 이런 재무제표들은 기업의 재무상태나 손익현황을 볼 수는 있으나 그 기업이 얼마나 사회에 기여했는지는 알 수 없다.

따라서 필자의 생각으로는, (가칭)사회공헌이익 처분계산서 같은 새로운 재무제표를 창설해서 그 기업의 사회기여도를 종합적으로 보여줄 수 있어야 한다. 이는 그리 어려운 작업이 아니다. 어차피 재무제표의 작성이란 이미 계정과목별로 구분된 통계를 재구성하면 되는 것이기 때문이다. 이를테면 임금으로 얼마나 지급했고, 사회봉사로 얼마를 사용했는지 등등, 기업의 사회활동과 관련된 계정과목만 따로 모으면 해당 기업이 얼마나 사회에 공헌했는지를 한 눈에 볼 수 있는 재무제표를 바로 만들 수 있는 것이다.

중요한 것은 기업의 미래다. 지금이 자본주의 사회인 이유는 사회의 모든 혁신을 자본이 주도하고 있기 때문이다. 어쩌면 사회를 바꾼다는 것은 기업을 바꾸는 것이 될지 모른다. 따라서 기업의 형질 변화는 복지국가 전략과도 관련이 깊다.

조세전략과 복지전략은 긴밀히 연관되어 있다. 조세전략이 입구 측 전략이라면 복지구현 전략은 입구에서 확보된 재원으로 일을 벌이는 출구 측 전략이다. 입구와 출구는 서로 긴밀한 전략적 분업으로 연결되어야 한다.

결국 우리는 사회적 기업, 기업의 사회적 책임, 혹은 사회적 기업가 정신, 심지어는 윤리경영에 이르기까지 다양한 개념과 시도들을 통해 기업의 사회적 성격 확대를 추구할 필요가 있다. 또한 조세, 주식, 회계 제도상의 다양한 장치들을 통해 모든 기업의 사회적 성격을 높이는 문제에 대해서도 많은 관심을 기울일 필요가 있다.

● 복지국가, **경제**

기업가 정신이 충만한 사회가 되려면

박종헌 | 칼럼 2009년 11월 30일

　언제부턴가 우리사회에서는 '기업가' 정신이 강조되고 있다. 사실, 이 말은 아주 좋은 것으로, 이명박 정부가 집권 초부터 사용한 '비즈니스 프랜들리'라는 말에서 나오는 '비즈니스' 정신과는 전혀 다른 것이다. 기업가 정신(entrepreneurship)이란 당대의 상식에 기대어 주어진 상황에 만족하는 대신 불확실성에 맞서 창조적 파괴를 과감히 감행함으로써 자신은 물론 조직 전체에 더 큰 열매를 가져다 줄 수 있는 진취적인 도전정신으로 요약될 수 있을 것이다.

　기업가 정신의 구현자라고 하면 정주영이나 김우중 또는 빌 게이츠와 같은 저명한 기업가가 거론되는 것이 일반적이다. 하지만 기업가 정신이 꼭 통상의 기업가들만의 전유물이라고 볼 필요는 없다. 고대 그리스의 과학자 아르키메데스나 신대륙을 발견했던 콜럼부스도 기업가 정신으로 충만했던 사람들이라고 할 수 있다.

　새로 만든 왕관에 금이 아닌 은도 섞였다고 의심을 한 왕으로부터 금관의 진실을 밝히라는 명을 받았던 아르키메데스는 목욕을 하던 와중에 물로 가득 찬 욕조에 들어가면 수위가 올라간다는 사실에 의문을 품음으로써 금관의 구성분을 밝혀낼 방법은 물론 이후 물리학의 발전으로 이어진 '부력의 원리'도 함께 찾아냈다. 이 순간 아르키메데스가 외친 것이 바로 '알아냈다'는 뜻을 가진 '유레카'라는 말이다.

　한편, 콜럼부스는 기존 통념에 맞서는 새로운 발상에 자신의 운명을 건 대표적인 인물이었다. 신대륙의 존재를 확신했던 사람들은 콜럼부스 이전에도 많이 있었으며, 신대륙을 염두에 두고 대 항해에 나섰던 탐험가와 상인들은 예전부터 꾸준히 있었다. 다만, 그들은 신대륙을 찾아 동쪽으로 먼 길을 떠난 결과 인도나 중국을 신대륙으로 착각했거나 아니면 머나먼 항해의 와중에 폭풍우를 만나 선단 전체가 침몰해버리는 비운을 되풀이 했을 따름이었다.

이러한 상황에서 콜럼부스는 "지구는 둥글다"는 당시로서는 검증되지 않은 주장을 근거로, 다른 이들이 가지 않았던 길, 곧 서쪽으로의 항해를 나섰으며, 불과 한 달 만에 신대륙을 발견할 수 있었다. 아르키메데스나 콜럼부스는 좁은 의미에서의 기업가는 아닐지라도 오늘날의 관점에서 보자면 기업가 정신에 부합하는 대표적인 인물이라고 할 수 있다. 기업가의 창조적 사고와 모험은 새로운 기업이나 새로운 업종을 잉태하는 것이 보통이지만, 아르키메데스와 콜럼버스에게서 엿볼 수 있는 기업가 정신은 인류에게 새로운 학문과 새로운 대륙을 안겨주었다는 점에서 우리의 삶을 보다 근본적으로 바꾸어 놓는 원동력이 되었다.

기업가 정신의 긍정적인 가능성을 보여준 최근의 인물로는 무하마드 유누스가 있다. 그는 마이크로 크레딧(microcredit)이라는 새로운 대안적 금융모델을 성공적으로 수행해 노벨평화상을 수상한 인물이다. 유누스는 은행업의 속성상 가난한 사람에게 돈을 빌려주면 적지 않은 손실을 감수할 수밖에 없다는 당대의 통념에 맞서, 방글라데시 농촌지역의 빈곤층 여성들을 대상으로

● 복지국가, 경제

5인 1조의 창업 전용 집단대출 프로그램을 제공해 담보나 높은 신용평점과 같은 안전장치 없이도 지속가능한 대출이 가능하다는 점을 훌륭히 입증해 냈다.

그라민 은행의 이러한 경험은, 사람들의 행동과 성과에 실질적인 영향을 미칠 유효한 수단을 확보할 수 있다면, 시장이나 정부가 해결하지 못한 빈곤 문제를 빈곤층 스스로 해결할 수 있음을 보여준 대표적인 사례라고 할 수 있다. 무하마드 유누스의 실험에는 사고방식의 전환, 기회의 발견, 외부적 충격에 대한 능동적 적응, 조직의 변화 등 오늘날 경영학자나 경제학자들이 기업가 정신의 핵심 요소로 주목하는 주요한 특징들이 들어 있다. 나아가 그의 시도는, 기업가 정신이 '더 많은 돈을 벌겠다'는 물질적 욕망은 물론 '세상을 한층 살만한 곳으로 바꾸겠다' 는 이타적 동기와도 결합할 수 있음을 보여주는 결정적 증거로 해석될 수도 있다.

많은 사람들이 주장하는 것처럼 기업가 정신이 충만한 사회일수록 국민경제의 성장 잠재력도 클 것이라는 점은 분명하다. 또한, 기업가 정신은 외부적 변화에 능동적으로 대응케 함으로써 사회 전체의 신진대사를 원활하게 할 뿐 아니라 끊임없는 자기혁신을 돕기도 할 것이다. 그렇다면, 기업가 정신은 어떤 사회적 조건 속에서 조성될 수 있는 것일까?

여러 가지 조건들이 있겠지만, 자신의 선택이 가져올 결과를 알지 못하는 불확실한 상황에서도 자신의 기량과 운을 걸고 모험에 나설 수 있는 환경을 조성하는 것이 무엇보다도 필요해 보인다. 이를 위해서는 경쟁의 공정성을 확보하고 불확실성의 부작용을 사회적으로 조절하는 것이 가장 중요한 일일 터이다.

시장에서의 경쟁은 출발점에서는 그 결과를 알 수 없는 불확실한 게임이다. 그럼에도 사람들이 경쟁에 기꺼이 나설 수 있는 것은 경쟁에서 승리함으로써 이익을 얻으리라는 기대와 함께 이 게임이 공정하게 진행되리라는 믿음이 있기 때문이다. 이 점에서 절차의 공정성, 출발점에서의 평등은 제대로 된 시장경쟁의 성패를 가름하는 결정적인 조건이라고 할 수 있다.

그러나 우리사회의 경우, 비정규직·중소기업·자영업자 등 사회적 약자에게는 너무 작은 권리에도 너무 많은 책임이 지워지는 반면, 공공부문·대기업·대주주·재벌총수 등 사회적 강자에게는 너무 작은 책임에도 너무 많은 권리가 보장되는 것이 현실임을 부인하기란 쉽지 않다. 이처럼 권리와 책임이 제대로 조응하지 않거나 각 집단 사이에 현저하게 힘의 차이가 있게 된 데에는, 시장에서의 경쟁이 공정한 경기규칙에 의해 진행되지 않은 것도 주요한 원인 중의 하나라고 할 수 있다.

한편, 불확실성은 사람들의 안정적 삶을 어렵게 만드는 위험 요인임이 분명하지만, 동시에 자신의 능력을 한껏 발휘하고 운을 당당하게 시험할 수 있는 기회의 공간을 제공하기도 한다. 불확실성이 갖는 이러한 긍정적 측면은 프리드리히 하이에크나 나이트와 같은 우파 사상가들에 의해 특히 강조가 되었다. 이러한 입장에서 보자면, 불확실성은 변화와 혁신의 열망이 꿈틀거리는 역동적 사회를 가능케 하는 필수불가결한 인간 조건이 된다.

그러나 불확실성 속에서도 사람들이 변화에 능동적으로 대응하고 미래를 적극적으로 개척해 나가는 '역동적 복지국가'가 작동하려면, 삶의 근본적인 안정성이 동시에 확보되어야만 한다. 사람들은 삶의 안정성이 어느 정도 확보되었을 때에야 비로소 변화와 구조조정, 나아가 혁신에 기꺼이 동의하고, 이 과정에 적극적으로 참여하게 되는 존재이다. 이를 위해서는 공공제도의 역할이 매우 중요하다.

공공제도란 시민과 정부의 상호협력 속에서 진화해가는 집합적 주체로서, 개인들에 비해 보다 많은 지식에 근거해 인간 사회 속의 복잡성이 낳는 부정적인 사회적 효과를 치유할 수 있을 뿐만 아니라 특수 이익과 일반 이익 사이의 갈등을 뛰어넘어 사회의 공공선을 달성하는 데 기여한다. 이 점에서 보편적 복지제도의 중요성은 아무리 강조해도 지나침이 없을 것이다. 시대와 장소에 따라 그 구체적인 모습은 다르겠지만, 잘 발달된 보편적 복지제도는 시장에서 실패하더라도 다시 재기할 수 있는 기회를 모든 구성원들에게 제공해 줌으로써, 두려움 없이 변화와 혁신을 추구하는 창의적이고도 활력 있는 사람들로 가득 찬 역동적인 사회의 결정적인 전제 조건이 될 것이다.

더욱이 기업가 정신이 사회의 역동성을 높이는 반면 경제의 불평등을 높이는 결과를 초래할 가능성이 높다. 따라서 기업가 정신이 그 순기능을 계속해서 발휘할 수 있도록 하기 위해서도, 승자가 획득한 자원 중 일부를 패자에게

재분배함으로써 이들이 인간으로서의 품위를 지키고 새로운 도전의 기회를 얻을 수 있어야 한다. 성장과 복지 사이의 제대로 된 균형이 세워지려면, 무엇보다도 승자로 하여금 자신의 성공이 스스로의 노력이나 실력에 더해 운과 사회 전체의 도움에 힘입은 것이라는 점을 납득시킬 수 있어야 할 것이다.

복지국가
노동과
사회복지

지역복지에 우선순위를 둔 지역정치인이 필요하다

이용재 | 칼럼 2009년 10월 26일

　2010년 민선5기 지방자치단체장을 뽑는 선거가 예정되어 있다. 지방자치제도가 제대로 기능하기 위해서는 지방자치단체의 기능이 명확하게 정립되어 있어야 한다. 즉, 지방정부가 중앙정부의 사업을 수행하는 단순한 집행기관의 위상에서 탈피하여 지역 내 필요사업에 대해 독자적으로 정책을 개발하고, 지역주민의 복지를 증진시킬 수 있는 서비스를 효과적으로 공급하는 능력을 갖추어야 한다. 지방자치단체가 제 기능을 수행할 수 있도록 하는데 지방지차단체장의 역할이 절대적인 만큼, 이를 성실히 수행할 수 있는 사람을 뽑는 일은 지방자치제도와 지역사회복지의 발전에 매우 중요한 일이다.

　지난 1995년에 도입되어 15년이 된 지방자치제도이지만 지역주민이 느끼는 편익이 매우 적다는 평가가 많다. 선거를 앞두고 사회복지를 포함한 많은 공약을 제시하지만, 재선에 도움이 될 만한 가시적인 효과가 큰 사업을 중심으로 추진하다 보니, 어려운 지역주민의 삶을 돌보고 살피는 일에는 소홀한 실정이다. 홍보 효과가 큰, 가시적인 볼거리를 제공하는 개발 사업에만 막대한 재정을 투자하고, 지역주민의 삶과 관련이 깊은 사업들은 오히려 뒷전으로 밀려나고 있는 것이다.

　지방자치제도 실시 이후, 언론과 대중의 관심을 크게 받지 못 하는 복지 분야에 대한 지방자치단체의 관심과 투자는 매우 부족하다. 지역주민을 위한 복지사업은 지역개발사업에 비해 사업규모가 적어서 적은 비용이 소요됨에도 불구하고, 지방자치단체 사업의 우선순위에서 밀려나고 있는 것이다. 그나마 재정여력이 있는 지역의 경우에는 후 순위라도 사회복지분야에 투자하지만, 재정여력이 없는 지역의 경우 정부지원 사업 외에 자체 복지사업은 거의 추진하지 못하고 있는 실정이다. 때문에 재정여력이 있는 지역이 그렇지 못한 지역에 비해 복지에 대한 투자를 많이 할 수 밖에 없다. 이런 이유로 지역 간 복지 관련 지표의 불평등은 매우 크다.

통계청 자료로 75개 시 지역의 2007년 기준 일반회계 중 사회복지(사회보장) 예산이 차지하는 비율을 비교해 보면, 사회복지에 가장 많이 투자하는 시(26.83%)와 가장 적게 투자하는 시(10.21%) 간의 격차가 2.5배로 매우 큼을 알 수 있다. 군 지역과 구 지역을 포함할 경우 그 격차는 더 커질 것이다.

사회복지시설의 지역 간 격차도 심각하다. 인구 10만 명당 사회복지시설 수는 가장 많은 시(20.77%)와 가장 적은 시(1.28%)의 격차가 무려 16배 이상이다. 유아 천 명당 아동보육시설의 경우 수가 가장 많은 시(21.7%)와 가장 적은 시의(7.34%)의 차이가 3배이고, 노인 천 명당 노인여가복지시설 수도 가장 많은 시(20.81%)와 가장 적은 시(2.71%)의 차이가 7.7배나 된다. 최근 저 출산 극복을 위해 지역마다 추구하고 있는 출산장려정책들도 지방자치단체 별로 그 수준과 내용이 천차만별이다.

지방자치단체 간 복지수준의 격차를 해소하기 위해서는 지방자치단체 스스로의 복지 분야에 대한 관심과 투자, 중앙정부 차원의 복지격차 해소를 위한 적극적인 지원이 필요하다. 지방자치단체 스스로 사회복지 예산의 적정성을 아동, 노인, 장애인 등 분야별 수요에 따라 구체적으로 평가하고, 그 결과에 따라 사회복지 예산수준을 높여 나가야 한다.

　사회복지시설이나 기관의 수가 부족한 지역은 필요예산을 확보해 전국평균 수준 이상으로 시설을 개설해야 하고, 자치단체가 할 수 있는 복지사업들을 적극적으로 발굴하고 시행하는 일도 추진해야 한다. 이를 위해서 지방자치단체는 중앙정부의 사업을 수행하는 단순한 집행기관의 위상에서 탈피하여, 지역주민의 복지수요에 기반해 독자적인 복지서비스를 개발하고 제공해야 한다. 지방정부가 스스로 사회복지 수요를 발굴할 수 있는 모니터링 체계를 갖추고, 지역 민간단체와 적극적인 파트너십을 구축해야 한다. 이를 위한 예산과 담당부서도 마련해야 한다.

　중앙정부도 복지수요는 많으나 복지시설이 부족한 지역을 중심으로 복지서비스를 충분히 제공할 수 있도록 재정을 우선적으로 지원해야 한다. 예컨대, 장애인 인구가 타 지역에 비해 많으나 관련 시설이 부족한 지역에 대해 장애인 복지 관련 재정을 차별적으로 많이 지원해야 한다. 그래야만 지역 간 복지수준의 격차를 줄일 수 있게 된다.

　분명한 것은, 사회복지서비스 공급의 주체가 지방정부 내지는 지역사회 중심으로 체질 변화가 요청되고 있다는 점이다. '사회복지의 지방화'가 필요한 것이다. 경제성장과 민주화로 사회복지서비스 수혜계층이 요구하는 바가 점차 폭넓고 다양해지는 경향 속에서 중앙정부가 이러한 새로운 도전에 대응하는 데 한계가 있음이 드러나면서, 보다 지역화된 사회복지체계가 필요하게 된 것이다. 즉, 지역주민의 복지욕구 변화에 따른 행정과 재정 수요의 변화에 보다 능동적으로 대처하기 위해서는 지방정부의 사회복지 기능이 더욱 강화되어야 한다는 것이다.

지방자치단체 차원에서 시급히 추진해야 할 사회복지사업은 매우 많다. 우선, 지역사회복지 수요의 상시적 모니터링과 복지서비스의 지역성 강화가 필요하다. 이를 위해서 지역 내 사회복지서비스가 필요한 위험집단에 대한 상시적인 복지수요 파악과 맞춤형 복지서비스의 제공이 필요하고, 이를 수행할 수 있는 전담인력 구성이 필요하다. 예컨대, 장기간 건강보험료를 체납하고 있는 지역주민을 대상으로 기초생활보장제도 혜택을 받을 수 있는 지를 확인하고 필요한 각종 사회복지서비스를 연계해 주어야 한다.

지역별 복지수요에 따라 적정예산을 확보할 수 있도록 하는 것도 중요하다. 지역 내 아동, 노인, 장애인 등 복지수요와 그 변화를 파악하고, 복지수요 증감에 따라 관련 복지예산을 연동해 변화시킬 수 있어야 한다.

지역 간 균등한 복지인프라 확보는 매우 시급한 과제이다. 중앙정부 차원에서 복지인프라가 제대로 구축되어 있지 않은 지역을 우선 인프라 구축지역으로 선정하고 지원해야 한다. 지역사회 내 노후 사회복지시설의 개선도 함께 추진되어야 한다. 많은 사회복지시설들이 낙후된 시설과 장비로 운영되고 있다. 이는 제공되는 서비스 질과 직접적인 연관관계가 큰 만큼 빠른 개선이 필요하다.

　한편, 지역사회의 좋은 일자리 창출은 지역 빈곤문제를 해결하고 지역경제를 활성화하기 위해 매우 중요한 일이다. 이를 위해 지역사회의 다양한 사회서비스 영역을 발굴하고 취약계층에게 사회적 일자리를 제공해야 하며, 지역사회의 현실에 맞는 독특한 사회적 기업을 인큐베이팅 해야 한다. 빈곤주민을 위한 긴급지원제도나 국민기초생활보장 수급자에 대한 추가지원제도와 같은 별도의 소득보장제도의 마련도 필요하다.

　내년이면 새로운 지방자치단체장을 선출하게 된다. 급격한 지역사회 내 복지수요의 증가로 지방자치단체의 역할 강화가 요구되는 상황에서, 지역 내 어려운 이웃을 돌아보고 살펴줄 수 있는 정책을 말하고, 실제로 이를 추진할 열정이 있는 사람을 뽑아야 할 때가 온 것 같다. 이제는 제대로 투표해야 한다. 지역 주민들에게 보편적으로 요구되는 사회서비스를 과감하게 제공할 사람, 우리 지역을 더불어 행복한 복지공동체로 만들어줄 사람, 소외된 지역주민의 아픔을 함께 나눌 수 있는 사람, 그래서 지역 수준에서 복지국가의 꿈을 꾸어 볼 계기를 마련해줄 그런 사람이 필요하다. 우리는 그런 사람을 뽑아야 한다. 그래서 민주주의와 복지는 결국 우리 손에 달려 있는 것이다.

● 복지국가, 노동과 사회복지

내가 겪어본 복지국가 스웨덴

변광수 | 칼럼 2009년 9월 28일

일찍이 1932년부터 집권한 스웨덴 사민당은 시장 친화적 경제정책과 평등주의적 분배정책을 동시에 추구하여 오늘날 전 국민의 고용·보육·교육·건강·노후생활까지 책임지는 보편적 복지국가를 건설하였다. 나아가 노사관계, 삶의 질, 환경, 양성평등, 투명성 분야에서도 세계를 선도하고 있다.

노인과 장애자의 낙원

필자가 1968년 스웨덴에 입국하여 받은 충격적인 첫 인상은 '이 나라에는 왜 이렇게 노인과 장애자들이 많은가', 우리 한국에는 별로 없는데 하는 것이었다. 한참 뒤에서야 알게 된 사실이지만, 길거리에 나온 노인들은 아이들과 자녀들이 모두 학교와 직장으로 나간 텅 빈 거리를 퇴직한 노인 부부들이 한가롭게 장도 보고 산책하고 있는 모습이었고, 휠체어를 탄 장애자 역시 여유롭게 볼 일 보러 시내에 나온 사람들이었다. 한국에도 정신, 지체 장애자는 많이 있었지만, 이들의 외출을 배려하는 편의시설이 전무한데다 가정에서조차 장애자를 가문의 수치로 생각하고 집안에서 연금 상태로 살아가게 한 탓이었다. 장애자에 대한 인권 차원의 배려는 집밖에서나 안에서나 전혀 없던 시대였다.

스웨덴의 장애자 정책은 시설에서 편안한 숙식만을 제공하는 데 그치지 않고 개개인의 능력에 걸맞게 사회생활 적응 훈련도 병행한다. 오전 중 한가한 시간대에 백화점 같은 대형 상점에 가면 정상인과는 좀 다르게 보이는 사람들이 10여 명씩 떼 지어 다니며 이것저것 물건도 고르고 계산대 앞에서 자기 지갑을 꺼내 계산하는데, 그 동작이 서툴고 굼떠 보인다. 물론 옆에는 이들을 돕는 도우미가 있다. 바로 정신장애자들의 사회적응 훈련의 한 장면이다. 놀라운 것은 계산대 여직원의 친절한 협력적 자세뿐만 아니라, 뒤에서 순서를 기다리는 일반 손님들의 이해와 인내심을 통한 배려하는 마음이다. 어느 누구 하나 '빨리 빨리'하며 짜증스런 표정을 짓지 않는다. 자기보다 못한 이웃에 대한 공동체 정신의 발로라고 여겨지는 순간, 진정한 인도주의 사회란 바로 이런 곳이구나 하며 감탄하지 않을 수 없었다.

한편, 노인들에 대한 예우에 있어서도, 한평생 국가와 사회의 발전을 위해 봉사하다가 정년을 맞았으니 여생을 편히 쉬시라고 65세 이상의 모든 노인에게 연금이 지급되며, 이를 토대로 1960년대에 이미 실버타운 수준의 양로원을 마련해주었으니, 이만하면 노인 천국이라 할 만하지 않는가. 부모와 조상에 대한 효도의 개념도 잘 모르는 스웨덴 사람들이 이렇게 사회제도를 개혁하는 동안, 효도를 인륜의 근본으로 받들어 온 우리네 노인들에 대한 예우는 오늘날 어떠한가?

늙어서도 공부하는 평생교육

반세기 전부터 스웨덴에서 교육은 개인의 권리처럼 인식되어 왔다. 대학원에 이르기까지 모든 공교육은 국비로 충당하므로 개인은 선택한 분야에서 공부만 열심히 하면 된다. 직장생활을 하다가도 부족한 분야를 재충전하고 싶으면 언제든 휴직을 신청하고 대학 또는 전문학교에 가서 공부한 후 복직할 수 있도록 제도화되어 있다. 휴직 후 공부하는 분야가 직무와 직접 관련이 되면 봉급의 90%, 절반 이상 유용하면 70%를 받아 생활비로 충당하고, 전혀 무관하면 봉급 지급은 없는 대신에 정부의 대여 장학금을 받는다.

그 밖에도 다양한 평생교육제도가 있는데, 정부가 인가한 10여 개의 성인교육협회(Studief?r-bundet)가 주관하는 학습 동아리들이 주류를 이룬다. 과목별로 5명 이상의 수강생이 있으면 정부의 보조를 받을 수 있고, 분야는 IT, 경제, 외국어, 일반사회, 국제관계를 비롯해 음악, 연극, 수예, 회화 등 다양하며, 실기 위주의 인기과목은 학습과 함께 취미활동을 겸한다. 활동 운영비는 정부와 광역/기초 지방자치단체가 지원하며 참가자는 실비 위주의 저렴한 수강료를 낸다. 1977년 전국 289,000개의 각종 동아리에 참가한 성인 학생은 270만 명이나 되었고, 그 중의 절반이 여성이었다. 스웨덴 인구 800만 명 중 성인인구(20~67세)를 약 500만 명으로 추산할 때 성인들의 절반 이상이 어떤 형식으로든 공부를 하고 있는 셈이었다.

탁아소 식당에서 장기간 요리사를 하던 한 할머니에게 이제 정년퇴직을 하면 심심해서 어떻게 지내느냐고 물으니, 자기는 바로 영어 동아리에 참가하여 영국에 가면 말이 잘 통하지 않던 문제를 해결할 셈이라고 기대에 차 있었다. 부엌에서 함께 일하던 보조 할머니에게도 똑같은 질문을 하니, 자기는 평소에 숫자 계산에 재미를 느끼니 회계나 경영 쪽의 공부를 하고 싶다고 대답했다. 이처럼 동아리 학습의 참가자들은 65세 이후의 퇴직 노인들이 대다수인데, 훌륭한 예방의료 덕분에 이들은 퇴직 후에도 왕성한 활동이 가능하다. 수업은 직장인을 고려하여 주로 야간에 실시된다.

대표적인 학습 동아리는 1912년에 발족한 노동자교육협회(ABF)로 사회민주당, 전국노총, 소비자협동조합이 협회 활동을 지원하고 있다. 발족 당시 노동자 계층에는 정규교육을 받지 못한 사람들이 많아서 이 학습 동아리의 역할은 괄목할만한 것이었다. 이러한 시민교육의 기원은 문맹률이 꽤 높았던 1800년대 말 마을 주부들이 초롱불을 켜들고 이 마을에서 저 마을로 야간 독서회를 운영하던 시기로 거슬러 올라간다. 오랜 전통을 자랑하는 성인들의 동아리 학습은 국민 일반의 교양 수준을 높이는 한편, 스웨덴 민주주의를 발전시키고 수호하는 원동력이 되어 왔다.

깨어 있는 주인에 부지런한 머슴

민주국가에서 국민은 주인이요, 공직자는 국민의 공복이요 머슴이라고 한다. 주인과 머슴의 관계는 상대적이라서 주인이 똑똑하면 머슴을 잘 부리게 되고, 주인이 어리벙벙하면 약삭빠른 머슴은 주인을 골리고 자기 잇속만 챙기려든다. 그래서 주인은 항상 깨어있는 자세로 감시 감독의 임무를 소홀히 해서는 안 된다.

구체적으로, 선거를 통해 국민으로부터 국정을 위임받은 정치인들이 대 국민 약속을 제대로 이행하는지 아니면, 잔꾀를 부려 국민을 기만하려드는 것은 아닌지, 평소에 정확히 평가하고 기억해 두었다가 매 4년마다 찾아오는 심판의 날, 총선에서 엄정한 심판을 내려야한다. 그 동안 일을 잘 했으면 재신임의 상을, 못했으면 정권교체라는 벌을 내리는 것이 대의제도의 핵심이다. 투철한 주인의식과 올바른 판단력을 가지고 주인 행세를 제대로 하는 국민 중의 하나가 스웨덴 사람들이다. 그들의 주권재민 의식이 얼마나 철저한가는 총선 참가율이 90%대를 유지하는 것으로 증명된다(1976-92%; 2006-87%).

그러니 수상으로부터 장차관의 고위직 공무원과 국회의원들은 항상 국민을 두려워하고 눈치를 살피지 않을 수 없다. 옷차림이나 언행은 물론, 주택구조에 이르기까지 주인의 눈살을 찌푸리지 않도록 주의를 게을리 하지 않는다. 그러니 요즘 우리사회에서 시끄럽기만 하지 좀처럼 실천되지 않는 노블레스 오블리주(고위지도층의 도덕적 의무) 같은 것은 아예 문제도 되지 않는다. 이와 같은 확고한 주인의식의 토양은 학교교육과 평생교육을 통해 쌓인 높은 정치의식과 교양수준에서 배태되었다고 할 수 있다. 여기에 국익과 국민의 편에 서서 항상 공정하고 불편부당한 정론을 이끌어가는 언론의 역할이 크게 기여하고 있다. 아무리 보수성향의 신문이라도 최소한 합리적 논조의 틀을 벗어나지 않으며 자사의 이익이나 특정계층의 이익을 옹호하고자 사실을 왜곡하여 국민의 판단을 헷갈리게 하는 일은 결코 있을 수 없다. 국민들의 높은 정치의식이 그런 사이비 언론은 용납하지 않기 때문이다.

출세욕 없는 사람들?

경쟁이 불가피한 일부 업종을 제외하면, 스웨덴의 보통 사람들은 거의 모두가 마음을 비운 것같이 보인다. 남보다 더 많은 돈, 더 높은 지위, 더 좋은 집, 더 화려한 옷, 더 좋은 대학 입학을 쟁취하고자 불꽃 튀기는 경쟁이나 이글거리는 탐욕 같은 것이 드러나 보이지 않는다. 특히 자녀에 대한 투자, 궁극적으로 내 자식의 출세를 위한 물불 가리지 않는 총력전은 아예 상상도 못한다. 스웨덴의 모든 교육은 정규학교의 공교육으로 끝나며, 남보다 더 높은 점수를 얻기 위한 사교육이라는 것이 없다. 그래도 국가가 필요로 하는 인재를 양성하는 데는 부족함이 없다. 그러면 우리나라의 가히 망국적이라고 할 사교육은 왜 이렇게 과열되고 있는가? 한마디로 내 자식을 이 사회의 상층부로 올려놓겠다는 불굴의 집념 때문이다. 그렇다면 왜 상층부를 향해 끝없이 질주하는가?

스웨덴 사회를 거울삼아 생각해보면, 우리나라에는 모든 권력과 부가 상층부에 집중되어 있으며, 특히 권력의 힘이 공적 영역보다 사적 영역에서 더 큰 영향력을 발휘하고 있다. 단적으로 청와대 청소부에게까지 권력의 연줄을 대어보려는 시도가 우리 주변에서 일어나고 있지 않는가. 그런데 스웨덴은 우리와 똑같은 민주사회라 하지만, 모든 권력이 고루 분산되어 있어서 상층부라도 힘을 쓸 수가 없다. 물론 국가권력을 행사하는 장차관, 국회의원, 공무원들에게 막강한 권력이 주어진 것은 사실이다. 하지만 그들의 권한 행사는 법령과 규정에 따라 자기에게 위임된 공무를 집행할 때만 유효한 것이지 공적 업무의 성격을 벗어나 사적인 이해관계를 위해서는 말 한마디 부탁할 수 없는 것이 그 나라 관료사회의 관행이요 분위기다.

그러기에 모든 법 규정은 구체적이고 명확하여 공무 집행자의 자의적 해석이나 임의적 판단의 여지를 허용하지 않고 있다. 따라서 국민 개개인은 법에 의해 자기의 권리를 보호 받고 또 행사할 수 있다. 그러니 높은 자리에 올라가 보았자 고율의 세금을 제외하면 소득도 크게 늘지 않고, 벅찬 업무와 책임감만 뒤따르며, 청탁이 불가능하니 부수입도 없다. 스웨덴은 국제투명성 조사에서 상위에 속하는 국가로 공무원의 부정비리가 없는 투명하고 깨끗한 나라이다. 이쯤 되면 자식의 출세가 실속은 없어도 가문의 영광이라도 되지 않는가 하겠지만 스웨덴에서는 그 마저 이미 사라진 전근대적 가치관에 불과하다.

한편, 우리나라는 반세기 전과 비교할 때 권력의 사적 남용이나 영향력이 많이 줄어들었지만, 스웨덴 관료사회의 원리원칙주의 관행에 비하면 아직도 요원하다. 지난 10년간 이 땅에 민주화가 많이 진척되었다고 하지만 일반 국민의 위법행위는 엄격히 처벌하면서 고위공직자 후보의 범법행위는 사소한 허물이나 실수로 간주하고 넘어간다면 어느 누가 권력의 자리를 부러워하지 않고 상층부 진출을 마다하겠는가. 무릇 민주국가의 성숙도를 측정하는 잣대의 하나로 권력의 사유화를 들 수 있는데, 이것이 엄격히 통제되어 있는 나라는 법치주의가 살아있는 정통 민주국가이며, 공권력의 사적 남용이 심한 나라는 후진국가 내지는 사이비 민주국가이다.

그렇다면 돈도 출세도 명예도 그리 대수롭지 않게 여기는 스웨덴 사람들은 무슨 희망과 욕망으로 이 세상을 살아가는지 궁금하지 않을 수 없다. 그것은 이미 반세기 전에 제도화한 국가의 포괄적 복지제도 덕분에 개개인은 자기가 선택한 직장에서 하루 8시간 열심히 일하며 가족과 함께, 이웃과 함께 평화롭게 살아가는 것이 삶의 보람이며 행복이라고 여기는 것 같다. 말하자면, 사회정의가 강물처럼 도도히 흐르니 그곳에는 약자의 억울함도 강자의 오만함도 없이 모두가 나라의 주인으로 자기 일에 충실하며 겸허하고 소박한 자세로 살아가는 것이다. 우리가 추구하는 한국형 '역동적 복지국가'의 모습도 이와 크게 다르지 않을 것이다.

● 복지국가, 노동과 사회복지

스웨덴 복지 vs 한국 복지

이태수 | 길밖 2009년 9월 21일

"스웨덴에서 다섯 명의 자녀를 둔 직장 여성은 매월 103만원의 아동수당을 받고, 어린이집을 거의 무료로 이용하며, 7년 6개월간 월급의 80%를 받으면서 육아휴직을 사용할 수 있다."*

스웨덴복지의 현 수준을 보여주는 대목이다. 한국의 경우는?

아동수당은 아예 없다. 2006년경 노무현정부에서 국무총리가 주도하여 노·사·정·시민사회가 모여 사회적 합의기구인〈저출산·고령사회연석회의〉를 만들어 이 제도의 도입을 논의하였으나 예의 '재정조달'의 어려움으로 실제적인 도입 결정을 끌어내는 데 실패한 쓰린 경험만을 갖고 있다.

육아휴직도 부실하기 그지없다. 스웨덴이 80%의 급여를 받으며 390일을 쓰고 나머지는 1일 정액으로 다시 90일을 사용하게 되어있는 데 비해, 우리는 육아휴직이 산전후 휴가를 포함하여 1년이다. 산전후 휴가 90일 동안은 월급을 받지만 나머지 기간은 50만원의 정액을 받는다. 그러나 결정적인 것은, 스웨덴의 휴가일수는 노동일수를 기준으로 한 것이며 우리는 단순한 월력에 따른 것이어서 스웨덴의 실제 휴가일수는 더욱 길다.

따라서 위에서 본 것처럼 5명의 아이를 출산한 경우 물경 7년 6개월이나 휴직을 할 수 있었던 것이다. 나아가 스웨덴은 배우자 중 한사람(주로 남성)이 60일 이상을 반드시 사용하게 되어있다. 이른바 남성강제휴가사용제이다.

* 박승희 외, 『스웨덴 사회복지의 실제』, 양서원, 72쪽.

이뿐인가? 스웨덴에서는 아동이 12세가 되기까지는 60일간의 아동간병휴가를 받을 수 있다. 이때 월평균소득의 80%에 해당하는 급여가 지급된다. 대한민국은? 물론 존재하지 않는다. 스웨덴에서는, 이혼 시 양육비를 지급하기로 한 부모는 이를 반드시 지급해야 하며, 이를 이행하지 않을 경우, 월 17만원 정도의 양육비를 국가가 먼저 지급하고 추후에 징수한다. 한국은? 최근에 양육비 지급을 합의하지 않으면 이혼을 허락지 않는 제도를 겨우 도입했을 뿐이다. 이혼을 부부만의 문제가 아니라 아이들의 문제로 보는 전환의 시발점에 서 있을 뿐이다. 물론 이 부분에서 국가의 재정적 역할은 없다.

또한 스웨덴에 살고 있는 장애인과 노인들에 대한 사회보장제도의 현실은 다음과 같이 표현되고 있다.

"43세의 다운증후군 장애인은 24시간 도우미의 보호를 받으며 그룹 홈에서 생활하고 주간보호소 등으로 출근하며, 월 122만원의 수당을 받는다."*

"스웨덴의 거의 모든 노인은 무상으로 치료를 받고 있으며, 매월 82만원~926만원상당의 복지급여를 받는다."**

우리나라 장애인과 노인의 현실은 역시 비교도 되지 않는다. 장애인의 경우, '중증 빈곤 장애인' 49만 명에게 월 13만원씩을 지급하는 것이 그나마 다행이다. 최근 바우처 제도를 통해 부분적으로 도우미 서비스를 받을 수 있고, 장애인 연금이나 장애인 장기요양보험은 논의의 시작 단계이다.

* 앞의 책 94쪽. ** 앞의 책 108쪽.

우리나라에선 2007년부터 기초노령연금이 발동되어 현재 70%의 노인에게 최대 8만7천원에 해당하는 급여를 지급하지만, 그나마도 소득수준에 따라 6만, 4만, 2만 원 등 차등적으로 지불되고 있을 뿐이다. 장기요양보험은 노인 인구의 3.9%에게만 적용될 뿐이다.

2004년 실시된 노인실태조사에 의하면, 공적연금에 의해 안정적인 연금급여를 받는 노인들은 13.9%, 결국 노인가구 중 빈곤선 이하가 37.3%에 달한다. 이로써 1인당 국민소득 2만 불의 대한민국에 살고 있는 노인들의 현 주소는 이른 아침 출근길 지하철에서 선반 위에 놓인 무가지를 회수하기 위해 펴지지 않는 허리와 팔을 겨우 뻗고 있는 모습으로 함축된다.

그러나 결국 이러한 차이는 결과 자체의 차이라기보다는 본질적으로 두 나라의 사회정치적 기반의 차이에 있다.

스웨덴의 사무직노조(TCO)는 스웨덴 모델에 대해 매우 확신에 찬 언급을 하고 있다. 즉, 스웨덴 모델은 결코 "무모한 모델은 아니"라는 것인데, 모든 정치 집단들이 동의하여 작동하고 있는 스웨덴 모델이란 네 개의 축으로 구성되어 있단다. 첫째, 강력한 노조, 둘째, 유연한 노동법, 셋째, 노동시장과 가족에 대한 사전 예방적 정책, 그리고 넷째, '보편적인' 복지제도가 그것이다. 이것으로 인해 스웨덴은 높은 교육수준, 협력적 관계형성에 대한 사회적 수용, 높은 기술력, 평등한 기회, 투명성을 지닌 공공부문, 견고한 사회기반시설, '우수한' 복지제도, 상대적으로 적은 사회적 격차 등등이 확보되었고, 이것이 스웨덴의 힘으로 자랑되는 것이다.

한국에선 복지국가의 건설을 위한 기반이 아직 멀기만 하다. 노조의 존재는 성장저해 요인으로 치부되고 있고, 해고의 유연성은 있지만 고용의 유연성이나 실업에 대한 안전망은 부재하다. 보편적 복지제도 역시 유별난 복지병에 대한 우려와 성장제일주의의 그늘에 가려 탄력을 받지 못하고 있다.

무엇보다도 한국에선 복지국가의 추동세력이 명확치 않다는 것이 복지국가 미래에 있어 가장 우려스런 점이다. 노조도, 정치권도, 건전한 시민사회세력도 아직 복지국가 의제에 대해 그리 예민하지도, 높은 우선순위를 두지도 않은 채, 복지정치의 허약한 기반은 상당 정도 지속될 가능성이 있다.

이명박 정부가 미국식 권능형 복지국가(enabling welfare society)로 치달으며, 한국 복지제도의 골격을 민간 중심으로, 잔여주의적으로 더욱 공고히 할 가능성이 농후하다지만, 이에 대한 강력한 견제 세력이나 대안제시 세력도 뚜렷하게 부상되어 있지 않다.

결국 한국 복지국가의 미래는 이러한 미진한 여건 속에서 어떻게 복지국가의 추동세력들을 규합하며, 국민의 의식 속에 복지의 중요성을 각인시켜 나가느냐에 달려 있다. 스웨덴 모델의 역사가 하루아침에 만들어진 것은 아니라고 위안할 수 있지만, 우리에겐 20세기와 21세기의 모순이 한꺼번에 존재하는 상황에서 서민의 삶이 붕괴되는 정도는 매우 심각하기에 마냥 시간을 방류시킬 수는 없다.

스웨덴 모델과 한국 모델의 차이는 결과에 있어서 보면 매우 크지만, 결국 좁혀보면, 복지국가 추동세력의 유무에 있다고 볼 수 있다. '결과의 차이'를 보지 말고 '차이의 원인'을 보는 지혜가 요구되는 이유가 여기에 있다. 이제 한국형 복지국가 그 자체와 복지국가 정치세력을 포함한 모든 복지국가 추동세력에게 국민적 관심과 힘을 모아줄 때가 된 것이다.

용산 철거민 참사와 통합적 리더십의 필요성

문진영 | 칼럼 2009년 2월 4일

2009년 1월 20일 새벽, 대책 없는 철거에 항의하며 생존권을 주장하던 철거민 5명과 경찰 1명이 화마에 아까운 목숨을 잃은 대형 참사가 일어났다. 사건의 직접적 원인을 둘러싸고 정부와 철거민 간의 논쟁이 계속되고 있음에도 불구하고, 이번 참사는 산업화와 민주화를 성공적으로 달성하여 이제는 인권이 존중되는 문명사회에서 살고 있다는 우리사회와 국민들의 자부심을 일거에 깔아뭉개며, 우리사회가 70~80년대 군사독재 시절로 회귀하고 있다는 강한 우려를 낳기에 충분한 것이었다.

현 정부는 집권 초기부터 조짐이 좋지 않았다. 평화로운 촛불 시위를 전경들의 군화발로 진압하고 그것도 모자라 중단 없는 촛불 색출의 의지를 밝힐 때부터, 공정방송을 외치는 언론인들을 연행하고 탄압할 때부터, 일제고사의 문제점을 지적하며 야외학습을 허용한 선생님들에게 파면과 해직이라는 중징계로 대응할 때부터, 자유로운 의사표현을 생명으로 하는 인터넷 광장에 족쇄를 채울 때부터, 다수당의 힘만을 믿고 쟁점법안 통과를 일방적으로 밀어 붙일 때부터, 이번 참사는 공안·철권통치가 부른 예견되었던 참사인지도 모른다. 현 집권층의 독선과 오만이 '법질서 유지'라는 이름으로 포장되어 강경일변도로 치달은 결과에 다름 아니다.

이명박 정부가 들어선 지난 1년을 돌이켜보면, 정치권은 말할 것도 없고, 노동, 교육, 언론, 문화계 등 우리사회 곳곳에서 편이 갈리면서 서로를 공격하고 반격하는 파열음으로 단 하루도 편한 날이 없었다고 해도 과언이 아니다.

게다가 집권 초반기 연이은 실정으로 경제는 마이너스 성장을 기록하면서 (2008년 상반기), 연 7% 경제성장을 통해서 국민소득 4만 불을 달성하여 7대 경제 강국으로 도약하겠다던 747 공약(公約)은 말 그대로 공약(空約)이 되고 말았다. 이러한 극심한 경제위기의 여파로 문을 닫는 기업들이 늘어가면서 실업자들이 양산되고 빈곤인구는 기하급수적으로 늘어가고 있다. 중산층은 붕괴되고 서민들의 생활고는 날이 갈수록 심해지고, 사회에 첫발을 내딛는 젊은이들의 얼굴에는 미래에 대한 희망보다는 88만원 세대의 어두운 그림자가 짙게 드리워져 있다. 이러한 암울한 시기에 설상가상으로 일어난 용산 철거민 참사는 우리에게 씻을 수 없는 깊은 상처를 주었다.

역대 대통령 선거사상 최고의 지지율 격차를 보이며 탄생한 합법정부에서 왜 이런 일들이 벌어지고 있는지, 도대체 어디서부터 무엇이 잘못되었기에 우리사회가 이 지경에 이르게 되었는지 답답하고 안타깝기 그지없다. 모든 잘못을 현 정부에게만 돌리는 것 또한 바른 태도는 아니지만, 그래도 현재의 난국을 앞장서서 돌파할 수 있는 주체는 국민들로부터 권력을 부여받은 정부이기에, 그래도 우리 국민들이 최후에 믿고 기댈 수 있는 언덕은 정부가 되어야 하기에, 간곡하게 부탁드린다. 제발 70~80년대의 일방통행식의 통치로부터 벗어나, 역지사지(易地思之)의 자세로 결자해지(結者解之)하는 모습을 보여주기 바란다. 제발 자신과 생각이 다르다는 이유로 상대방을 적으로 규정하여 패퇴시키려 들지 말고, 이들과도 진지한 대화에 나서는 포용의 리더십을 보여주기 바란다. 여기가 이민족 간에 대를 물려가며 싸우는 가자지구가 아니지 않은가.

지금 미국에서는 제44대 대통령 버락 오바마의 시대를 맞아, 통합과 변화, 그리고 우리도 할 수 있다(yes, we can)는 희망의 메시지를 따라, 금융위기로부터 촉발된 신자유주의 경제위기를 극복하기 위해 신 뉴딜정책이 강력하게 추진되고 있다. 그런데 이명박 정부는 정확히 이와 반대로 가고 있다. 더 많은 시장과 경쟁, 부자감세와 규제완화만을 외치고, 정치사회적으로는 분열과 반목을 양산하며, 민생의 도탄에 빠진 서민들에게는 '법질서의 유지'만을 반복적으로 강조하고 있다. 오바마가 미국 국민들의 다양한 에너지를 통합하여 창의적으로 승화시킬 수 있는 유능한 정치력을 보여주고, 그래서 당장의 민생이 고통스럽더라도 미래에 대한 희망을 잃지 않도록 하는 올바른 전망을 제시하는데 비해, 이명박 정부는 전혀 그렇지 못하다.

지금 이명박 정부에게 가장 필요한 것은 강력한 추진력이나 속도전이 아니라, 더 많은 민주주의와 사회 통합적 경제성장이고, 이에 기반을 둔 '통합의 리더십'이다. 강부자 정권이라는 사회적 비난을 제대로 직시하고, 철거민을 포함한 서민들의 어려운 민생을 돌보는 사회 통합적 경제사회 발전 전망을 내오고, 여기에 다양한 생각과 이해를 가진 각계각층의 목소리를 한데 모아서 사회발전의 에너지로 승화시킬 수 있는 통합의 리더십을 보여준다면, 현재의 난국을 충분히 극복하고도 남음이 있을 것이다. 이것이 용산 철거민 참사를 지켜보면서 많은 국민들이 이명박 정부에게 전달하고 싶은 고언임을 현 집권세력은 명심해야 할 것이다.

용산 참살과 후가라이(Fugerei)

이래경 | 칼럼 2009년 9월 14일

이 글은 용산 참살사건의 원인 제공자인 이 땅의 참으로 끝없이 탐욕스런 투기자본과 선량한 시민들의 삶을 자신의 눈곱만큼도 취급하지 않는 현재의 공권력에 대해 역사적인 경고를 보내면서 동시에 이들에게 스스로를 되돌아보는 기회를 제공하기 위해 참담한 심정으로 쓴다.

용산 참살사건이 일어난 지 100일이 훌쩍 넘은 지금에도 현 정부나 시당국의 책임 있는 누구도 책임 있는 발언을 하지 않고 있다. 오히려 들리는 말에 의하면, 여전히 이 참살 사건의 원인과 모든 책임을 당사자와 가족들에게 돌리며 적반하장 격으로 물적 배상을 요구하고 있다고 한다. 십년 전에 먹은 음식물조차 토하고 싶을 만큼 분노가 치민다. 평생을 법 없이 살아온 선량한 시민들이 단순히 세입자라는 이유 하나만으로 순간에 삶의 기반이자 뿌리를 송두리째 뽑히자, 법에 호소할 여유도 없고 시 당국에 애원해 보아야 소용도 없는 처지에서 하늘과 땅이 꺼지고 눈앞이 막막 깜깜한 심정에서 망루에 올라 자신들의 처지를 세상에 알리고자 한 이들에게, 숨 돌릴 시간의 여유조차 허용하지 않은 채, 시너 불에 태워 죽인 사태를 대하면서 내 자신 현 정권의 무능함에 대해, 투기자본들의 끝없는 탐욕에 대해, 지배언론들의 잔혹함과 무감각함에 온 몸이 떨리는 분노를 느낀다. 참으로 못나고 나쁜 정부이다.

연이어 지대 추구를 근본적으로 제어하는 가장 이상적 자산세인 종합부동산세를 무력화시킴으로써 당연한 결과지만 버블세븐 지역을 중심으로 다시 부동산 투기가 일고, 집 없는 가난한 서민들을 길거리로 내모는 광란의 전세

값 폭등이 이어지고 있다. 급한 불을 끈답시고 그린벨트를 해제하여 값싼 아파트를 공급하느니, 다양한 공공임대주택 조건을 제공하느니 부산을 떨고 있지만, 근본적으로 투기적 가수요와 천민적 개발이익을 차단하지 않는 한, 상황은 개선되지 않을 것이 분명하다.

먼 미래를 생각하지 않고 불붙는 집에 기름 붓는 격의 참으로 생각 없는 소인배들 정책이다. 이 땅의 공직자들이여, 정치인들이여, 미국 국민들이 성경책 다음으로 많이 읽었다는, 초등학교도 제대로 다니지 못했던, 헨리 조지의 『진보와 빈곤』을 한번이라도 읽어 보고, 마음 속 깊은 곳으로부터 제발 이 땅의 가난한 서민들을 생각하면서 부동산 정책을 기획하고 집행하길 진심으로 권한다. 죽어가는 종합부동산세를, 이름을 바꾸어도 좋으니, 조금만 보완해서 제발 원상 복귀시키기를 간절히 요청한다. 그리고 이제부터 필자가 소개하는 후가라이의 이야기를 평생 가슴에 깊이 간직하기를 권한다.

후가라이는 인류 역사에서 본격적으로 시작된 최초의 공공임대주택의 이름이다. 후가라이가 위치한 지역은 독일 남부 도시 아우구스부르그의 중심가이다. 아우구스부르그는 뮌헨에서 급행열차로 40~50분 거리에 있는 인구 30~40만 명의 규모로 독일 역사에서 가장 오래된 도시의 하나이다. 로마 전성기의 황제 아우구스티누스가 로마 국경을 괴롭히는 바바리안(야만)족들을 격퇴하기 위해 직접 군부대에 친영하여 머물렀다는 뜻에서 유래하였다고 한다.

15세기부터 이 도시는 르네상스와 상업주의 시대 하에 이탈리아와 유럽

대륙을 연결하는 문화 전파와 상업의 거점이 되면서 큰 부자들이 생겨난다. 후가(Fugger) 집안도 이들 중의 하나로 베니스를 통한 중계무역으로 돈을 크게 벌어들이고 다시 금융업으로 남부 유럽의 거부로 성장하여 합스부르그 제국에 재정 후견의 역할을 하기도 하고, 이후 신성로마제국의 든든한 재정지원자로 성장한다. 이들 가문의 계승자인 야콥 후가는 독실한 카톨릭 신자로 금욕적이고 이타적인 전통을 가진 베네딕토 수도원과 무소유자인 성 프란체스코 수사 등의 이야기에 큰 감동을 받고 사회사업을 하기로 결심한다.

1516경 마침 아우구스티누스가 묶었다는 군영지가 도시 중심에 그대로 남아 있었는데, 그는 이를 매입하여 15~16평의 소규모 아파트를 100여 채 빌라 형태로 지어 당시의 최소 통화 단위인 라인굴드(현재 1달러 수준)를 1년 임대료(월 임대료가 아님)로 책정하여 도시 내 가난한 사람들에게 주거 공간으로 제공하였다. 중세 판 빌 게이츠인 셈이다. 입주 조건은 단지 게으르지 말 것과 매일 성당에서 후가 집안을 위해 기도를 하는 것뿐이다.

이 전통은 500년 가까이 지난 2009년 현재에도 그대로 계승 유지되어 지금도 1년 임대료로 1유로가 안 되는 돈을 받고 있다. 군수산업의 중심지였던 관계로 제2차 세계대전 중 아우구스부르그도 많은 폭격을 받게 되어 후가라이도 심하게 망가졌으나 시 당국의 결정과 시민들의 협력으로 147채의 아파트를 재건하여 현재에 이르고 있다. 후가라이라는 이름은 시민들 모두에게 500년 역사 속 상호부조와 시민연대의 자랑스러운 대명사가 되었다.

이후, 후가라이의 정신은 유럽에서 공공임대주택의 산역사가 되었을 뿐만 아니라 독일인들에게 깊은 영향을 끼쳐 부동산 투기라는 개념이 대단히 부정적이고 생경하게 들린다. 1998년 이후 미국과 유럽 대부분의 국가들에서 부동산 투기가 일어나 최근 경제위기가 오기 전까지 영국, 스페인 등에서는 집값이 두 배, 세 배까지 폭등하였다가 이제 폭락의 과정을 겪고 있다고 한다. 수많은 중산층들이 부동산에 투자했다가 졸지에 파산하고 빈민으로 전락하고 있는 중이라 전해진다.

많은 전문가들은 상기의 영국과 스페인 등 부동산 투기 열풍을 방기한 국가들에서 이후 국민경제가 장기간에 걸쳐 대단히 어둡고 우울할 것으로 전망하고 있다. 이는 이미 우리의 이웃 나라인 일본이 겪은 바임을 우리는 잘 알고 있다. 그러나 공공임대주택 정책이 확고히 뿌리를 내린 독일 등 북유럽은 최소한 부동산과 주거의 문제에 있어서는 노아의 방주같이 안락함을 즐기고 있다.

부동산과 주거의 문제를 이명박 정부처럼 시장 중심적 시각으로만 해결하려 든다면, 가난한 백성들의 피눈물을 짜내면서 한국경제는 장차 1년을 넘길 수는 있겠으나 백년을 앉은뱅이로 고통 받게 될 것이다. 이제는 經世에 앞선 濟民을 강조하고 먼저 생각해야 할 시점이다. 공공주거의 개념 등 제민정책을 통해서만이 한국경제를 백년의 태평한 반석 위에 올려놓을 수 있기 때문이다.

지역 NGO의 생존 없이 복지국가를 앞당길 순 없다

사회서비스 시장화에 무너지는 지역 NGO의 운명

김종건 | 칼럼 2009년 8월 3일

참여정부 집권 후반기인 2006년 9월 이후에 추진된 사회서비스 확충 전략은 비교적 선명한 설계도를 갖고 출발했다. 기초생활보장이나 사회보험과 같은 소득보장제도의 개선으로 사회복지 지출을 늘려가는 방식은 한계가 있을 수밖에 없다는 인식이 존재하였다. 그래서 절대적으로 취약한 사회서비스 부문을 성장시키는 것이 한국의 복지를 진일보시키는 것이라고 생각하였던 것이다. 게다가 제조업에서 줄어드는 고용을 대신 창출할 수 있을 것이라는 판단에 따라 사회서비스의 확충은 더 이상 미룰 수 없는 과제가 되었다.

실제로 참여정부 당시에 사회서비스 부문은 엄청난 성장세를 보였다. 2002년과 2006년 사이의 변화를 살펴보면, 이 분야의 재정지출은 1,700억 원에서 1조 3,000억 원으로, 일자리는 69,000개에서 129,000개로 급증하여 정책이 추진된 전후 4년 사이에 재정 지출은 7.6배, 일자리 수는 1.9배나 증가하였다.

그러므로 이런 설계도는 많은 사람들에게 꽤 설득력 있게 다가갔다. 문제는 그것을 어떤 방법으로 추진할 것인가에 있었다. 참여정부는 여기서 시장을 택했다. 취약계층을 대상으로 매우 제한적으로 제공되고 있던 기존의 사회서비스를 보다 많은 사람들에게 제공하기 위해서는 단기간에 이 서비스를 제공할 수 있는 많은 공급자들이 필요하였다. 정부는 사회서비스 분야에 민간의 참여를 적극적으로 유도함으로써 사회서비스 시장을 형성시키는 쪽으로 정책의 가닥을 잡았던 것이다.

또한 '바우처'라고 불리는 서비스 이용권을 통해 서비스를 제공하는 방식을 채택했다. 이것은 한국 사회복지의 발달 경로를 가늠하는 데 있어 매우 중요한 의미를 갖는 선택이었다. 복지 공급을 위한 공적 인프라가 매우 부족한 기존의 조건을 감안하면 그럴 수밖에 없었을 것이라고 납득할 수도 있겠지만, 2030년이면 OECD 국가 평균 수준의 복지에 도달해 보자는 참여정부의 '야심'을 밝힌 상황에서, 이는 다수의 전문가들과 국민의 기대를 저버리는 판단이었다.

사회서비스의 확충에 관한 한, 서구 복지국가의 경험은 '공공부문에서 보편적으로 제공되는 서비스'라는 사실에 기초하고 있다. 진보적이냐 아니냐를 가릴 것 없이, 당시 사회서비스의 확충에 관한 주장들 역시 서비스를 필요로 하는 사람들에게 더 많이 제공될 수 있도록 하자는 것이었다. 사실 그런 주장들에서 이들 사회서비스의 공급을 '공공이 하느냐 시장이 하느냐' 하는 논의를 찾기란 쉽지 않았다. 사회서비스는 그런 선택의 문제가 아니었기 때문이다. 비영리공급자에 의해서 한정된 대상에게만 제공되던 것이다 보니, 시장을 통해서 더구나 '바우처'라는 낯선 방식으로 사회서비스가 제공된다는 것이 무엇을 뜻하는지 상상조차 하기 어려웠다. 하물며 지역사회복지관, 지역자활센터(구 자활후견기관), 국공립보육시설을 비롯해 다양한 지역의 NGO와 장애인단체와 같은 당사자 단체들이 사회서비스의 '독점 공급자'라는 이름표를 받았을 때에도 경쟁이나 실적이라는 단어는 자신들과는 거리가 먼 얘기인 듯하였다.

그러나 이제는 사정이 다르다. 이들 비영리 공급자는 말로만 듣던 사회서비스의 공공부문이 자신들을 가리키는 것이었고, 시장이 민간영리업체를 의미한다는 것을 이제야 알아차리고 있다. 서비스 대상자를 확보하기 위해 비영리단체와 영리업체 사이에 경쟁 구도가 형성되었기 때문이다. 바우처 방식의 도입은 서비스 공급계약 체결의 주도권을 공급자에서 수요자로 이동시켰다. 그래서 비영리단체도 수요자를 모집하지 못하면 단체의 운영 자체가 어려워질 수 있다는 것을 알게 된 것이다.

이처럼 사회서비스의 시장화는 비영리단체의 영리업체화를 자각하게 하는 과정이다. 사회서비스 시장화의 첫 단계가 바우처 방식의 도입을 둘러싼 것이었다면, 두 번째 단계는 비영리단체와 영리업체 사이의 경쟁에 관한 것이다. 그리고 거칠게 예측하자면, 세 번째 단계는 시장 질서를 주도하는 조직연합과 정부 간의 가격(단가) 협상으로 나타날 것이지만, 전 단계가 어떤 방향으로 귀결되느냐에 따라 그리고 민주화 정도에 따라 그 양상은 다를 것이다.

비영리단체와 영리업체 사이의 경쟁은 결코 단순하지 않다. 이를 한 지역의 '산모 신생아 도우미 지원서비스'가 제공되는 과정을 통해 비영리공급자가 어떻게 생존의 위협을 느끼고 있는 지를 살펴보자.

첫째, 공정하고 합리적인 정보 제공자와 관련 규제의 존재 여부다. 모집 경쟁의 첫 출발은 서비스를 필요로 하는 사람들이 서비스 공급자에 관한 정보를 어떻게 획득하느냐 하는 것이다. 여러 조사를 통해서도 나타난 것처럼, 이 서비스를 알게 된 경로는 '주위 분들이 알려 주어서'가 가장 많다. 그 다음으로 많은 사람들은 홍보물을 통해서, 그리고 지자체 또는 주민 센터(구 동사무소), 보건소 등의 공공기관을 통해서 알게 된다. 여기서 주목할 것은 공공기관의 역할이다. 사람들은 공공기관 담당자들이 알려주는 정보에 대해선 비교적 신뢰한다. 그런데 이들이 공정하고 합리적인 정보 제공자 역할을 해 주느냐가 문제이다. 공공기관이 비영리단체에게 유리한 정보를 제공해 줄 수도 있지만, 그 반대일 수도 있다. 하지만 수요자들의 질문은 단지 어떤 공급자가 있는지에 그치지 않는다. 자신에게 이익이 되는 사항들(사은품, 유축기 이용 등)에 대해 알고 싶어 한다. 이런 상황에서 공정하고 합리적인 정보 제공자의 역할은 담당공무원 개인의 판단에 맡겨진다. 홍보물은 공공기관이 제작·배포한 것일 수도 있고 서비스 공급자가 한 것일 수도 있다. 홍보 측면에서만 본다면, 비영리단체는 수요자를 꼬드길만한 것들이 부족하다. 이에 관한 규제가 없는 것 자체가 수요자 모집 경쟁에서 영리업체가 우위에 있을 가능성을 더 높이게 된다.

둘째, 지자체가 지역의 특성을 고려하여 서비스 공급자에게 단가 외의 간접비를 제공하느냐 여부이다. 수요자 모집 이후 도우미는 서비스 공급계약이 체결된 산모의 거주지로 찾아간다. 거주지가 도심에 있느냐 도심지 밖에 있느냐에 따라 서비스 공급 단가에 포함되지 않는 간접비가 발생할 수도 있게 된다. 이 지점에서 비영리단체와 영리업체 간의 경쟁은 그 비용을 어떻게 최소화할 것인가를 둘러싸고 전개되고 있다. 영리업체는 확률적으로 산모가 덜 발생할 농어촌지역을 아예 포기하는 반면에 비영리단체는 이동하는 데 걸리는 시간과 비용(장거리 교통비 등)을 단체가 떠안거나 도우미가 부담하면서 서비스를 제공한다. 그러다보니 비영리단체에 소속된 산모들이 영리업체로 옮겨가게 된다. 결국 영리업체는 도시지역을, 비영리단체는 농어촌지역의 대상자에게 서비스를 공급하는 양극화를 초래한다. 이는 민영의료보험 회사가 가입자를 선별하는 크림떠먹기(cream skimming)와 비슷한 상황이다.

셋째, 적절한 서비스 공급기관 수에 관한 규제의 존재 여부이다. 앞서 언급한 경쟁 과정은 영리업체의 실적(공급계약 건수) 증가와 비영리업체의 실적 하락으로 나타났다. 조사가 이루어진 지역의 경우, 영리단체가 사업을 시작한 이후 비영리단체의 실적은 거의 절반 수준으로 떨어졌다. 제한된 지역에서 제한된 대상자들에게 제공하는 서비스이다 보니 시장의 규모 또한 제한되어 있다. 사회서비스 시장 진입에 대한 규제가 없으면, 이러한 결과는 훨씬 치열한 과정을 통해서 나타날 것이다. 영리업체의 서비스 공급이 수요자의 만족도를 높이고 있다는 점은 부정할 수 없지만, 이것이 보편적인 서비스를 제공하는 데 있어서 비영리단체의 역할을 수행할 수는 없다. 영리업체는 일단 경쟁에서 승리한 이후에는 '수익을 높이기' 위한 끊임없는 노력을 할 것이다. 지금과 같이 합리적 기준 없이 진행되고 있는 경쟁은 비영리단체들을 무력화시킬 것이다.

사회서비스 공급체계에서 지역 NGO는 국가가 마련하지 못했던 공적영역의 보루다. 사회서비스가 최소한으로 제공되었던 조건에서 그들은 공공기관을 대체하고 있었을 뿐만 아니라, 민간에 의해 지켜지고 있던 공공성 또한 그들이 견지하고 있는 가치 덕분이다. 사회서비스를 절대적으로 성장시켜야 할 상황에서 흔들리지 말아야 할 목표는 경쟁을 통한 서비스 질의 양극화가 아니라 사회적으로 납득할만한 수준의 질을 가진 사회서비스를 얼마나 보편적이고 안정적으로 공급할 것이냐 하는 것이다. 이를 위해서는 사회서비스 시장화에 무너지는 비영리공급자의 생존과 활성화를 위해 머리를 맞대야 한다. 시장 진입에 관한 규제를 두는 것이 우선적으로 필요하다. 현재는 지자체가 조정자 역할을 하고 있지만 수요가 많고 수익이 발생할 수 있는 사업에 대해서는 서비스 공급자 수를 적절히 통제할 수 있는 조례 제정이 우선적으로 필요하다.

그리고 사회서비스 공급에 참여하지 않는 다른 NGO들의 역할도 중요하다. 사회서비스를 공급하는 NGO에게 수요자를 의뢰해줌으로써 안정적인 수요자를 확보할 수 있도록 하는 '보호된 시장영역'을 구축하는 것에서부터 공공부문에 의해 보편적인 사회서비스가 안정적으로 제공될 수 있는 환경을 만드는 일까지 우리 시민사회가 사회서비스 시장의 관리자로 나서야 할 것이다. 그 동안 복지국가소사이어티 등 복지국가 운동 세력들이 주장해온 '역동적 복지국가'는 그저 주어지는 것이 아니다. 이는 시민사회, 특히 지역에 근거를 둔 모든 NGO들의 능동적인 참여로 달성이 가능하며, 그 시기가 앞당겨지는 것이다.

더 이상 빈곤 아동이 없는 사회를 만들자
삶의 출발선에서 모두가 평등한 나라를 위하여

홍보위원회 | 논평 2009년 7월 9일

얼마 전에 보건복지가족부는 지난 2008년 가을에 조사한 아동·청소년(0세~18세) 종합실태조사의 결과를 발표한 바 있었다. 이에 따르면, 최저생계비 미만의 절대빈곤 아동은 7.8%, 중위소득의 50% 미만인 상대빈곤 아동은 11.5%에 달하였다. 즉 아동, 청소년 8명 중 1명이 빈곤 환경에 노출되어 있다는 것이다. 빈곤 청소년·아동들은 가족 해체, 열악한 주거환경을 경험하고 있었으며, 비빈곤층의 또래 아이들에 비해 인지 및 언어 능력이 크게 떨어지고 문제행동의 빈도가 훨씬 더 높은 것으로 나타났다.

루소는 모든 인간은 태어날 때부터 평등하다고 했지만, 현실에서의 인간은 태어날 때부터 전혀 평등하지 않다. 우리사회에서 아이의 인생은 어떤 부모에게서 태어났느냐에 따라 결정되기 마련이다. 아이의 건강 문제도 마찬가지다. 부모의 사회경제적 수준에 따라 자녀들의 건강도 현격한 차이를 보이고 있다. 청소년기의 건강상태는 청소년기에 한정되지 않고 궁극적으로는 성인기, 노년기의 건강으로까지 이어지기 때문에 이것은 결국 평생의 건강상태와도 관련이 깊다. 즉, 사회적인 빈곤과 신체적인 건강상태가 대물림되고 있는 것이다.

제대로 된 국가라면 아동복지는 국가의 가장 기본적인 사항이 되어야 한다. 아동복지 문제가 충분히 해결될 때, 우리는 설사 불평등하게 태어났더라도 삶의 출발선에서 최소한 동등한 기회를 부여받을 수 있기 때문이다. 따라서 모든 복지정책 중에서 가장 기본이 되는 분야가 바로 아동복지 분야인 것이다.

　아이들이 불평등하게 태어나는 것을 예방하기 위해서는 먼저 산모가 건강한 임신을 하도록 지원해야 한다. 또, 임신 기간 동안 태아가 건강할 수 있도록 산모와 태아에게 최적의 환경을 보장해주어야 한다. 아이들이 이렇게 평등하게 태어날 수 있는 체제를 제도적으로 갖추었다면 그 다음은 동등한 삶의 기회를 보장하기 위해서 능력과 요구에 맞는 평등 교육을 제공해야 한다. 그리고 모든 아이들이 건강하게 성장하고 자라날 수 있는 최적의 환경을 조성해 주어야 한다. 이것이 국가와 사회의 역할이자 의무다.

　그런데 이러한 사회적 목표를 수행하기 위해 무엇보다 중요한 것은 일단 아동 불평등의 근원인 빈곤아동 가구를 없애는 것이다. 비록 당장 모든 빈곤아동 가구를 뿌리 뽑지는 못한다 할지라도, 이 문제에 대한 정책 당국의 강력한 의지와 향후 정책 지향에 대한 성의 있는 청사진 정도는 제출되어야 할 것이다.

　그런데 아직 우리사회의 아동 복지에 대한 관심과 의지는 매우 빈약한 수준이다. 특히 서구 선진국들에 비하면 우리나라의 아동복지 수준은 걸음마 단계라고 할 수 있다. 이렇게 비교가 되는 대표적인 사례가 선진국에서는 이미 보편적으로 시행중인 '아동수당' 제도다. 아동수당이란 국가마다 약간의 편차는 있으나 적어도 12세 미만의 아동을 둔 모든 가정에 매월 10만원~20만원 수준의 정액 지원금을 현금으로 지급하는 제도를 말한다. 이 제도는 이미 유럽 44개국 중 거의 모든 나라가 시행하고 있을 정도로 선진국에선 보편적인 제도이지만 우리나라에선 아직 시행되지 못하고 있다. 우리사회에 보편적 복지와 사회적 시민권을 포함하는 인권에 대한 개념이 부실한 탓이다.

아동수당이 모든 아동에게 현금으로 제공되는 복지제도라면 빈곤아동을 타깃으로 한 현물지원도 생각해 볼 수 있다. 영국의 사례를 보자. 영국에서는 1997년부터 빈곤아동 문제를 해결하기 위해 '슈어 스타트(Sure Start)' 사업을 진행하고 있다. 여기서 슈어 스타트(Sure Start)란 빈곤아동 가구를 돕기 위한 전 지역사회 차원의 종합적 부모 지원 프로그램을 말한다. 이 프로그램은 각 지역의 아동센터가 중심이 되고, 도서관, 주민센터, 병원, 학교 등이 이에 협조하는 방식으로 진행된다.

슈어 스타트 타운으로 지정된 지역의 아동센터에는 5세까지의 빈곤층 자녀가 무료로 다닐 수 있는 탁아소, 유치원이 설치된다. 이곳에선 그 부모들에게 직업알선과 직업훈련, 육아법 교육 등의 프로그램도 제공된다. 또 아이들에게 예방주사를 놔주고 신선한 과일을 나눠주며 장난감도 빌려준다. 슈어 스타트에 참여하는 병원은 어린이집을 찾아가 아동의 영양상태, 예방접종 여부 등을 점검하고 빈곤층 임신부들을 위해 금연교실을 열기도 한다. 또 마을의 초등학교는 병설 유치원을 개설하여 어려운 아이들을 지도한다. 마을 도서관은 어린이들에게 책을 읽어주거나 아예 책을 나눠주기도 한다. 결과적으로 지역사회 모두가 나서 빈곤층 아이들을 돕게 된다. 정부는 이 프로그램을 수행하기 위해 다수의 슈어 스타트 복지 전문가를 양성하고 있다. 아예 빈곤 아동 퇴치를 위한 전문 인력을 양성하고 있는 것이다.

결국 이 프로그램을 통해 영국 내 모든 아동이 보육시설을 이용하게 되고, 영·유아들의 건강과 정서상태가 개선되게 되며, 그 부모가 취업지원까지 받게 되는 것이다. 한마디로 이는 빈곤아동을 뿌리 뽑기 위한 종합적인 실물 지원 프로그램이다.

이 같은 슈어 스타트는 영국의 보육 환경을 개선하는 데 크게 기여한 것으로 평가받는다. 슈어 스타트 프로젝트를 통해 영국 정부는 '가난의 대물림'을 뿌리 뽑을 수 있다는 희망에 차 있다. 이것은 모든 인간이 태어난 순간부터 공평한 출발의 기회를 보장받는 인류 역사상 획기적인 사회의 출발을 의미한다. 이러한 체제가 공고해지면 현재의 불평등은 아무리 심각해도 결국 한 세대를 넘어설 수 없는 것이다.

이와 같은 영국의 슈어 스타트 프로젝트와 비슷한 맥락에서 한국에도 '드림 스타트'라는 프로그램이 운영 중에 있다. 이는 현 정부가 발표한 100대 국정과제 중의 하나에도 포함되어 있다. 겉보기에는 매우 비중 있게 다루어지고 있는 것이다. 한국의 드림 스타트 역시 '취약지역에 거주하는 임산부 및 0~12세 아동을 대상으로 건강, 복지, 교육의 맞춤형 통합서비스를 제공하는 사업으로 빈곤의 대물림을 차단하고 공평한 양육 여건을 보장하고자 추진 중인 아동보호 통합서비스'라고 정의된다. 보건복지가족부는 2008년 32개 지역

9,600명 수준의 드림 스타트 수혜 아동을 올해 75개 지역 22,500명으로 확대하고, 현 정부 임기동안 모든 시군구에 영국의 아동센터에 해당하는 드림 스타트 센터를 설치하겠다고 밝히고 있다.

얼핏 보면 우리도 선진국과 마찬가지의 아동복지제도를 드디어 시작하는 것으로 받아들일 수도 있겠다. 그러나 한국의 드림 스타트는 영국의 슈어 스타트와 비교해 보면 거의 전시행정 수준이라고 할 만큼 그 규모에 있어 영세성을 면하지 못하고 있다. 영국의 슈어 스타트는 2020년까지 빈곤층 아동을 '제로'로 만들겠다는 야심찬 목표에 따라 시작되었으며, 2009년 5월 기준으로 잉글랜드 지역에서만 3,000번째의 슈어 스타트 아동센터가 개소되었고, 240만 명의 아동과 그 가족들이 수혜의 대상이 되었다. 영국 정부는 2010년까지 총 3,500개의 아동센터를 설치할 계획이다.

이에 비해 우리나라의 드림 스타트는 모두 개설된다고 하더라도, 250여개에 지나지 않고, 그 포괄하는 대상자수도 75,000여명에 불과할 것으로 예상된다. 이 숫자는 전체 빈곤아동수를 100만여 명으로 간주했을 때 겨우 전체의 7.5%에 불과한 수준이다. 나머지 92.5%의 빈곤아동들은 여전히 사각지대에 놓여 있게 된다는 것이다.

물론 단순하게 비교하기는 어렵겠지만, 적어도 빈곤아동을 완전히 없애겠다는 뚜렷한 정책목표 하에서 추진되고 있는 영국의 슈어 스타트와 비교한다면, 빈곤아동에 대한 온정적 시각과 전시행정 수준의 의지를 갖고 접근 중인 한국의 드림 스타트가 갖는 근본적인 초라함은 부정할 수 없다.

선진사회는 국가의 경제적 부만 상승한다고 해서 이루어지지 않는다. 우리가 스스로를 선진사회라 말할 수 있는 최소한의 기준은 바로 아동·청소년들의 건강한 삶에 있을 것이다. 그러나 오늘날 우리사회의 빈곤 아동·청소년들의 삶은 더욱 궁핍해지고 있다. 아이들의 빈곤 문제를 해결하지 않고 어떻게 더 이상의 복지국가를 바랄 수 있겠는가? 우리 복지국가소사이어티는 빈곤 아동·청소년 문제를 해결할 근본적인 대책을 촉구한다. 최소한 삶의 출발선에서 만큼은 모두가 평등한 기회를 누리는 그러한 나라를 만들어야 하기 때문이다.

우리나라의 고용 문제와 해법

이상구 | 칼럼 2009년 6월 29일

1987년 민주화 항쟁 이후 우리나라의 고용구조는 근대화와 산업화 이후 최고의 안정기를 가지게 되었다. '6월 항쟁의 효과'와 노동자 대투쟁으로 인한 '노조 효과'로 인해 '소득 불평등'이 급격히 완화되어 지니계수가 0.31 수준에서 0.28 수준으로 완화되었던 것이다. 당시의 설문조사에서도 국민의 약 60%가 스스로를 중산층이라고 응답하였다. 이 시기부터 1997년 외환위기 때까지의 10년 동안은 "꿈의 시기"라고 불릴 정도였다. 수출이 늘어나면 내수도 늘어나고, 성장이 고용의 창출과 사내 복지의 확충으로 연결되던 선순환의 시기였던 것이다.

그러나 외환위기로 인해 IMF 관리체제에 접어들면서, 우리나라의 산업구조는 신자유주의 방식으로 급격한 변화를 겪게 되었다. 시장개방으로 외국인의 국내 기업에 대한 투자지분이 늘어나서 성장의 과실이 국외로 유출되기 시작했고, 대기업들도 산업생산으로 이익을 남기기보다는 자본투자를 통해 이윤을 창출하는 데 주력하게 되었다. 전반적인 산업생산체계와 고용구조가 바뀌게 되었으므로, 이때부터는 수출이 늘고 경제가 성장해도 개인의 소득증대나 고용확대로 연결되지 않게 되었고, 소득 불평등이 심화되고, 사회양극화가 본격화되는 "우울한 시기"가 시작된 것이다. 이에 따라 노동시장의 구조도 변화해서 비정규직 노동자는 전체 노동자의 52%인 840만 명(정부통계로는 545만 명)으로 늘어났다.

1997년의 외환위기를 기점으로 우리나라 경제사회가 이렇게 현저하게 달라지다보니, 1987년 6월 항쟁 시기의 역동성이 넘쳐나던 대학생들은 이제 찾아보기 어렵게 되었다. 2009년 현재, 우리나라의 청년 학생들은 이제 더 이상 집회를 할 의지도, 능력도, 시간적 여유도 없게 된 것이다.

전체 고등학교 졸업자의 83.9%가 대학에 진학하지만, 이중에서 정년이 보장되는 정규직에 취업할 확률은 10%도 되지 않는다. 수능시험을 통해 1등부터 60만등까지 서열을 매기고, 그 서열에 따라 그들의 나머지 인생이 결정되는 구조 속에서는 모든 것을 희생하고서라도 좋은 대학에 가야하고, 대학에 가서도 취직을 위한 스펙 갖추기에 열중할 수밖에 없는 것이다.

청년실업이 심각하고 큰 문제이기는 하지만, 최근 정부의 청년 인턴제도 시행 등으로 20대의 일자리 감소가 아직은 상대적으로 두드러져 보이지는 않는다. 그러나 27만 명에 달하는 20대의 신규 취업자 중 청년 인턴이 8만 명이나 되고, 희망조차 없는 희망 근로가 15만 명이나 된다는 점을 인식해야 한다. 심지어는 환율 등으로 건국 이래 최대의 호황을 누리고 있는 대기업들조차 정부의 인턴 정책에 부응하기라도 하듯 그동안 정규직으로 뽑던 대졸 공채 자리를 인턴이라는 한시적 비정규직으로 뽑고 있다. 정부의 청년실업정책이 오히려 청년들의 좋은 일자리를 잠식하고 있는 실정이다.

이러한 정글자본주의의 경쟁적 노동시장 상황에서 오늘날의 20대가 촛불시위에 나오기는 쉽지 않은 것이다. 그들은 집회에 나오는 대신 오늘과 내일의 생존을 위해, 서로가 서로를 이기기 위해 매일매일 싸우며 버텨내고 있는 것이다.

  지금 우리나라의 청년들은 노동시장으로의 첫 진입이 비정규직이나 기간제가 되면, 평생을 하급의 기간제 근로자로 살아야 할 운명에 처해지기 때문에 3년이 걸리더라도 공무원 시험이나 공기업 취직 시험에 합격하기 위해 노량진의 학원가를 전전하거나, 고시에 합격하거나 전문자격을 취득하기 위해 신림동의 고시원에서 5년 동안 칼잠을 자는 길을 선택하고 있다. 국가와 공동체를 생각하고 실천하는 것 보다는, 전문자격을 가지거나 정규직으로 취직하는 것이 젊은이들에게 더 합리적인 선택이 되어버린 지 오래다.

  이러한 상황은 우리나라 젊은이들을 가장 경쟁적인 시장지향형 인간이 되도록 내몰아온 기성세대의 잘못이고, 심지어는 우리 386세대들도 크게 반성해야할 과오다. 우리의 자녀들 중 확률적으로 90% 이상이 비정규직이 되어야만 하는 엄혹한 현실은 기성세대들 스스로가 만들어 놓은 것이다.

  한편, 지난 외환위기 때는 정도의 차이는 더러 있었지만, 노동시장의 상, 중, 하층이 비교적 골고루 구조조정에 의해 해고를 당하는 피해를 보았었다. 그러나 2009년 현재의 경제위기는 상층의 정규직에는 영향이 적은 대신에 임시직, 일용직, 자영업자들에게 그 피해가 집중되고 있다. 실제로 통계청의 월별 고용동향 자료를 보면, 정규직은 별로 변화가 없는 반면, 일용직과 자영업의 취업자들은 급격히 줄어들고, 정규직과 자영업이 감소한 만큼 이들이 퇴적된 임시직은 오히려 늘어나는 현상을 볼 수 있다. 즉, 경제가 어려워지면 나쁜 일자리의 노동자가 먼저 해고되고, 경제가 회복되어도 나쁜 일자리부터 늘어나는 악순환이 반복되는 구조가 정착된 것이다. 특히 2009년 4월 현재 여성의 일자리 감소는 남성의 12배나 되어, 30~39세 사이의 비정규직 여성들이 가장 큰 피해자가 되고 있다.

우리나라의 비정규직 비율은 '정부통계'로도 경제협력개발기구(OECD) 국가들 중 스페인 다음으로 높아 2위에 올라있다. 고급 일자리와 하급 일자리 간의 임금격차는 유럽 국가들이 대체로 2~3배 정도인데 비해, 한국은 그 격차가 5~10배에 달하고 있으며, 대기업은 상시적인 구조조정을 하고 있기 때문에 세계적인 경제위기에서도 정규직을 해고할 필요가 없을 정도의 노동경쟁력을 이미 갖추게 된 것이다.

우리나라에서 비정규직의 87%는 100인 미만의 사업장에 종사하고 있다. 그러나 그것만으로 대기업에 비정규직이 적다고 할 수는 없다. 다양한 사내하청이나 외주 등이 정착되어 있는 구조 속에서 연관 기업과 협력 기업들은 심각한 단가 인하 압력을 받게 되고, 그것이 하청기업 근로자들의 비정규직화를 촉진하고 있다. 우리나라의 주력 산업인 자동차, 조선, 통신 및 반도체 등에서 이러한 현상은 이미 보편화되어 있다. 대기업이나 일반 회사들조차도 청소, 경비, 시설관리 등은 당연히 외주로 용역업체를 활용하는 것이 기본으로 되었고, 각종 파견과 도급의 활성화로 백화점이나 대형할인마트는 다양한 비정규직의 종합전시장이 되어버렸다.

정부는 1,000만 명의 해외 관광객 시대를 연다며 관광입국을 선전하지만, 고급호텔의 서비스 질을 결정하는 룸 메이드 등 객실 관리 업무와 각종 시설 관리 등은 대부분 파견이나 외주로 운영되고 있다. 이러한 하청, 외주 구조는 관광부문에서 서비스의 근본적인 개선을 불가능하게 만들고 있다. 최근 정규직 전환의 모범사례로 칭송되는 은행 등 금융업계도 사실은 2003년 이후 대부분 '업무의 외주화'를 이미 완성한 상태에서 여전히 남아 있던 직접 고용 부분에 한정해서 정규직화를 진행시킨 것이다. 건설 일용직, 이주 노동자, 가사도우미, 간병서비스 심지어는 노래방 등 유흥업 도우미조차도 직업소개소나 보도방을 통해 임시직과 일용직으로 채워지고 있다.

이러한 상황 인식에 동의한다면 해결 방안은 명백해진다.

첫째, 사회안전망의 확충을 위해 고용보험 및 실업급여의 수혜율을 확대하고, 한시적 실업부조 제도를 도입해야 한다.

고용보험 및 실업급여 수혜율 확대를 위해 고용보험법 제13조에 따라 모든 국민이 전면적으로 고용보험에 가입할 수 있도록 지원해야 한다. 이를 위해 고용보험 미가입자의 고용보험 가입 촉진을 위해 한시적 사회보험료 면제(임금의 약 17% 수준)를 추진하고, 실업급여 기간을 현행 3~8개월에서 6~12개월로 연장하며, 실업급여 자격요건을 완화해야 한다.

실업급여 적용 제외 대상인 15시간미만 근로자 100만, 특수형태근로자 60만, 가사근로자 5만, 비임금근로자 중 고용인이 없는 영세자영업자 400만, 취업경험이 없는 신규실업자 4만, 취업경험은 있으나 구직급여를 받지 못하는 46만 등 약 600만 명에게 구직활동 의무나 직업훈련 의무를 부과하는 조건으로 '한시적 실업부조' 제도를 도입하여야 한다.

둘째, 4대강 개발과 같은 일시적이며, 경제적 효용성도 떨어지는 토목공사가 아니라 모성보호, 산전 산후 육아휴직, 돌봄 및 간병서비스 등 사회서비스 분야에서 '괜찮은 일자리'를 창출해야 한다. 이를 통해 일자리 창출, 취업률 진작, 내수 진작 효과를 동시에 노려야 한다.

우리가 생각하는 '괜찮은 일자리'라는 것은 꼭 평생고용이 보장되는 일자리만을 뜻하지는 않는다. 그것은 시간제라 해도 최소한 상용직 일자리로서 기본적인 사회보장이 제공되고, 최소한 중위임금의 2/3 이상을 지급받으며, 적절한 근로시간이 준수되고, 자아실현이 가능한 일자리가 되어야 한다.

셋째, 현재 국회에서 논의되는 비정규직 관련 고용3법의 개정 수준이 아니라, 고용차별의 원천적 금지를 법으로 보장하는 것이 필요하다.

이를 위해 노사정위원회 산하에 직무분석위원회를 구성하여 임금 및 근로조건 비교를 위한 사회적 인프라를 구축하고, 공공부문 중심의 직무분석 사례 개발 및 확대를 통해 최저임금을 평균임금의 50%까지 단계적으로 상향 조정하려는 노력이 필요하다. 현재의 모든 근로자를 정규직으로 전환하는 것은 현실적으로 가능하지도 않고 바람직하지도 않다. 대신 현재의 기간제 및 파견에 한정된 차별금지제도를 고용차별금지제도로 전환하고, '동일가치 노동에 동일임금의 원칙'을 명문화해서 정규직과 비정규직에 대한 차별을 없애는 것이 실질적인 비정규직 대책이 될 것이다.

  이러한 선진 고용정책이 채택되고, 좋은 사회서비스 일자리들이 많이 만들어 질 때 비로소 우리나라의 지속적인 경제발전도 보장될 것이다. 우리가 우리의 자녀를 더 많이 공부시켜 남들보다 상대적으로 경쟁력을 좀 더 갖추게 하더라도 실제로는 장차 정규직이 될 확률은 높지 않다. 지금의 추세대로라면 앞으로 그들이 살아가야할 세상은 너무나도 각박하다. 국가의 거시 경제적 관점에서 보더라도 사교육과 스펙 갖추기에 비용을 지출하는 것 보다는 공교육의 강화와 적극적 노동시장정책을 추구하는 것이 훨씬 돈과 시간을 절약하고, 경제성장도 촉진할 수 있는 합리적인 방책이다.

● 복지국가, 노동과 사회복지

자영업자 구제는
복지정책 확대로 실현 가능하다
마이너스 성장률 시대의 경제 전략은 사회서비스 확대에 있다

홍보위원회 | 성명 2009년 2월 5일

2009년 연초 들어 발표되는 암울한 각종 경제지표들 때문에 국민들의 체감온도는 다가오는 봄에도 불구하고 더욱 낮아지고 있다. 복지국가소사이어티는 경제난국의 극복과 우리 경제의 구조적 모순 극복을 위한 방안으로 복지정책의 적극적인 확대를 요구한다.

IMF는 2009년 우리나라 경제성장률을 −4%로 예측하였으며, 대부분의 연구기관들도 1% 혹은 그 이하로 전망하고 있다. 이미 올해 1월 수출은 지난해 동월대비 32.8%의 감소를 보였다. 이는 신규 고용의 축소와 구조조정, 전반적인 투자 위축 등으로 직접 귀착되고 있다. 수출과 성장률 감소로 인한 세수 감소에 정부의 적극적인 부자감세 정책의 효과가 더해지면서 올해 재정적자도 성장률 3%를 전제로 한 30조원 규모가 아니라, −4%를 전제로 한 40조원 이상으로 더욱 커질 수 있다는 예측이 나오고 있다. 이로써 경제위기에 대응하여 국가가 동원할 수 있는 재원의 규모가 크지 않고, 투자 여력도 많지 않을 것이라는 걱정이 깊어지고 있다.

한국의 경제사회정책과 경제위기는 대규모로 자영업자를 양산해왔다. 이는 결국 자영업의 낮은 수익률로 나타났다. 음식점 한 곳당 인구수와 택시 한 대당 인구수를 비교해 볼 때, 일본은 각각 177명과 296명인데 비해, 한국은 각각 85명과 165명이다. 자영업자들 간의 과도한 경쟁과 수익률 감소를 잘 보여주는 대목이다.

이러한 상황에서 전문지식도 없고 취직할 곳도 없는 국민들이 자영업자로

나서게 되면서, 이들은 실업자 통계에서도 누락되었고, 상시적인 실업 예비군을 형성했다. 그리고 고용시장에서 퇴출당한 임금노동자들이 자영업으로 들어가 다시 공급과잉을 일으키는 악순환을 되풀이하고 있는 것이다. 전체 취업인구의 1/3이나 됨에도 불구하고, 적절한 수입을 갖지 못하고 생산적인 경제활동에 참여하거나 사회적으로 기여할 기회도 박탈당한 채 국가의 정책 대상에서 방기되어온 이들은, 최근의 경제난의 피해도 가장 먼저 겪고 있다.

그런데 이 같은 자영업의 위기는 우리나라의 취약한 내수시장과 관련이 깊다. 국가 전체에서 GDP 대비 내수의 비중이 미국은 72%, 영국은 65.8%에 이른다. 우리와 비슷한 산업구조를 가진 일본조차도 적극적인 내수시장 활성화와 민간 소비 지원으로 내수의 비율이 55.8%인데 비하여, 우리는 43% 수준에 불과하다(2007년, 한국은행). 세계적 경제위기로 인한 수출의 감소가 국가경제의 어려움으로 곧바로 반영될 수밖에 없는 구조인 것이다.

KDI나 산업연구원 등 경제부처 산하 연구원들조차 우리 경제의 과도한 수출 의존과 내수부문의 취약을 구조적인 문제로 지적하고 있다. 한국의 과도한 수출의존도는 고용 없는 성장의 원인이 되고 있다. 한국은행 산업연관표에 따르면, 수출액 10억원 당 취업유발효과는 95년 26.2명, 00년 16.6명, 03년 12.7명으로 급격히 감소하였다. 결국 우리나라는 사회적으로 저소득 자영업자를 대량으로 양산할 수밖에 없는 구조를 갖고 있으면서도 내수에는 극히 취약한 경제시스템을 갖고 있는 것이다.

● 복지국가, 노동과 사회복지

　이 같은 조건을 극복하고 영세 자영업자의 삶을 위협하지 않는 경제체질을 확보하기 위해 우리 복지국가소사이어티는 최근의 경제난을 전반적인 산업구조의 변화와 고용구조 개선의 기회로 활용하여야 한다고 주장해왔다. 특히 우리는 사회서비스의 확충과 제도화를 시급한 정책과제라고 생각한다. 적극적 노동시장정책, 등록금 후불제를 비롯한 교육지원정책, 다양한 노인복지정책, 보육과 육아지원정책, 보건의료정책 등을 포함하는 사회서비스의 대대적 확충은 경제난으로 민생이 어려워진 취약계층을 지원하기 위한 목적 외에도, 적절한 수준의 내수 기반을 확충해 저소득 자영업자들을 보호하고, 양질의 사회서비스 일자리를 창출한다는 차원에서 꼭 필요한 경제 전략이 아닐 수 없다.

　이번 기회에 국가재정 여력을 사회서비스 부분에 전략적으로 투입해야 한다. 약 178만 명의 기초생활보호 대상자와 차상위계층 720만 명뿐만 아니라 중산층을 포함한 전 국민을 대상으로 하는 보편적 사회복지제도를 완비해야 한다. 또한 500만 명에 이르는 영·유아 학부모에 대한 보육 및 유아교육 지원과 850만 명의 초중고생에 대한 교육비 지원, 200만 명을 넘는 대학생들에 대한 전면적인 등록금 후불제의 실현, 510만 명의 어르신과 그 가족들에 대한 노인요양과 부양비용 지원을 포함한 각종 복지제도를 확대하고 제도화하는 데 집중적으로 투자하여야 한다.

　정부가 이 같은 적극적인 사회서비스 지원 정책을 펼쳐 보육·교육·노동·

노인·보건의료와 문화관광 부분에서 사회서비스의 확충을 추진하면, 이와 관련된 대졸자들이 취업할 만한 괜찮은 일자리들이 많이 만들어질 것이다. 여기에 사회서비스가 가지는 산업연관 및 고용창출 효과를 통해 자연발생적으로 민간서비스 시장을 10% 정도 확대할 수 있다면, 우리는 수출과 무역에 대한 의존도를 50% 수준으로 낮출 수 있을 것이다. 이렇게 되면 우리나라는 세계경제의 외부변수에 크게 흔들리지 않는 튼튼한 경제구조를 가질 수 있게 된다.

우리는 국가의 소중한 재정투자 여력을 토목과 건설에 투입하는 대부분의 정책은 실패하고 말 것임을 엄중히 경고하고자 한다. 자영업자 구제와 경제난 극복을 위한 최선의 방책은 보편적·적극적 복지의 능동적 확대에 있음을 다시 한 번 강조하며, 이제라도 정부가 과감하게 정책 방향을 전환해 줄 것을 간곡히 요청한다.

● 복지국가, 노동과 사회복지

쌍용차 문제의 근본적 해법, 복지국가에 있다

홍보위원회 | 논평 2009년 6월 11일

쌍용 자동차 문제가 최악으로 치닫고 있다. 회사 측은 대규모 해고를 감행하였고, 졸지에 실직자가 된 노동자들은 바리게이트를 친 채 옥쇄 파업을 선언하였다. 경찰의 강제진압 예고는 또 다시 용산 참사와 같은 불길한 예감마저 들게 하고 있다.

쌍용차는 지난 2004년 10월, 5,900억 원을 받고 중국 상하이 자동차에 매각 된 바 있다. 오늘, 쌍용 자동차의 어려움은 상하이차가 쌍용차를 인수한 뒤 약속하였던 신규 투자를 하지 않았고, 이로 인해 소비자의 욕구를 충족시킬 수 있는 새로운 제품을 개발하지 않아 시장 경쟁력이 약해진 상태에서 세계적인 경제위기와 자동차 업계의 구조조정 압력이 동시에 겹쳐져서 발생한 파국적인 상황이다.

우리는 현재 쌍용차의 위기를 보며 기업의 논리와 노동의 논리 사이에서 정부가 어떤 역할을 다해야 하는지? 이에 대해 생각해 보지 않을 수 없다. 기업을 경영하는 입장에서 정리해고를 통해 경영을 효율화하겠다는 것을 막을 수는 없는 노릇이다. 그런데 문제는 사회안전망이 부실한 우리나라의 경우, 이러한 구조조정이 곧바로 가족이 길거리에 나 앉고, 자녀들은 다니던 학원을 끊어야 하고, 가장은 자영업자로 퇴출되거나 또 다른 일용직을 찾아나서야 하는 신세가 된다는 것과 같은 의미를 지닌다는 것이다. 즉, 노동자들이 정리해고나 구조조정을 도저히 받아들일 수 없는 상황을 만들어 놓고, 해고에 저항하면 경찰이나 폭력배를 통해 진압하는 것이 일상적인 절차로 자리 잡아가고 있는 것이다.

 여기에 더욱 큰 문제는, 수수방관만 하고 있는 정부의 자세이다. 쌍용 자동차의 파급효과는 단순히 평택에 거주하는 2,000명 직원과 그 가족들이 길거리로 쫓겨나는 것으로 끝나지 않는다. 이 문제는 우리나라 전체 자동차 산업에도 영향을 미쳐, 비슷한 상황인 부평의 GM 대우자동차에도 좋지 않은 선례가 될 것이다. 또한 이러한 과정에서 금속노조의 동조파업은 미국 자동차 업계의 파산으로 발생한 유리한 틈새를 치고 들어가서 시장 장악력을 급속하게 높이고 있는 한국의 다른 자동차업체들에게도 피해를 줄 우려가 높다. 국가적 차원에서 전략적으로 패착인 것이다.

 그러나 현 정부는 이러한 사정을 아는지 모르는지, 공권력 투입 외에는 아무 생각도 없는 것 같다. 노동부나 지식경제부의 중재 노력은 시도조차 하지 않고 있다. 아마, 북핵문제나 개성공단 문제와 같이 미사일이 발사되고, 공단에서 한국 기업들이 철수하는 등 파국으로 치달을 때까지 방치하는 것이 현 정권의 유일한 해결 방법인가 보다. 경제를 살리겠다는 슬로건으로 당선된 정권이지만, 해고되는 노동자들과 그 가족에게는 물론, 다른 자동차 산업체 등 경제계와 산업계의 입장에서 보아도 참 난감한 정부일 것이라는 생각이 든다. 이렇게 모든 회생 가능성을 포기한 채 두 손을 모두 놓고 있다가, 문제가 커지면 미국을 본받아 공적자금을 지원하는 국유화 절차를 밟을 것인지 묻고 싶다. 앞으로 쌍용차와 같은 구조조정과 정리해고가 줄을 이을 것인데,

정부는 계속 노동계의 일방적인 희생과 국민의 일방적인 양보만 요구하고 있을 것인가?

　산업정책 상의 필요에 의한 구조조정은 충분히 있을 수 있는 일이며, 국제화된 경제 상황에서 시장의 요구에 따라 지속적으로 변화를 도모하는 것이 경제적으로 합리적일 수 있다. 그러나 보육·교육·주거·의료·노인부양 등 국민생활과 관련된 모든 부담을 국민 각자에게 맡겨 놓고, 아무런 제도적 대책도 없이 구조조정을 받아들이라는 것은, 노무현 전 대통령을 자살로 내몰았던 것과 같이 '미필적 고의'에 의한 또 다른 타살혐의를 벗기 힘든 무책임한 정책이다.

　신기술의 발전과 국가 간 분업체계의 변화, 이에 따른 생산력과 생산관계의 변화 등 산업적 필요성 때문에 구조조정이 불가피하다는 점은 인정된다. 그러나 이것이 사회적 갈등과 반발 없이 진행되기 위해서, 그리고 적극적인 산업발전과 인재 양성의 기회가 되기 위해서는 복지국가 제도의 도입이라는 정부의 역할이 선행되어야 한다. 이는 특히 다음과 같은 정책들이 도입되어야 가능할 수 있다.

　첫째, 실업부조 제도를 도입하여야 한다. 현재 우리나라에서는 정규직의 경우 86.6%가 고용보험의 적용을 받는 반면, 비정규직은 35.3%만이 고용보험의 적용을 받고 있다. 비정규직은 정규직에 비하여 고용이 불안한 상태에 놓여있어 정규직보다 더 고용보험이 절실히 필요함에도 불구하고 정작 고용보험에서 제외되는 모순된 상황이 우리의 현실이다. 따라서 비정규직의 고용보험 사각지대를 없애기 위해 이들 실업자에 대하여 실업부조와 같은 2차 사회안전망을 도입해야 한다. 실업자들에게 6개월 동안 최저 생계비를 보장받도록 하는 실업부조 대상자를 매년 10만 명씩 늘려, 총 100만 명에게 실업부조를 도입할 경우에도, 총 예산은 4.2조원이면 가능하다.

만약 이것이 현실적으로 어렵다면, 먼저 영세 중소업체의 근로자들에게 4대 보험을 국가가 지원하여 보장해주도록 해야 한다. 실업보험의 지급 기간을 늘리고, 금액도 늘려 실업을 당하여도 당장 생계의 걱정은 없도록 하는 것이 필요하다. 실직에 대한 부담을 개인의 책임으로 모두 돌려버린다면, 국가는 세금을 징수할 필요가 없어진다. 4대강 정비와 같은 토목공사로 국가 예산을 낭비하기 이전에, 근로자에게 실업수당을 지급하는 것이 내수 진작과 경기 활성화에 훨씬 큰 도움이 될 수 있다는 점은 오바마 정부 출범 이후의 미국을 비롯한, OECD 국가들의 정책 방향을 보면 확인할 수 있다.

두 번째, 직업 중개기능을 강화하여야 한다. 실직자와 구직자(회사)를 연결해주는 것을 직업중개라 하고, 이를 담당하는 공공기관을 공공고용안정기관이라고 한다. 우리나라는 고용안정센터의 직원 1인당, 담당하는 경제활동인구가 9,953명으로, 독일의 1/20(직원 1인당 423명), 영국의 1/13(직원 1인당 819명), 심지어는 미국에 비하여도 1/5(직원 1인당 2,023명) 수준에 불과하다. 또한 이곳에 근무하는 전문 상담원들조차 다수가 비정규직으로 자신의 고용 안정을 먼저 걱정하고 있는 상태이다.

　따라서 우선 최소한 미국 정도의 수준으로 고용지원 인력을 확보해야 한다. 직업 중개기능의 강화는 실업자를 구제하기 위해서 뿐만이 아니고, 산업체에 필요한 인력이 공급될 수 있도록 지원해 주기 위해서도 필요하다. 전국에 동사무소 정도의 숫자로 고용안정센터를 설치하고 전문 상담원을 배치하여 산업계의 노동수요와 노동자의 근로수요를 동시에 들어 줄 수 있는 실질적인 고용 알선을 이루어야 한다.

　셋째, 직업 훈련에 대한 투자를 확대하여야 한다. 직업훈련에 대한 공공지출 규모는, 스웨덴의 경우 GDP 대비 0.30%, 벨기에 0.24%, 핀란드 0.29%인 반면 우리나라는 0.08%에 불과하다. 미국과 비교해도 1/30 수준에 불과하다. 우선, '유급 학습휴가제'를 도입해 중소기업 근로자에 대하여도 매년 일정기간의 유급 학습휴가를 받도록 해야 한다. 근로기준법에 근로자의 유급 학습휴가권을 명시하고, 일정규모 이상의 기업에 대하여는 평생학습조 도입을 의무화함으로써 유급 학습휴가권을 보장하며, 중소기업에 대하여는 평생학습조에 편성된 인원의 인건비를 전액 또는 일부 지원하는 것이 좋다. 이렇게 30인 이상 중소기업에 대하여 의무적으로 유급 학습휴가를 실시하고 평생학습조에 대한 인건비를 전액 국가재정에서 보조하면 (학습휴가 기간을 연간 2주일로 잡을 경우) 약 4조원의 예산이 소요되고 대신 약 40만개의 일자리가 새로 생길 것이다.

넷째, 사회서비스 일자리를 적정 수준으로 확충하여야 한다. 공적노인요양제도 도입, 가사도우미 지원 사업 실시, 방과 후 교실, 공공보육시설 확충, 직업교육 확충 등을 통해서만도 57만 9천개의 일자리를 만들어낼 수 있다는 것이 지난 정부에서 기획예산처 소속의 '사회서비스 향상 기획단'이 제출한 보고서에 명시되어 있다. 보건의료 부분에서 환자 숫자 대비 보건의료 인력의 숫자만 정상화하여도 40만 개의 일자리가 만들어진다. 물론 이렇게 되면 일자리만 창출되는 것이 아니다. 가족의 간병 부담을 주부가 지지 않게 되고, 노인부양의 책임, 아이 키우기에 대한 부담에서도 각 개인은 모두 해방된다.

정부는 국민들의 삶에 실제로 도움이 되고, 일자리도 만들 수 있으며, 내수도 진작할 수 있는 이러한 지표와 통계들을 왜 애써 외면하고 있는지 모를 일이다. 토목공사로 생기는 건설업 일자리보다는 이러한 일자리가 훨씬 국민생활에 도움이 되고, 고령화와 저출산에도 대응할 수 있으며, 국민의 삶의 질을 높일 수 있고, 가계비 부담을 경감시켜 가처분 소득을 늘릴 수 있음이 분명하다. 유럽의 선진국들이 좋은 일자리 창출과 국민들에 대한 이전지출 강화를 통해 내수 진작을 추진하고 있는 이유를 우리 정부는 깊이 따져봐야 할 것이다.

경영자는 필요할 경우 노동자를 해고할 수 있지만, 노동자들은 다니던 직장에서 잘려도 별 걱정이 없도록 만드는 것이 북유럽의 복지국가들이 유지하고 있는 일관된 경제사회정책이다. 우리 복지국가소사이어티는 그 동안 적극적 노동시장정책과 각종 실업수당 같은 복지정책으로 해고 노동자의 생활이 나락에 빠지지 않도록 국가의 복지 지출 확대를 꾸준히 요구해 왔다. 충분히 재교육을 받고 새로운 직장에 취업할 수 있도록 국가가 노동자의 삶과 그 가족의 안전을 보호/지원하고, 이를 통해 합리적인 산업구조 조정이 가능하도록 하는 정책만이 쌍용차와 같은 위기에 대한 근본적인 해법일 것이다.

4대 사회보험 징수 통합이 던지는 과제

송상호 | 칼럼 2009년 6월 8일

고 노무현 전 대통령은 임기 내내 보수언론의 집요한 공격에 시달렸다. 이러한 공격은 그가 대통령직을 마치고 자연인으로 돌아간 후에도 계속되었다. 소위 '박연차 게이트' 수사에서는 그 절정을 이루었다. 검찰 수사 과정에서 공공연하게 유출된 각종 혐의와 의혹들, 그리고 보수언론에 의한 확대재생산과 기정사실화는 노 전 대통령을 옴짝달싹 못하게 했고, 이것이 그로 하여금 죽음을 택하게 했다는 지적이 많은 국민들의 공감을 얻고 있다.

그런데 소위 '조중동'으로 일컬어지는 이러한 보수언론도 한때는 노무현 전 대통령의 참여정부를 치켜세운 적이 더러 있었다. 한미 FTA 추진, 이라크 파병, 그리고 4대 사회보험 징수통합 등이 그것이었다. 여기서 앞의 두 정책은 보수언론의 강력한 지지와는 달리 범 진보진영으로부터는 거센 반발과 비판을 받았고 마침내 참여정부 지지 세력의 대대적 이반을 가져왔지만, 뒤의 4대 사회보험 징수통합 정책은 보수와 진보의 구분을 떠나 대부분의 진영에서 동의를 표시하였다. 국민 여론은 더욱 그러했다.

현행 우리나라의 4대 사회보험은 가입자 관리 및 보험료 부과징수에 있어서 사업장 가입자와 지역가입자가 대부분 동일한 대상임에도 중복 관리되고 있다. 이로 인한 비효율성과 국민 불편의 문제가 동시에 해결될 수 있다는 명쾌하고 단순한 설명, 곧 4대 사회보험 징수통합의 추진은 모든 언론과 국민적 지지를 받기에 충분했다.

이렇듯 우호적인 분위기 속에서 참여정부 시기인 2006년 11월 「사회보험료의 부과 등에 관한 법률안」 등 4대 사회보험 징수통합 관련 개정 법률안이 국회에 제출되어 논의가 시작되었으나, 결국 17대 국회에서 통과되지 못한 채 폐기되고 말았다. 그 이유로는 4대 사회보험 노조의 거센 반발, 징수공단이라는 새로운 기관을 설립한다는 데 대한 거부감, 정권 후반기의 추진 동력 상실 등을 들 수 있겠다. 그리고 그 이면에는 국민적 동의를 획득할 수 있는 우리나라 사회보장제도의 통합적 발전을 위한 마스터플랜과 이를 위한 사회적 합의의 부재가 자리하고 있었다.

참여정부 당시, 동 법안이 국회에서 본격적인 논의에 들어가자 국민건강보험공단 노조, 국민연금공단 노조, 근로복지공단 노조는 즉각 '공동투쟁본부'를 구성하여 대대적인 반대 투쟁에 돌입했다. 투쟁의 핵심적 명분은 '사회적 합의 없는' 졸속 법안을 반대한다는 것이었다. 당시 참여정부는 아주 중요한 부분을 간과했었다. 4대 사회보험 징수기관을 기획재정부 산하의 국세청에 두기로 한 것이 그것이다. 이것은 우리나라처럼 사회보험의 재정 규모가 지속적으로 확대되어야 하는 상황과는 잘 부합하지 않는 정책 방향이다. 필자는 이것을 큰 실책으로 본다. 물론, 유럽에서도 사회보험료의 징수 업무를 조세를 담당하는 부처에 둔 국가들도 있다. 하지만 이들 유럽 국가들은 사회보장의 발전 정도와 내용이 우리나라와는 현격한 차이가 있는 등 조건과 배경이 전혀 다르다.

국민건강보험의 경우, 대부분의 유럽 선진국들에서 공공보험의 보장성이

85%를 훨씬 상회하는 반면 우리나라는 60% 초반에 머물러 있다. 무엇보다도 경제 논리를 앞세울 것이 예상되는 경제부처나 소속기관이 국민건강보험의 보험료 징수를 관장하게 된다면 건강보험료의 인상 등 국민건강보험의 보장성을 높이기 위한 정책 수단은 결코 용이하지 않게 된다. 오히려 시장 논리에 근거해 민간의료보험의 활성화 등 의료민영화가 가속화될 여지를 더욱 넓혀주고, 그 수단을 손에 넣도록 해주는 결과를 초래할 것이다. 의료선진화란 이름으로 영리법인 병원의 도입과 실손 민간의료보험의 활성화 등을 강력하게 추진하고 있는 현 정부 경제부처의 정책방향을 보면, 이것이 결코 기우가 아님을 잘 보여준다 하겠다.

이러한 점을 고려할 때, 당시 참여정부가 4대 사회보험 징수기관을 국세청 산하가 아닌 복지부 산하에 설치하기로 하였다면 결과는 완전히 달라졌을지도 모른다. 이것은 사회복지업무 전체를 관장하는 보건복지부가 4대 사회보험 재정의 지속적 확충과 적절한 관리를 수행하면, 상호 연계 속에 보장성의 확충과 더불어 보다 효율적이고 효과적으로 관련 정책을 펼칠 수 있기 때문이다. 4대 사회보험 공단의 해당 노동자들 역시 인력관리의 효율화에만 초점을 맞춘 동 정책에 대한 구조조정 불안에서 벗어나 해당 정책에 대한 수용성을 훨씬 높일 수 있었을 것이다. 돌이켜 생각해보면, 우리나라 사회보험의 역사에서 매우 긍정적인 새로운 획을 그을 수도 있었을 것이란 아쉬움이 떠나질 않는다.

2008년 이명박 정부의 출범은 4대 사회보험 징수 통합에 대한 새로운 추진을 의미하는 것이기도 했다. 이미 확인된 국민적 호응과 전 정권 시절의 실패 원인은 동 정책에 대한 접근을 보다 용이하게 할 수 있는 방법을 제공했다. 2008년 7월 '국민건강보험공단 중심의 통합' 방안의 추진을 위한 '사회보험 징수통합 추진기획단' 대통령 훈령 개정을 근거로 시작된 노정협상은 2009년 2월 제11차까지 거치면서 마침내 노정합의문 잠정합의안이 서명되었고, 그 직후 징수통합 법안은 국회 보건복지가족위원회를 통과했다. 그리고 지난 6월 4일 4대 사회보험 기관의 노조들과 해당 기관 이사장, 보건복지가족부 등 노사정 대표들의 조인식이 완료되었다.

이는 4대 사회보험의 징수통합이 정부의 일방적 주도로 이루어지는 것이 아니라는 점에서, 최소한 사회적 합의를 바탕으로 노사정이 제도 변경을 공동으로 도출했다는 점에서 그 의미가 적지 않다. 그러나 이번 합의가 최상의 선택을 합의한 것이 아니기에 수많은 암초들을 포함하고 있다. 장차 극복해야 할 문제점들을 짚어보면, 다음과 같다.

첫째, 국민건강보험공단이 통합 징수를 담당하게 됨으로서 초래될 수 있는 보험자 기능의 왜곡이 가장 큰 문제다. 보험료의 징수는 보험급여를 위한 수단이다. 국민건강보험공단의 본래 목적인 보험급여의 중요성은 크게 확장된 징수 기능에 가려질 소지가 대단히 높아졌다. 특히 급여업무 중에서도 예방적 사업과 건강증진 관련 업무는 사회적 편익이 매우 큼에도 불구하고 그 투자에 비해 효과가 느리게 나타난다는 특징 때문에 정책적으로 소홀하게 다루어질 위험이 크다. 보험료 징수 실적은 당장 눈에 보이는 지표이므로 정치적으로 민감할 수밖에 없게 되고, 기관장은 징수업무에 우선순위를 둘 수밖에 없게 될 것이다. 또 기존에도 징수기관이란 부정적 이미지가 강한 국민건강보험공단이 목적과 수단이 전도되어 국민적 신뢰를 상실한다면 건강보험의 보장성 강화 등 사회보장의 확대는 크게 부정적 영향을 받을 수밖에 없게 된다.

둘째, 4대 사회보험 징수통합의 추진과 관련하여 인력 운영의 효율화 측면이 여전히 강조되고 있다는 것이다. 이것은 정부가 강력하게 추진 중인 공기업 선진화와 맞물려 4대 사회보험 기관들의 구조조정과도 연동될 수 있는 것이다. 일이 이렇게 진행될 경우, 현재에도 광범위하게 존재하는 4대 사회보험의 사각지대 등 사회보장의 취약지대를 해결해야 하는 당면과제를 달성하는 것과는 반대로 사회보험의 전반적인 약화로 이어질 것이다.

셋째, 거대조직에 대한 비판이다. 국민건강보험공단은 직원의 수가 1만 명 수준일 때도 '방만 경영'이라는 지극히 추상적이고 선정적인 공격에 시달렸고, 이는 정상적인 보험자 역할을 위한 자리매김을 거의 불가능하게 만들었다. 2011년부터 국민건강보험공단이 4대 사회보험 통합징수 업무를 개시하게 되면, 국민건강보험공단의 인원은 1만 5천 명에 달하게 된다. 엄청난 규모의 단일 공조직이 탄생하는 것이다. 과연, '거대조직', '공룡조직'이라는 언론의 선험적, 선정적 뭇매를 어떻게 버텨낼 수 있을지 의문스럽기 그지없다.

현 정부에 들어와서 강력하게 추진되고 있는 '국민건강보험공단으로의 4대 사회보험 징수업무의 통합'은 우리나라 사회보험제도의 틀을 재편하기 위한 새로운 시작인지도 모른다. 내용적으로 매우 아쉽기는 하지만, 절차상 노사정 합의의 형식도 갖추었다. 하지만 사회보험을 통한 우리나라 사회보장제도의 획기적 발전에 대한 장기적 마스터플랜이 크게 결여되어 있다는 점에서 장차 큰 난관과 제도의 왜곡이 염려된다.

국민건강보험공단이 언제까지든 통합징수조직으로 있을 수는 없을 것으로 전망하는 전문가들도 적지 않다. 장차 그만큼 문제가 많이 발생할 것이란 지적이다. 제도개혁의 목표만 한결같고 분명하다면, 방법은 여러 가지 있을 수 있어도 궁극적으로는 통할 것이다. 필자가 지금 회의하고 있는 것이 바로 그 목표다. 우리나라 사회보장의 발전을 위해, 복지국가의 실현을 위해 노력하고자 하는 모든 제 세력들은 4대 사회보험의 명실상부한 '보편적' 제도 확충을 희망한다. 이것이 한결같은 우리의 목표다. 그런데 현 정부는 '복지국가보다는 시장국가'에 관심을 집중하고 있다. 우리가 현 정부의 각종 시책을, 특히 4대 사회보험 징수통합의 진정성을 믿지 못하는 이유다. 현 정부는 복지국가를 원하는 우리 시대의 열망을 보다 열린 자세로 수용하길 바란다. 이것이 최근 현 정부의 정책기조 변화를 바라는 국민의 목소리다.

사회적 기업에 날개를 달아주자

이용재 | 칼럼 2009년 5월 18일

우리사회를 위해 좋은 일을 하는 기업, 어려운 이웃들의 일자리를 만드는 기업, 좋은 일을 하면서 수익을 내는 기업, 이웃을 위해 일하는 기업, 이윤보다 나눔을 우선하는 기업이 있다. 이런 기업을 '사회적 기업(Social Enterprise)'이라고 한다. 좋은 일을 하고, 이웃들의 일자리를 만들고, 나눔이 먼저인 기업이 과연 시장에서 살아남을 수 있을까? 영국에는 5만 5천개의 사회적 기업이 있고, 유럽의 사회적 기업 종사자가 900만 명이 넘는다. 좋은 일을 하면서도 시장에서 살아남는 사회적 기업이 가능하다는 것이 증명된 셈이다. 우리나라의 사회적 기업 몇몇도 이미 자립기반을 확보하고 수익을 조금씩 사회에 환원하고 있다.

사회적 기업은 취약계층에게 사회서비스 또는 일자리를 제공하여 사회적 목적을 추구하면서 상품 및 서비스의 생산·판매 등 영업활동을 수행하는 기업을 말한다. 영리추구를 통해 기업을 확장하고 주주들에게 이득을 분배하는 것이 목적인 일반기업과는 달리 주주나 소유자를 위한 이윤 극대화를 추구하기보다는 우선적으로 사회적 목적을 추구하면서 이를 위해 사업을 통해 얻은 이윤을 사업 또는 지역공동체에 재투자하는 기업이다. 결국 사회적 기업은 사회적 목적과 경제적 목적을 함께 가지고 있는 기업인 것이다.

현재 우리나라에 사회적 기업은 218개가 활동하고 있는데, 이들이 하는 사업은 결식 이웃을 위한 위생적인 식사 제공, 노인케어서비스, 정신장애인과 고령자 등 취약계층이 제공하는 지하철 택배사업, 장애우 활동지원, 교육, 보육, 돌봄, 직업진로, 의료서비스, 유기농으로 차린 밥상, 재활용, 문화공연 및 문화체험, 장애인 복지차량 대여서비스 등 다양하다. 사업의 대부분이 일반기업이 진출해 수익을 얻기 어려운 영역이거나, 일반기업에 취업하기 어려운 우리사회의 취약계층이 일하는 사업이다. 취업이 어려운 장애인, 고령자, 장기실업자 등 취약계층이 당당하게 기업의 근로자 또는 주인이 되고, 벌어들인 수입으로 자신과 같은 어려운 이웃을 위해 다시 사용할 수 있다니, 얼마나 행복하고 아름다운 일인가.

「사회적 기업 육성법」이 제정된 이래, 우량한 사회적 기업을 만들어내기 위해 정부는 사회적 기업 홍보, 지역 네트워크 구축, 경영 지원, 사회적 기업가 양성 등 다양한 노력을 기울이고 있다. 몇몇 대기업들도 기업의 사회적 책임(Corporate social Responsibility) 하에 재정과 경영 컨설팅을 지원해 우량한 사회적 기업을 만들어내는 데 일조하고 있다. 대기업은 아니지만 지역사회 중소기업들도 사회적 기업의 물품을 구매하는 등의 지원을 하고 있다.

기존에 사회적 서비스를 제공해 왔거나, 장애인 등 취약계층을 대상으로 작업장을 운영해 오던 복지시설 및 단체들을 중심으로 사회적 기업을 배우고 추진하려는 움직임이 매우 활발해졌다. 장애인이나 노인이 만든 물건이라는 편견을 가지고 무시하거나 동정적 구매를 하던 일반 사람들에게 자신 있게 공인된 '기업'의 이미지를 가지고 마케팅도 하며, 적극적으로 사업을 할 수 있게 되었으니 얼마나 반가운 일이겠는가. 회계나 경영 관련 전문 인력을 지원받고 경영 지원을 통해 시장에서 경쟁력을 갖출 수 있는 기회를 얻게 된 것도 바람직한 결과이다.

최근 경제 상황이 악화되면서 갑작스럽게 취약계층이 증가하고 있다. 사회적 취약계층의 증가는 사회적 기업의 근로자와 수혜자 양측 모두의 자원이 많아지는 것이기 때문에, 이 시점이 사회적 기업을 보다 활성화해야 할 기회라고도 볼 수 있다. 그런데도 사회적 기업의 증가 추세는 다소 주춤하는 분위기다. 경제 위기로 일자리를 잃는 사람들이 늘어나면서 사회적 기업보다는 사회적 일자리 사업에 관심이 더 집중되고 있기 때문이다.

사회적 일자리에 참여할 경우, 이것이 사회적 기업으로 발전할 가능성이 크므로 향후 사회적 기업의 활성화에 기여할 것이라는 기대도 있지만, 최근의 사회적 일자리 사업은 갑자기 쏟아져 나온 실업문제를 해결하기 위해 땜질식으로 접근한 터라 사업의 수익성과 지속성을 담보하기 어렵고, 근로자 고용의 지속성도 확신하기 어렵다. 이를 폄하하는 이들은 '공공근로'의 부활이라고 말한다. 오히려 최근의 사회적 일자리 사업은 사회적 기업의 활성화를 정체시켰을 뿐만 아니라 향후 사회적 기업의 활성화에도 크게 기여하기 어려울 것으로 보인다.

사회적 기업을 정부와 지자체로부터 지원을 얻기 위한 수단으로 생각하는 것도 문제다. 사회적 기업이 되면 인건비 등이 지원되는 것으로 알고 인증 지원을 신청한 경우들이 종종 있다. 효율성과 시장을 강조하는 MB정부의 성향 때문에 과거의 복지 분야에 대한 무조건적 지원이 일정 조건이 있는 형태로 전환될 것으로 예상하고, 사회적 기업이 되면 지원 요건을 갖추게 되어 정부 지원을 얻는 데 긍정적으로 작용할 것으로 기대한 것이다.

좋은 사회적 기업은 급조되어 하루아침에 성공할 수 없다. 성공이 보장된 사업이면 이미 일반기업들의 몫이 되고 말았을 것이다. 유망한 사업 아이디어를 중심으로 철저히 준비해 시작하고, 정부와 지자체, 연계기업으로부터의 재정·경영지원 등을 통해 시장에서 경쟁해 살아남을 수 있도록 착실히 인큐베이팅 되도록 해야 한다. 좋은 사회적 기업을 활성화하기 위해 몇 가지를 제안을 해본다.

먼저, 지역 사회를 대표할 만한 사회적 기업 만들기 운동을 전개하자. 지역 사회의 모든 주체들이 이를 지원하는 데 아낌이 없어야 한다. 지역 사회에 성공한 사회적 기업이 생긴다면 엄청난 직간접적인 파급효과를 기대할 수 있게 된다. 지역 내 취약계층에게 일자리를 제공하게 됨으로써 이들을 위한 더 없이 좋은 소득보장제도로서 역할을 하게 될 뿐만 아니라, 지역 사회가 필요로 하는 사회서비스를 제공해서 복지 문제를 해결할 수 있게 된다. 지방자치단체의 재정적·행정적 부담이 감소할 뿐만 아니라, 지역 주민과 지역 기업의 납세 부담도 줄여줄 수 있다. 자연스럽게 지역 주민에게 일자리를 제공하는 등 지역경제를 활성화하는 역할도 할 수 있다. 이쯤 되면 지역 사회의 모든 주체가 성공한 사회적 기업을 만들어 내는 데 전력해도 될 이유가 충분하지 않겠는가.

다음으로, 이를 위해서 지방자치단체와 지역 기업체의 체계적인 지원이 필수적이다. 그동안 사회적 기업에 대한 지방자치단체와 지역 기업체의 지원은 소액의 재정지원과 형식적인 MOU 체결이 대다수였다. 최근 사회적 기업을 지원하기 위한 조례를 광역 지방자치단체 수준에서 제정하고 있다. 긍정적인 일이다. 사회적 기업과 보다 긴밀히 연계될 수 있는 기초 자치단체 수준에서 실질적인 지원 내용을 담은 조례의 제정이 필요하다. 상품과 서비스를 지방자치단체와 관련 기관이 우선 구매함으로써 시장에서 안정적으로 자리를 잡을 수 있도록 도와야 한다. 지역 기업들도 지원 수준을 실질적 수준으로 높여야 한다.

마지막으로, 정부의 사회적 기업에 대한 지원도 정비가 필요하다. 사회적 기업 인증 지원, 경영 자문 및 컨설팅, 예비 사회적 기업 네트워크 구축, 사회적 기업가 양성, 전문인 자원봉사자 연계, 전문 인력 지원, 자금 대부 등 많은 사업을 하고 있지만, 사회적 기업에게 얼마나 직접적인 효과가 있는지를 재평가할 필요가 있다. 사회적 기업의 여건을 감안한 지원이 필요하다. 예컨대, 대부분의 기관이 기관대표와 1인의 실무자가 기관 운영을 도맡아 하는 경우가 많다. 이에 맞는 경영 지원이 이루어져야지, 대기업에게나 맞을 법한 경영 기법의 전수는 의미가 없는 것이다. 어떤 도움이 필요한지를 파악하고, 미리 정해진 한정된 지원이 아니라, 기업의 욕구에 따른 유연한 지원이 필요하다.

어떤 사업이든 자리를 잡고 수익을 내려면 수년의 시간이 필요한 만큼, 열매를 기다릴 줄 아는 인내도 필요하다. 특히 많은 사회적 기업을 만들어 내는 데만 급급하기보다는 수 개의 성공한 '모델 사회적 기업'을 육성해내고 그 파급효과를 기대하는 것이 바람직하다.

한 가지 염려되는 것은 사회적 기업의 사업 영역을 볼 때, 공공이 해야 할 일과 시장에 맡겨야 할 일의 구분이 명확하지 않다는 것이다. 사회서비스 영역 위주로 사회적 기업이 인증되면서 공공역할이 시장역할로 전환되어 가는 것이 아닌가 하는 우려가 그것이다. 사회적 기업은 비록 사회적 목적을 수행하기는 하지만 정부가 해야 할 일을 대행하는 기구가 되어서는 안 된다. 이 점을 분명히 하는 것은 매우 중요하다. 기업의 지속가능성과 수익성을 고려하더라도 그렇다. 정부는 공공이 감당해야할 영역을 명확히 하고, 사회적 기업의 사업 영역과 중복되지 않도록 명확한 방향을 제시해야 한다.

잘 육성된 하나의 사회적 기업은 지역사회의 경제·복지·사회에 기둥이 될 수 있다. 많은 기업을 만들어내는 것도 중요하지만, 더욱 중요한 것은 하나를 만들어내더라도 시장에서 꾸준히 수익을 내고 성장해서, 그 이윤을 다시 지역 사회에 환원할 수 있는 지속가능한 사회적 기업을 만들어 내는 것이다. 이제 다같이 사회적 기업에 날개를 달아주자.

우리나라 농촌 보건복지의 진단과 과제

박기수 | 칼럼 2009년 3월 9일

    2008년 3~4월에 걸쳐 보건복지가족부와 한국보건사회연구원은 예비 노인 세대인 45~64세의 전국 남녀 1,014명을 대상으로 노후에 관한 전화조사를 실시하였다. 전체 응답자의 52.2%가 노후를 걱정하고 있는 것으로 나타났다. 그런데 특이한 점은 농림어업 종사자들은 다른 직종의 응답자들에 비해 노후를 별로 생각하지 않거나 생각할 필요성이 없다는 반응을 유의하게 많이 보였다고 한다. 또 공적연금, 사적연금, 저축 등의 경제적 준비를 하고 있다는 응답 비율도 다른 직종의 응답자들보다 유의하게 낮았다. 농촌지역에 거주하는 45~64세의 예비 노인들은 노후에 대한 정보와 관심의 부족 등으로 노후를 제대로 대비하지 못하고 있는 것이다. 그러면 이러한 농어촌 보건복지 문제를 해결하기 위한 국가정책은 과연 있는 것인가?

    "요람에서 무덤까지"라는 영국의 사회보장제도를 확립하는 데 결정적 기여를 한 윌리엄 베버리지(1879~1963)는 모든 국민의 기본적 수요 충족을 위한 사회보험과 긴급을 요하는 수요 충족을 위한 공적 부조를 제안하였다. 이후 유럽의 복지국가들은 이러한 제도적 틀을 모두 갖추게 되었다. 복지 후발국인 우리나라도 이러한 베버리지 사회보장제도의 기본 틀을 갖추고 있는 것으로 평가되고 있다. 우리나라의 '국민건강보험 의료제도'는 유럽의 복지국가 선진국을 제외하면 모든 국가들 중에서도 세계적 모범으로 꼽히며 개발도상국들의 교훈이 되고 있다. 외형상 4대 사회보험을 제도적으로 잘 구비하고 있으며, 국민기초생활보장제도도 사회권의 개념을 비교적 잘 구현하고 있는 셈이다.

우리나라는 1차 사회안전망으로서 4대 사회보험을, 2차 안전망으로 공공부조를, 마지막으로 긴급지원제도와 같은 3차 안전망을 구비하고 있는 바, 이를 우리 농촌의 현실에서 구체적으로 살펴보자. 먼저, 1차 사회안전망 중 국민연금의 경우 실제 수급을 받고 있는 금액이 적어서 농촌 노인들에게 큰 도움이 되지 않고 있다. 농촌의 건강보험도 도시지역의 건강보험 가입자들에 비해서 효과와 만족도가 작다. 의료기관의 수도 적거니와 의료서비스의 질적 수준이 떨어지고, 보장성의 취약으로 농촌 주민이 부담하기에는 본인부담이 차지하는 비중이 높기 때문이다. 그래서 농어촌지역 건강보험료 경감 조치가 있지만 농업인들에게는 이러한 것들이 그리 고마운 제도로 인식되지 못하고 있는 실정이다.

고용보험의 주요 사업인 고용안전, 직업능력개발, 실업급여 등은 농업인들에게는 해당되는 것이 별로 없다. 즉, 고용보험에 가입한 농업인들이 극소수에 불과하며(2005년 11월 기준, 33,704명에 불과), 또한 농업이란 것이 하나의 직업으로 인정받고 있지 못하는 상황에서 고용보험 역시 농업인에게는 딴 나라 얘기인 것이다. 마지막으로 산재보험(산업재해보상보험)의 경우, 농림어업은 법인에 속한 경우만 근로자로 인정을 받고 있어, 우리나라와 같이 소농 또는 소작농이 대부분인 농업인에게는 해당사항이 없다.

2차 사회안전망으로 실시되고 있는 국민기초생활보장제도는 제도 운영에서 농촌의 특수성이 제대로 반영되지 못하고 있다. 농촌 주민은 소득 평가액 및 재산의 소득 환산액 산정, 부양의무자 기준, 부양능력 판정 등에서 불이익을 받고 있다. 그리고 농촌지역에서는 자활사업이 활성화되지 못하고 있으며, 자활후견기관도 효율적으로 운영되지 못하고 있다.

3차 사회안전망의 대표적인 것이 긴급지원제도인데 긴급지원의 실적을 살펴보면, 2006년 10월 현재 전국적으로 12,098명에게 지원한 것으로 나타났다. 대체로 농촌지역의 긴급지원이 도시지역에 비하여 낮은 것으로 알려져 있다. 이는 농촌의 인구 유동성이 도시보다 적고, 빈곤가구 발생 시 이웃들이 돌보며, 만성적 빈곤의 경우 국민기초생활보장 대상에 포함되기 때문인 것으로 판단된다. 현행 긴급지원제도가 농촌지역에서 효과가 떨어지는 이유는 다음과 같다. 첫째, 긴급지원제도에 대한 주민 교육 및 홍보가 크게 부족하여 대개의 농촌 노인들은 이러한 국가제도에 대한 인식이 아주 낮다. 둘째, 농촌의 공동체적 특성으로 인하여 긴급지원제도라는 국가 복지에 의존하기보다는 동네에서 자체적인 돌봄으로 해결하는 경우가 아직도 상당부분 남아 있기 때문인 것으로 보인다. 그 외에, 긴급지원 대상자 발굴체계의 미흡 역시 일조하였을 것이다.

그러나 농촌지역 주민에 대한 보건복지 사회안전망의 부족은 궁극적으로 우리나라의 잔여주의 복지정책에 기인한 것이라고 필자는 단언하고 싶다. 미국과의 FTA에서도 농업이 가장 크게 손해를 보도록 만들고, 성난 농민의 마음을 달래기 위하여 하는 정책이란 것들이 우는 아이에게 떡 하나 더 주는 식이었던 것이다. 근본적으로 농촌이 살기 좋은 곳이 되도록 하는 사회경제적 구조 변화에 대해서는 애써 외면하고 있는 것이다. 지금 우리 농촌은 임시적인 미봉책이 아니라 근본적이고 구조적인 접근을 필요로 한다. 우리 농촌의 고령화가 심해지고 있는 관계로, 마치 농촌 정책이란 것들이 고령화 정책과 같은 것으로 휩쓸리고 있는 듯하다.

농사를 짓느라 골병이 들어 있는 노인에게 죽을 때까지 통증 완화를 시켜 주는 것이 과연 농촌지역 보건에서 국가의 역할일까? 왜 농촌의 주민은 골병이 들 때까지 일을 하여도 도시민들에 비해 상대적 박탈감을 느끼면서 살아야 하는 것인가? 사업장에 근로자들이 골병에 드는 산업구조라면 막대한 예산을 지원하여 산업 환경의 개선을 꾀하면서 왜 농촌지역에서는 그렇게 하지 않는 것인가? 식량의 자주권을 확보하지 않고 과연 복지국가, 번영된 국가를 이룰 수 있을 것인가? 농업이 국가의 기간산업 중에서도 가장 중요한 산업이 되어야 함에도 불구하고 멸시당하고 마치 사라져도 무방한 산업으로 치부하는 수출지향주의 산업구조가 더더욱 농촌을 어렵게 하고 있다.

선진국에서는 농촌 노인들을 위한 사회안전망이 체계적으로 구축되어 있으며, 현재 안정적으로 작동되고 있다. 농업에서 은퇴한 사람들의 소득보장을 위한 특별대책을 마련해 놓고 있다. 예를 들면, 일본은 농업자 연금과 경영이양연금제도가, 독일은 농업경영이양연금과 농업경영자 노령부조제도가 있으며, 농촌지역 노인들을 단순한 복지의 수혜대상으로만 보는 것이 아니라, 생산적이고 활동적인 경제 주체로 인정하고 있다. 그리하여 건강한 농촌 노인들이 농업과 비농업 분야에서 자신의 신체적 조건에 알맞은 일을 지속할 수 있도록 지원한다. 또 농촌 투자를 통해 젊은이들이 농촌에서의 삶을 영위할 수 있도록 하는 많은 정책들이 시행되고 있다.

　이제라도 농촌이 국가와 국민에게 소중한 지역이 될 수 있도록 국가가 발 벗고 나서야 한다. 이를 위해서는 무엇보다 농촌의 보건복지정책을 잔여주의 복지가 아닌 실제적으로 작동하는 보편주의 복지로 변환하여야 할 것이며, 또한 농촌의 사회경제적 구조 개선으로 농촌을 보다 살기 좋은 지역으로 바꾸어 나가야 할 것이다.

● 복지국가, **노동과 사회복지**

이명박 정부 1년, 복지는 없었다.

홍보위원회 | 성명 2009년 2월 26일

    '능동적 복지'를 슬로건으로 내건 이명박 대통령 취임 1년이 지났다. 현 정부는 평생 복지 기반을 마련하고, 예방·맞춤·통합형 복지 서비스를 제공하며, 시장 기능을 활용한 서민생활 안정에 주력하겠다는 대국민 약속과 함께 출범한 정부였다. 물론 출발부터 논란과 걱정이 끊이지 않았던 '능동적 복지'였지만, 초기에는 혹시나 하고 기대를 하는 사람들도 없지는 않았다. 서울시 버스체계를 보란 듯이 뜯어 고쳤던 '이명박 시장의 실력'에 대한 믿음이 있었고, 자신을 지지해준 서민 대중에 대해 일정한 정책적 보상을 해줄 것이라는 기대가 있었다. 그러나 이명박 정부 출범 1년이 지난 지금 그러한 전망과 기대는 한낱 일장춘몽에 불과했음이 드러났다. 이명박 정부에게 '복지 확대'의 중요성에 대한 인식이나, 더불어 사는 세상에 대한 따뜻한 마음을 기대한 것 자체가 완벽한 오류였음을 확인한 지난 1년이었다.

    경제위기 상황에서 복지수요는 나날이 증가하고 있음에도 불구하고 복지정책의 현장을 책임지고 있는 지방정부에 대한 중앙정부의 복지예산지원은 줄어들기만 하고 있다. 1년 전에 비해 그 수가 1만4,000여명 줄어들었다는 기초생활보장 대상자 통계가 그 실상을 그대로 보여준다. 경제는 나빠졌는데 오히려 기초생활보장자는 줄어들었다는 이러한 통계상의 아이러니는 관련 예산이 대폭 축소되었기 때문에 나타는 착시현상인 것이다. 결국 이명박 정부의 서민에 대한 애정은 시장 할머니에게 목도리를 둘러주는 연출된 이벤트에서만 확인할 수 있을 뿐이다. 정작 복지정책의 일선 현장에서 드러난 이 정부의 실체는 서민에 대해 지극히 인색하고 각박한 정부였다.

복지예산을 줄인 것만이 문제가 아니다. 이명박 정부는 '시장 기능을 활용한 서민생활 안정에 주력'하는 것을 넘어, '시장 기능을 활용해 서민생활을 파탄으로 내모는' 행보를 가속화하고 있다. 건강보험 당연지정제의 완화 혹은 폐지, 영리법인 병원의 허용, 민간의료보험 활성화 등으로 대표되는 의료민영화가 대표적 사례이다. 2009년 현재, 윤증현 신임 기획재정부 장관을 비롯한 이명박 정부의 주요 인사들이 보여주는 의료민영화에 대한 실천 의지는 확고하다. 그 요체는 현재의 국민건강보험제도를 자본이 주도하는 미국식 의료제도로 변화시키겠다는 것이다.

이는 단일 국민건강보험체계를 사실상 무력화시켜 복수의 민간의료보험체계가 주도하는 자본 주도의 의료재정체계로 전환하고, 의료비를 민간보험회사와 병원들 간의 자율적 계약에 의해 결정하도록 하자는 것이다. 이러한 구상은 의료민영화가 현실화 될 경우, 복잡한 의료서비스 계약과 제공 과정에서 많은 수의 일자리가 만들어질 것이며, 이를 통해 이윤창출의 기회를 만들어 주면 시중의 유휴 자본이 알아서 뛰어들 것이란 판단을 전제로 하고 있다. 시장만능주의에 찌든 청와대와 경제 관료들은 의료서비스 분야를 아파트 건설 사업을 대체할 거시경제 운용의 대체 신산업쯤으로 보고 있는 것이다. 이제 이명박 정부는 복지를 자본에 종속시킴으로써 거시경제 활성화를 위한 하위 수단으로 전락시키고 있다. 그런데 이러한 방식이라면 머지않아 보건복지가족부 무용론이 나오지 않겠나 싶다. 복지를 이런 식으로 취급할 심산이라면, 아예 보건복지가족부를 경제부처 산하 조직으로 재편하는 쪽이 더 낫지 않을까?

지난 1년 간 '이명박 정부의 복지 정책'을 돌이켜볼 때, 우리는 현 정부의 복지에 대한 철학과 책임의식 부재를 심각하게 비판하지 않을 수 없다. 지금은 경제 공황이 우려될 정도의 심각한 상황이다. 따라서 우선, 경제난으로 급증할 취약계층과 거리로 쏟아져 나올 실직자들을 구제하기 위한 단기적인 복지제도 확충이 중요하다. 또한 4대강 개발이나 토목공사에 투입할 예산을 보육 지원, 교육비 지원, 보건의료비 지원, 노인부양과 노후연금에 대한 지원, 주거비 지원 등 국민 다수를 대상으로 하는 보편적 복지에 투입하도록 국가의 정책 방향과 우선순위를 전환하여야 한다.

지금 우리가 직면하고 있는 경제난을 통해 오히려 기존의 '수출 중심 체계'를 '고부가가치 지식 기반 산업구조'로 개편해나가는 전략도 필요하다. 이 난국을 오히려 기회로 활용해 기존의 잔여주의 복지를 보편적 복지, 적극적 복지체계로 바꾸는 '복지제도의 일대 혁신'을 이루어야 한다. 복지에 대한 과감한 투자를 통해 양질의 사회서비스 일자리를 창출하고, 지금까지 국민들이 개별적으로 구입하던 사회서비스에 대한 가계 부담을 줄여줘야 한다. 이렇게 되면 개별 가구들의 실질적인 가처분 소득을 늘려 줄 수 있다. 이를 통해 국가 전체적으로 내수를 진작시키고, 수출 부진을 이겨내는 것이 경제난을 극복하는 가장 바람직한 탈출구가 될 것이다.

　청와대와 정권의 핵심부가 생각을 바꿔야한다. 복지를 잔여적으로 인식하고, 복지에 대한 재정투입을 일종의 낭비로 인식하는 구태를 벗어던져야 한다. 복지는 사회권의 신장이자, 동시에 성장을 위한 가장 확실한 투자이기도 하다. 복지에 대한 공적 재정투입을 획기적으로 늘리는 일, 이것이 지금 해야 할 가장 중요한 일이다. 현 정부는 복지를 자본과 시장으로 대체하려는 불순한 의도를 당장 그만둬야 한다. 복지국가소사이어티는 이명박 정부 취임 1년간 처절하게 드러난 복지철학의 완벽한 부재를 바라보며 안타까움과 걱정이 앞서는 바, 현 정부의 근본적인 정책 변화를 요구한다.

복지국가
보육과 교육

교육복지 외면하는 한나라당 지방의원들
경기도 의회는 아이들의 밥그릇에 재를 뿌리지 마라!

홍보위원회 | 논평 2009년 12월 3일

한나라당이 장악하고 있는 경기도 의회가 또 다시 초등학생 무상급식을 거부했다. 경기도 의회 교육위원회는 김상곤 경기도 교육감이 경기도 내 초등학교 5~6학년 학생 전원에게 무상급식을 지원하겠다며 신청한 예산 650억 4,000만 원을 전액 삭감했다. 경기도 의회는 지난 7월에도 김상곤 교육감이 제출한 농·산·어촌 학교와 도시지역 300인 이하 소규모 학교의 무상급식 예산 171억 원을 전액 삭감한 바 있다. 지난 4월 경기도 교육감 선거에서 이른바 진보 교육감으로 당선된 김상곤 교육감이 주도하는 교육복지사업에 대해 한나라당이 장악하고 있는 경기도 의회가 사사건건 발목을 잡고 있는 셈이다.

우리 복지국가소사이어티는 그동안 우리나라가 복지국가로 나아가는 데 있어서 '교육복지'의 역할이 매우 기본적이고 중대하다는 점을 누차 강조해 온 바 있다. 교육은 사회를 재생산하고 사회적 생산력의 기초를 제공하는 영역이다. 따라서 이 분야에서의 복지와 평등은 그 사회의 본질을 구성하는 중대한 문제가 아닐 수 없다.

우리는 단순한 교육비용 외에도 그 교육과정을 수행함에 있어서 함께 소요되는 제반 부수비용까지 국가와 사회가 포괄적으로 부담하는 종합적 교육복지 체계의 수립을 요구해왔다. 그 이유는 우리가 지향하는 복지의 원리가 '보편적 복지'에 있기 때문이다. 우리가 추구하는 교육복지는 단순히 '교육' 과정을 수행하는 데 국한된 복지가 아니라 교육받는 사람의 총체적 능력 구성을 확대하기 위한 복지이어야 한다. 이런 차원에서 우리는 초·중학교 무상교육이 국가의 의무라면 그에 수반되는 무상급식 역시 국가의 의무라는 인식을 가질 필요가 있다고 보는 것이다.

무상급식은 과중한 학부모의 교육비 부담을 줄이는데도 도움을 준다. 우리나라는 학부모가 부담하는 '사부담 공교육비'의 국내총생산(GDP) 대비 비율이 2.7%로 경제협력개발기구(OECD) 회원국 30개국 가운데 가장 높다. 이렇게 높은 공교육비 가계 부담은 특히 서민 가계의 교육활동을 위축시키지 않을 수 없게 된다. 여기에 더해 소득계층별로 극단적으로 심화되고 있는 양극화된 사교육비 지출 양태는 상황을 더 암울하게 만들고 있다.

따라서 국가와 사회는 각 개인이 부담해야 할 교육비용과 그 과정에 들어가는 부수비용을 줄여주는 데 많은 관심을 가져야 한다. 교육비 부담이 줄어들면 가계의 입장에서는 그만큼의 가처분소득이 늘어나기 때문에 필요한 분야에 대한 소비 여력이 높아지고, 특히 저소득층의 경우 이러한 구매력이 소비로 연결될 가능성이 높다.

또한 초등교육기관에서 경험하는 평등한 밥상은 이 사회의 기본을 확인하는 중요한 기초로 작용할 수 있다. 초등학생 시절 함께 먹는 평등한 밥상은 특히 교육소외계층에 속한 차별받는 아이들이 겪어야 할 심리적 상처를 방지하고, 거대한 사회적 공통 기반을 인식하게 하는 교육적인 배려로 작동할 수 있다. 어린 시절 형성된 심리적 안정이 그 아이들이 성장했을 때 그 사회의 안정성과 높은 성과로 직결된다는 점에서 이러한 장기적인 사회 안정 전략은 반드시 필요한 것이다.

요컨대, 무상급식은 국가의 미래를 위한 보편적 복지 정책의 일환이며, 인적자원의 탁월성과 높은 사회적 자본의 형성을 추구함으로써 우리사회의 잠재 생산성을 높일 수 있는 중요한 장치이다. 보편적 복지에 대한 철학도, 의지도 없는 지방의원들이 이른바 진보 교육감이 제출한 무상급식 관련 예산을 삭감할 아무런 권리가 없다는 것이다. 경기도 의회의 오판과 무능은 그들이 과연 국민을 대변할 소양과 자질을 제대로 갖추고 있는지 의심하지 않을 수 없게 한다.

우리는 한나라당 지방의원들이 자신들의 정치적 입장 때문에 이번 무상급식 예산을 전액 삭감했다는 의구심을 갖지 않을 수 없다. 초등학생 무상급식은 각 정당이나 정파의 정치적 입장의 차이를 넘어서 보장되어야 할 기본적인 복지 장치이다. 이 정책은 이미 한나라당이 주도하고 있는 다른 지자체에서 추진 중인 사안이기도 하므로, 한나라당이 추구하는 가치와 근본적으로 배치된다고 볼 수도 없는 것이다. 그러나 총 116석의 의석 중에 한나라당이 98석을 차지하고 있는 경기도 의회가 절대적인 한나라당 지배를 받으면서 초등학생 무상급식 예산을 거부한 것은 김상곤 경기교육감에 대한 정치적 행동이라고 밖에는 볼 수 없다.

경기도 의회는 진보교육감에 대한 발목잡기를 즉각 중단해야 한다. 단지, 김상곤 교육감이 이를 주도한다는 이유로 정치적인 차원에서 초등학생 무상급식을 계속 거부한다면, 이는 대의민주주의에 대한 명백한 부정일 뿐이다.

경기도 의회는 정치적 이해관계 때문에 덮어놓고 초등학생 무상급식을 반대하는 오류를 범해서는 안 된다. 우리는 경기도 의회 교육위원회가 삭감한 무상급식 예산 650억 원을 본회의 차원에서 전액 원상 회복시켜야 한다고 생각한다. 아이들이 당연한 권리로써 누려야 할 교육복지를 보장해 주지는 못할망정, 아이들이 먹어야 할 다 된 밥에 재를 뿌려서는 안 되기 때문이다.

본색을 드러낸 MB식 등록금 후불제

홍보위원회 | 논평 2009년 11월 26일

이명박 정부의 지지율이 지속적으로 40% 수준을 유지하고 있다. 이렇게 대통령의 지지율이 상향안정 추세에 들어선 가장 큰 이유 중의 하나는 이른바 '친서민 정책' 행보로 보인다. 보금자리 주택정책, 미소금융을 통한 서민 소액융자 지원 정책, 그리고 취업 후 학자금 상환제도 등이 소위 친서민 정책들을 떠받치는 기둥 노릇을 하며 대통령 지지율에 대한 구체적 토대를 이루고 있다.

그런데 과연 이명박 정부의 친서민 정책은 얼마나 진정성 있게 추진되고 있는 것일까? 정권의 실체와 정치인의 진정성은 예산과 인사를 통해 알 수 있다. 국민들의 귀를 솔깃하게 하는 말은 누구나 할 수 있지만, 결국 인사와 예산을 보면 누구를 위한 정권인지, 그들의 진심을 확인할 수 있기 때문이다.

그런데 2010 예산안에 나타난 정책의지를 확인해 볼 때, 우리는 이명박 정부의 친서민 정책이 추구하는 실체를 다시 생각해 보지 않을 수 없게 된다. 특히 '취업 후 학자금 상환제도'의 내막을 자세히 들여다보면 과연 이 제도가 친서민 정책인지? 의심스럽기만 하다.

이명박 정부가 제출한 '취업 후 학자금 상환제도'는 지난 7월 30일 대통령이 직접 대학생들과의 대화라는 형식을 빌려 공식화한 것이다. 당시 이 제도가 발표되었을 때 많은 대학생들과 전국의 학부모들은 한 줄기 희망을 얻었다며 환영한 바 있다.

그런데 지난 11월 19일 교육부가 발표한 이 제도의 구체적 실행방안을 살펴보면, 이 제도는 그동안 시민사회와 관계 전문가들이 주장해온 진보적 친서민정책인 '등록금 후불제'의 취지에 근접한 것이 전혀 아니고, 사실상 "재학 중 이자 유예제도"로 전락한 것이 확실해 보인다.

교육부의 보도 자료에 따르면, 이명박 정부의 '취업 후 학자금 상환제도'는 우선 그 지원 대상을 소득 7분위 이상으로 제한하고 있다. 성적 제한도 두어 C학점 이상을 요구하는 것에 더하여, 12학점 이상을 이수한 자로 그 대상을 한정하고 있다.

무엇보다 이 제도의 핵심은 그 상환 방식에 있다. 우선 학자금의 상환 징수를 국세청에서 담당하며, 그 이자는 시중 금리 수준과 차이가 없게 하도록 되어 있다. 특히 본인이 상환을 하지 못하면 배우자에게 부담이 전가되도록 하고 있고, 일정 조건을 충족시키지 못하면 일반대출로 전환하도록 되어 있다. 이런 내용들은 사실상 상업은행의 직원들이 추구할 내용이지 정부의 학자금 정책으로 보기는 어려운 부분들이다.

'등록금 후불제'가 구체적인 제도의 설계과정에서 이렇게 왜곡된 이유는 이 정부가 대학생들과 학부모의 부담 완화보다는 재정부담의 완화를 우선시하고 있기 때문이다. 이명박 정부는 감세정책과 교육복지를 동시에 추구하는 모순된 정책지향을 밀어붙였고, 따라서 제도의 근본 취지보다는 제한된 예산 환경 속에서 재정부담 완화에만 초점을 두었던 것이다. 한마디로 이것은 대학 등록금 문제에 대한 근본적인 철학이 부재하여 나온 결과인 셈이다.

복지국가소사이어티는 그동안 국가의 발전을 위한 기본투자라는 관점에서 최대한 많은 학생들이 혜택을 누릴 수 있는 교육복지제도의 정착을 촉구해왔다. 이 땅의 학생들이 그야말로 돈 걱정 없이 학업을 계속 할 수 있고, 학업에 전념하는 동안은 등록금뿐만 아니라 생활비까지 국가로부터 지원 받을 수 있도록 하여, 그것이 결국 가계의 가처분 소득 확대로까지 이어져야 한다는 것이 우리의 주장이었다.*

그러나 이명박 정부는 그나마 '취업 후 학자금 상환제도'조차 그 시작부터 너덜너덜한 제도로 만들어 버렸다. 그런데 우리가 더 의아하게 생각하는 것은 이렇게 교육복지 분야에서 재정부담을 중심에 놓고 생각하는 이 정부가 오히려 청와대 관련 예산은 크게 늘이고 있다는 점이다.

2010년 예산 중 4대강 개발을 제외한 모든 부처의 예산은 동결이나 삭감이 되는데 비해, 청와대 예산은 9.6%나 증가하여 제출되었다. 특히 이중에 특수활동비(143억 원), 업무 추진비(44.6억 원)를 포함하는 업무지원비는 37.9%나 증가되었다. 이는 청와대의 정무직 10인, 비서관 47인, 선임행정관 40인 등 87명의 직원들이 1인당 연간 5,057만 원, 월 421만 원의 업무추진비

---

* 가령 스웨덴에서는, 대학까지 학비는 당연히 무료이고, 대학생의 경우 정부가 우리 돈으로 약 50만 원 정도를 생활비로 무상 지급하며, 이것의 2배에 해당하는 약 100만 원은 무이자로 대출해 주는데, 이를 25년에 걸쳐 상환하도록 하고 있다. 돈이 없어도 공부하는 데는 아무런 문제가 없는 것이다. 이렇게 되면 가계소득에서 자녀의 학비와 생활비로 들어가는 돈이 고스란히 절약되므로, 서민가계의 경우 이를 소비하게 되는 바, 실제로 가계가 처분할 수 있는 소득(가처분소득)이 그만큼 높아지는 효과가 발생하게 되고, 이러한 서민가계의 소비 증가는 기업의 생산을 자극하고, 고용이 늘어나게 되므로 경제의 순환적 활성화에 크게 유익한 것이다.

를 활용한다는 것이다. 이는 각 부처의 장관 업무추진비보다 많은 액수이다.

이와 함께 국정 평가관리비라는 명목으로 45억 원을 책정해 놓고 정책 소식지 발간, 대통령 메시지 운영, 청와대 기념품, 대통령 친서 등의 항목을 배치해 놓고 있기도 하다. 이는 사실상 평가 관리비가 아니고 일종의 홍보비라는 것을 알 수 있다.

사실 업무추진비나 명목이 애매한 홍보비 등의 예산들은 우리가 보기엔 친서민 정책을 표방한 대통령이 시장에 가서 떡볶이 사먹고, 할머니에게 목도리 둘러주는 데 사용되는 돈 정도로 보일 뿐이다. 이런 정치쇼에 사용되는 돈은 늘리면서 실제 교육복지에 투자될 만한 돈은 쥐어짜고 있는 것이다.

이제 대학생들은 과도한 상환 부담 때문에 향후 소개팅이나 맞선을 할 때마다 상대편이 대학 재학 중 '등록금 취업 후 상환제' 융자를 받았는지 확인하게 될지도 모르겠다. 우리는 내년 지방선거와 이후의 총선, 대선에서 이명박 정부의 학자금 대출 상환제도에 실망한 대학생들이 시외로 놀러가지 않고 투표장에 갈 것으로 확신한다. 그때쯤이면 청와대 업무추진비가 아니라, 등록금 이자율을 낮추는 데 예산을 투입하는 정부를 선택해야 한다는 사실을 더욱 뼈저리게 느낄 것이 때문이다.

수능시험과 청년실업
잘 사는 나라가 교육복지를 만드는 것이 아니라, 교육복지가 잘 사는 나라를 만든다

홍보위원회 | 논평 2009년 11월 12일

올해도 어김없이 전국의 고등학생들과 재수생들이 수능시험을 치른다. 예년과 달라진 것이 있다면, 신종플루에 대한 염려 때문에 시험장 앞 후배들의 격려 구호와 행사가 사라졌다는 것뿐이다.

이명박 정부는 출범과 함께 평등화 교육으로 잃어버린 10년을 보상할 수 있도록 수월성 교육을 강화하겠다고 선언한 바 있다. 그리고 최근에는 입학사정관 제도를 통해 새로운 사교육비 유발 실험을 하고 있고, 한나라당 일각에서 제기되었던 개혁 성향의 '외고 폐지' 요구는 대통령의 한마디로 수면 아래로 내려가 버렸다.

우리는 수능시험 일을 맞아, 고사장으로 아이들을 보내는 부모의 심정으로 현재의 입시제도에 대해 생각해 보고자 한다. 2020년과 2030년대를 살아갈 미래의 주역을 길러내야 하는 오늘의 입시제도가 과연 합리적이고, 효율적인지 진지한 검토가 필요할 것이다.

현재의 대학입학제도는 지난 50년 간 우리나라 초등 및 중등 교육제도를 규정짓는 가장 중요한 역할을 해왔다. 대학입시제도의 변화에 따라 고등학교의 교육내용과 학원 과외 등이 달라지고, 이에 따라 중학교의 선행학습 여부와 초등학교의 예체능 교육까지 좌우되어 왔던 것이다.

이것은 근본적으로 우리나라의 입시제도가 산업구조와 고용체계에 긴밀히 연계되어 있기 때문에 발생하는 현상이다. 좋은 대학을 가려는 가장 큰 이유는 좋은 직장에 쉽게 취직이 되거나 평생 안정된 직장을 가지기 위해서고, 실제로 어느 대학의 무슨 학과를 진학하느냐에 따라 그 학생의 평생이 좌우되는 것이 우리의 현실이다.

해마다 고등학교 졸업생의 87%가 대학에 진학한다. 그러나 이들 중 졸업 후에 취직을 할 수 있는 인원은 25%에 불과하다. 이 때문에 학생들은 대학을 다니면서도 학교 공부보다는 각종 고시나 공무원 시험, 공기업 시험 등의 취직 준비를 하거나 이에 요구되는 '스펙'을 갖추기 위해 시간을 투자하고 있는 중이다. 대부분의 대학들은 더 이상 학문을 하는 곳이 아니라, 취직을 위해 필요한 기본문서 중의 하나를 만들어 주는 곳으로 전락해 버렸다.

그러나 정작 기업들은 새로 선발한 신입사원들의 능력이 떨어져 취업 후 몇 년 동안 재교육을 시켜야 된다고 생각하고 있다. 물론, 이로 인한 비용은 모두 개별 기업의 부담으로 전가되고 있다. 기업들은 신입사원 재교육 비용을 절감하기 위해 아예 경력사원을 채용하거나, 우수 인재를 다른 기업에서 빼내오는 행태를 보이고 있다.

우리는 이 문제를 국가가 기업에 대한 지원을 제대로 수행하지 못하고 있다는 측면에서 이해하고 싶다. 국가가 수행해야 할 교육에 관한 사회적 기능을 충실히 수행하지 못한다면, 그 피해는 결국 기업이 받게 되어있다. 친기업 정책을 표방하는 현 정부에서조차 국가의 교육에 대한 역할이 방기되는 바람에, 국가가 부담해야할 사회적 인재 교육에 대한 부담이 개별 기업에게 전가되고 있는 것이다.

우리 복지국가소사이어티는 그동안 전면적인 복지, 보편적이고 적극적인 복지제도의 일환으로 대학체계의 근본적인 변화를 포함한 교육제도의 개선을 요구해왔다.

첫째, 평생 대학에 갈 수 있는 기회를 수능시험 시기의 한 번으로 한정하지 말고 3회 정도 제공하는 것이 필요하다. 무엇보다도 모든 교육 기회를 단 한 번의 대학입시로 집중하다시피 한 현재의 대학 진학체계를 전 생애에 걸쳐 필요한 교육을 그때 그때 받을 수 있는 분산형 진학체제로 전환해야 한다는 것이다.

고등학교를 졸업하고 대학에 가지 않는 사람 중에서 대학 교육이 필요하다고 느끼면, 직장을 다니다가 다시 대학에 갈수 있도록 해주고, 이들에 대해서는 등록금 면제뿐만 아니라 생활비까지 국가가 지원해주는 교육복지체계가 수립되어야 한다. 또한 기업이 필요에 의해서 직원들을 재교육해야 할 경우에는 국가에 의뢰하여 대학에 위탁교육을 시킬 수 있도록 지원해 주어야 한다. 50대가 넘어 정년퇴임을 앞둔 사람이라 해도 본인이 원하면 4년 동안 재교육을 받아 70대 중반까지 일을 할 수 있도록 해야 한다.

다시 말해, 사회적으로 잘 짜여진 '교육복지 시스템'이 우선 필요한 것이다. 이렇게 사회적인 교육복지체계를 구현하게 되면, 결국 "좋은 대학은 한정되어 있는데, 들어가고 싶은 사람은 많다"라는 근본적인 입시모순을 완화시킬 수 있게 된다.

사실 "자원은 희소한데, 욕망은 무한하다. 고로 경쟁은 피할 수 없는 운명이다"라는 논리는 이 시대의 숨은 이데올로기이다. 이 이데올로기는 우리가 사회적인 다양성을 존중하고 좀 더 다원적인 가치를 개발해냄으로써 결국 모든 사람들이 저마다 자신이 하고 싶은 일을 하면서 살 수 있는 이상적인 사회를 향해 나아갈 수 있다는 생각을 방해하고 있다.

각 개인이 저마다 자신의 개성과 독특한 자질에 따라 불편 없이 국가를 상대로 자기를 위한 교육서비스를 요청할 수 있을 때, 우리는 전혀 인식하지 못했던 새로운 가치를 찾아내고, 사회의 경제적·문화적 영역을 다양하게 확대해 나갈 수 있게 된다. 이렇게 사회적인 다원성이 확대될 때 제한된 구역 안에서 같은 인간을 상대로 경쟁해야 하는 모순이 완화되고 극복될 수 있다. 따라서 교육복지체계의 수립은 총체적인 입시-교육제도와 긴밀한 관계가 있음을 우리는 인식해야 한다.

물론 교육복지체계의 수립에는 많은 재원의 투입이 요구된다. 그러나 우리는 여기서 북유럽에 정착해 있는 발달된 교육복지체계가 그 나라들이 원래부터 잘 살고 돈 많은 나라라서 구현한 교육시스템이라는 오해를 떨쳐버려야 한다. 북유럽의 선진국들은 잘 살게 된 후에 이러한 교육복지정책을 채택한 것이 아니라, 국민소득 1만 불 시대부터 교육에 대한 선제적인 투자를 해왔기 때문에 그 나라들이 5만 불 이상의 국민소득을 올리는 잘 사는 국가가 될 수 있었던 것이다.

두 번째, 대학의 체계를 바꾸어야 한다. 학문을 하고자 하는 분들을 위한 일반대학과 의학, 법학, MBA 등 전문가를 양성하는 전문대학원, 그리고 연구중심대학과 직업교육중심대학으로 대학의 역할을 뚜렷하게 구분하여야 한다.

이명박 정부가 친서민 민생정책의 대표적인 상징으로 내세웠던 '취업 후 학자금 상환제도'는 교과부와 기재부의 협의과정에서 출발도 하기 전에 그 취지가 퇴색되고 있다. 근본적으로 철학이 다른 정부에서 경제논리를 이길 수 있는 교육정책이란 애초부터 불가능한 것일 수도 있다는 생각이 드는 대목이다. 고등학교 졸업 후 일반대학을 진학하는 학생들에게는 제대로 된 '등록금 후불제'를 적용해야 한다.

또 현재의 산업대학 수준이 아니라 기업체에서 당장 필요로 하는 높은 수준의 업무 능력을 배양할 수 있는 직업교육중심대학을 설립하고, 이에 대한 전면적인 학자금 지원제도를 마련해야 한다.

신입생 모집에 어려움을 겪고 있는 지방의 대학들은 적극적으로 기업에서 필요로 하는 전문적인 인력을 양성하는 직업교육중심대학으로 전환하도록 추동하고, 이를 수용하는 조건으로 대학에 대한 적극적인 지원책을 마련해 주어야 한다.

최소한 16개 광역단위별로 1개 이상의 연구중심대학을 육성하여 포스텍이나 KAIST 정도의 연구를 할 수 있도록 하고, 이들 대학에 대해서는 과감한 수준의 연구비를 투입하여 매년 '와이브로' 같은 대규모의 부가가치를 가지

● 복지국가, **보육과 교육**

는 신기술을 한두 개 씩 만들어 낼 수 있도록 해야 한다. 필요하면 이들 대학에 연구비를 투자하는 대기업은 특혜 수준의 세금혜택을 주는 것도 가능할 것이다.

이른바 일류가 아니라면 몇 년이라도 재수를 해야 하는 대학, 그러나 들어가도 등록금 때문에 부모의 걱정이 사라지지 않는 대학, 정작 입학 이후에는 학비와 생활비로 아르바이트를 하거나, 입사시험 준비와 스펙 갖추기로 시간을 보내야 하는 대학, 졸업을 하더라도 졸업생의 75%는 취직을 할 수 없는 대학, 기업과 사회와 국가의 요구를 충족시켜 주지 못하는 대학, 이런 대학과 입시제도를 우리는 언제까지 가져가야 할 것인지? 자문하지 않을 수 없다.

우리 모두는 오늘의 대입시스템을 그대로 유지하기에는 세계적인 변화가 너무 급속하게 일어나고 있고, 우리가 당면해야 될 과제들이 너무나 중차대하다는 사실을 잘 알고 있다. 이제 더 이상 대입제도 개편에 대한 소모적인 논쟁으로 시간을 보내지 말고, 국가가 어떻게 사회적으로 필요한 교육에서의 역할을 다 할 것인지에 대한 근본적인 논의를 시작해야 한다.

무엇보다도 새로운 시대상을 반영하고, 달라진 산업구조에 대비하기 위한 새로운 교육시스템은 사회적 교육복지체계의 건설에서 시작해야 한다는 자각이 필요하다. 이것이 오늘, 수능시험 장으로 가는 우리 아이들의 뒷모습을 바라보면서, 기성세대의 역할과 책임을 생각하는 자성의 모습일 것이다. 아무쪼록 모든 수험생들의 건강과 건투를 빈다.

시민의 힘으로 얻어낸 학자금 대출제도
취업 후 상환 학자금 대출제도의 의의와 한계, 그리고 개선 방안

홍보위원회 | 성명 2009년 8월 6일

    2009년 7월 30일, 이명박 대통령이 전격 발표한 '취업 후 상환 학자금 대출제도'(ICL : Income Contingent Loan)는 그 동안 교수노조 선생님들이 지속적으로 주장해온 등록금 후불제와 궤를 같이한다. 현 학자금 대출제도 하에서 졸업도 하기 전에 신용불량자가 되고, 심지어 중간에 학업을 포기하고 아르바이트 전선에 뛰어들어야 했던 제자들의 고통을 차마 두고 볼 수 없었던 교수노조 선생님들은 대학교육의 근간이 흔들리는 현실을 좌시할 수 없다는 판단 하에 '등록금 후불제'를 제안하고 국토대장정을 벌이면서 이를 하나의 시민운동으로 촉발시켜 왔던 것이다.

    그런데 이러한 '취업 후 상환 학자금 대출제도'의 갑작스러운 도입은 단순한 순수 정책적 차원의 의미로만 받아들일 수 없는 측면이 있다. 이의 도입은 이명박 정부의 지지율 하락을 만회하기 위해 급조되었다는 정치적 성격을 갖고 있다. 이번에 발표된 이 제도는 끊임없는 민생 불안 속에서 누적되어온 시민사회의 요구에 의해 도입된 것이다. 이런 측면에서 이 제도의 등장은 작은 6.29 항복 선언과 같은 의미가 있다. 마치 19세기 프로이센의 수상 비스마르크가 민생경제가 어려워지고 이에 대한 노동세력의 반발이 폭발 직전에 이르자, 이를 사전에 무마하기 위해 의료보험제도 등의 사회보장제도를 도입한 것과 같은 성격이라고 볼 수 있는 것이다.

    바로 이 부분에서 우리가 눈여겨보아야 할 대목이 있다. 그것은 이 정책이 이명박 정부가 출범 이후 굳건하게 밀어붙였던 '감세노선'과 근본적으로 모순된다는 점이다. 현 정부는 그동안 지속적으로 부자감세를 추진해왔고, 이 때문에 향후 재정적자의 규모에 대한 국민의 우려가 깊어지고 있는 상황이었다. 그럼에도 불구하고 감세는 현 정부의 철학이자 버릴 수 없는 원칙이었다. 이런 마당에 상당한 규모의 예산이 추가로 필요한 교육 복지정책을 발표했다는 것은 음미해볼 만한 구석이 있다. 정상적인 경우라면 별도의 증세가 필요한 조건을 정부가 스스로 도입한 것이기 때문이다.

결국 '취업 후 상환 학자금 대출제도'의 도입은 시대적 요구와 조직된 시민의 정치적 압박에 굴복하여 현 정부가 자신의 정책 기조와 배치되는 노선을 부분적으로나마 수용한 사건이라고 볼 수 있다.

그러나 이 제도는 이런 의미에도 불구하고 몇 가지 측면에서 근본적인 한계를 갖고 있다. 내용은 비슷하지만, 애당초 '등록금 후불제'를 주창한 시민사회 세력들과는 분명한 철학적인 차이를 갖고 있다. '취업 후 상환 학자금 대출제도'는 단순히 기존의 학자금 융자제도를 확대하는 수준이라는 점에서 국가가 대학교육에 대한 근본적인 책임을 부담해야 한다는 원칙 아래 복지국가소사이어티가 그동안 주장해온 '등록금 후불제'와는 차이가 있다.

이러한 근본적인 철학의 차이로 인해 '취업 후 상환 학자금 대출제도'는 학자금 융자 대상을 소득 7분위까지로 한정하고 있으며, 성적도 C 학점으로 제한을 두고 있다. 복지국가소사이어티는 그동안 성적이나 소득수준에 상관없이 전체 대학생들을 대상으로 하는 '등록금 후불제'를 주장해 왔다. 따라서 우리는 이 제도가 성공하기 위해서는 다음과 같은 몇 가지 사항이 전제되어야 한다고 생각한다.

첫째, 기존의 대학교 등록금이 과연 적정 수준인지? 검토되어야 한다

'취업 후 상환 학자금 대출제도'는 잘못하면 등록금 인상을 합리화하는 수단으로 악용될 수 있다. 이미 의치학계열의 등록금이 천만 원이 넘어서고, 2009년 평균 등록금이 국공립대가 419만원, 사립대가 742만원이나 되는 실정에서 그나마 대학생과 학부모들의 반발 등 사회적 압력으로 이의 상승이 억제되어 왔다. 그런데 이제 이 제도의 도입으로 등록금 인상의 방조 가능성이 생긴 것이다.

대학등록금 자체를 그대로 두거나, 인상을 자율에 맡긴 채로 '상환 연장'만 할 경우 각 대학은 '등록금 인상'의 기회로 이 정책을 이용할 것이 분명하다. 따라서 이 제도는 등록금 상한제와 함께 도입하는 것이 바람직하다. 또 수천억 원에 이르는 적립금을 쌓아놓고도 학생들의 등록금을 주요 재원으로 학교를 운영하는 사립대학들의 재정 투명성이 기본적으로 담보되어야 한다. 사립학교법 등을 제대로 정비해 공익이사가 재단 운영에 참여하도록 하며, 모든 재무와 회계가 전면적으로 공개되어야 한다. 이러한 전제 조건들이 없다면 이 제도는 족벌사학의 배불리기를 위해 학생들의 미래 수입을 담보 잡는 정책으로 귀결될 위험이 높다.

둘째, 대학에 대한 평가를 강화하여야 한다

　기존 대학의 시설과 설비, 교원확보 여부, 교육의 수준에 대한 엄정한 평가를 실시하는 것이 필요하다. 수준 미달의 대학에 강제 폐교를 명령할 수 있는 강력한 대학 평가제도 같은 통제수단이 없는 상태에서 이 제도를 도입하면, 이미 존재 의미가 없어 폐쇄를 추진하고 있던 지방사립대학들의 수명을 불필요하게 연장시켜주는 연명치료와 같은 역할을 하게 될 우려도 있다. 즉, 잘못하면 '취업 후 상환 학자금 대출제도'가 능력 없고 불필요한 교육을 재생산하는 밑 빠진 독에 물 붓기로 전락할 위험이 있다는 것이다.

　상시적으로 실험 실습비를 빼돌리고, 시간강사로 전체 강좌의 80%를 운영하며, 실습실과 기숙사와 도서관조차 제대로 없는 대학에 '취업 후 상환 학자금 대출제도'의 도입은 재고되어야 한다. 엄정한 평가를 통해 기본적인 기준을 충족시키지 못하는 대학은 '취업 후 상환 학자금 대출제도'의 대상에서 제외하는 조치가 병행되어야 한다.

셋째, 실제로 대학생들에게 도움이 되기 위해서는 생활비 상한선을 없애야 한다

　학교생활은 단순히 등록금만으로 할 수 있는 것이 아니다. 아무 걱정 없는 대학생활을 할 수 있으려면 학생들의 하숙비와 책값까지도 지원해 줄 수 있는 복지제도가 있어야 한다. 따라서 취업 후 학자금 상환 대출제도는 '실질적인 생활비' 수준까지 융자 한도를 높여야 할 것이다. 세계와 경쟁해야 하는 대학생들이 하숙비, 식비, 교재비를 마련하기 위해 24시간 편의점에서 아르바이트로 밤을 지새운다면, 이번에 마련한 정책의 실질적인 효과를 기대하기 어렵다. 현재의 교과부의 안 대로라면 지원 대상과 지원 내용 모두 일부에 불과할 우려가 있고 결과적으로 소기의 정책목표를 달성하지 못할 수 있는 것이다.

이와 더불어 이번 제도에서 제외된 소득 분위 8분위 이상의 계층에 대해서도 이 제도의 혜택을 받게 하자는 것이 복지국가소사이어티가 주장하는 보편적 복지의 원칙이다. 자녀를 대학에 보내고, 취직시키고, 결혼을 위한 집을 사 주고, 그 손자와 손녀까지 봐 주어야 부모의 역할을 다한 것으로 평가되는 과중한 부담을 없애기 위해서는 부모의 소득수준에 관계없이, 국가의 지원에 기초하여 자신의 책임과 능력으로 공부할 수 있는 사회를 만드는 것이 훨씬 더 효율적이다. 그리고 중상층을 포함한 모든 국민이 국가복지의 혜택을 받도록 해야 이들 중상층 국민들이 국가복지의 재원 마련에 필요한 세금을 기꺼이 내려고 할 것이다.

넷째, 학자금에 대한 대출 이자율이 더 인하되어야 한다

발표된 정부 방안대로라면, 앞으로 대출금리는 5% 안팎에서 매년 결정될 것으로 보인다. 그런데 여기서 후불제의 재원을 국채로 조성하기 때문에 대출금리가 시중금리와 연동되고, 따라서 향후 금리가 인상되면 학자금 융자의 금리도 더 높아질 것으로 전망된다. 정부는 학자금 융자의 이자율을 현행 금리 5.8%를 기준으로 해서 '변동금리'를 적용할 계획이며 시중 은행의 금리보다 1% 정도 저렴하게 운용할 것으로 밝히고 있다. 그러나 원리금 납부가 대출 개시 이후 평균 8년이 지난 다음에 시작된다고 보면, 그 때에는 원금과 이자가 눈덩이처럼 불어 날 우려가 있다.

비슷한 제도를 운용해온 영국, 호주, 뉴질랜드의 경우 국채가 아닌 정부예산으로 학자금 융자의 재원을 조달했다. 2004~2005학년도에 영국은 대출금리가 2.7%였고, 호주는 2.4%였다. 보통 학자금 융자의 경우 부실채권 발생율이 극히 낮다. 따라서 이 제도가 대학교육을 담보로 전 국민을 빚쟁이로 만들어 은행의 이자놀이를 도와주는 일종의 가계대출 수단으로 오해될 우려도 있다. 그러한 오해를 불식시키기 위해서는 학자금 대출이자가 시중금리가 아닌 CD 금리의 50% 수준인 2.5% 선 이하가 될 수 있도록 정부가 최소한 이자의 반 이상을 재정으로 보전해 주는 방안을 도입해야 한다. 재원의 조달 역시 한국장학재단의 채권 발행에만 의존하기보다는 4대강 개발 자금 등을 전용할 것을 우리는 권고한다.

일관되게 감세를 외쳐온 이명박 정부가 '취업 후 상환 학자금 대출제도'를 도입하도록 만들어낸 것은 복지세력과 국민여론의 계속된 정치적 압박이었다. 우리는 이를 통해 '역동적 복지국가'의 사회정책에 대한 체계적인 대안의 제시와 국민의 관심과 참여를 유도하는 지속적인 노력이 이루어진다면 일정

정도의 성과를 얻을 수 있다는 믿음을 얻게 되었다. 우리 복지세력과 국민들은 국가복지 패러다임의 변화, 즉 '역동적 복지국가'를 향해 더욱 전진할 것이다. 돈이 없어도 등록금 걱정 없이 대학에 다닐 수 있고 자식의 대학 공부로 부모의 허리가 휘는 일이 없으며, 인간을 인간답게 만드는 '교육의 권리'를 학생 자신과 국가가 책임지도록 하는 나라를 만들기 위해 우리는 지속적으로 더 나아가야 한다.

• 복지국가, **보육과 교육**

'선생'을 '스승님'이 되게 하는
복지국가 교육정책

홍보위원회 | 논평 2009년 5월 15일

어린 시절을 돌이켜 보면, 누구나 생각나는 선생님에 대한 기억이 몇 가지 남아 있을 것이다. 배고픈 제자들을 위해 항상 도시락을 몇 개씩 더 싸오시던 선생님, 방과 후 학생의 머리를 손수 감겨 참빗으로 빗어내려 이를 잡아주시던 분을 우리는 '스승님'으로 기억하며 그 따뜻함을 평생 가슴에 기억하며 살고 있다.

우리나라에서 전통적으로 교사는 단순한 직업인으로서의 의미가 아니라, 존경과 신뢰를 받는 존재인 스승의 이미지로 간직되어 왔다. 그러나 스승의 날에 돌아보게 되는 우리의 현실은 참으로 답답하게 느껴진다. 촌지를 원천적으로 받을 수 없도록 하기 위해 학교 자체를 휴교하는 곳이 있는가 하면, 부당한 징계를 거부하며 교문 밖에서 수업을 하고, 제자의 졸업식장에 들어가지도 못하며 눈물짓는 선생님의 모습도 보게 된다.

교사라는 직업은 점심식사 시간까지 학생을 지도하는 근무시간으로 인정되어 하루 8시간 근무를 채우고도 오후 4시 30분에 퇴근할 수 있고, 1년에 3개월을 방학으로 쉴 수 있는 안정된 직장, 출산휴가 기간에는 기간제 교사가 대신해주고, 국내 직종 중 가장 긴 정년으로 60세가 넘는 나이까지 잘릴 염려가 없는 공인된 '신이 내린 직장'을 누리며 타 직종에 비하여 상대적으로 보장된 퇴직연금을 받을 때까지 조용히 눈과 귀를 막고 순종적으로 지낼 수도 있다. 그러나 최근의 일제고사 거부투쟁, 지난 정부에서 있은 NEIS 거부투쟁, 7차 교육과정 반대와 교원평가제 반대투쟁 등 문제가 있는 것으로 판단되는 정부의 교육정책을 반대하며 결연하게 일어나 고난의 길을 자처하는 경우도 있다. 스승을 날을 맞아 많은 생각을 하게 하는 대목이다.

학교 현장에서 선생님들은 중학생이 되자마자 입시준비를 시작하는 제자들, 밤늦도록 학원에서 공부하고, 학교 수업시간에는 졸음을 참지 못하고 책상에 엎드려 자는 학생을 차마 깨워서 야단치지 못하게 된지 오래다. 학원 강사와 비교당하며 학생들이 학원의 문제풀이를 학교에서 하고 있어도 야단치지 못하는 선생님들의 상황, 감당할 수 없는 경쟁과 입시의 스트레스를 이기지 못하고 옥상에서 뛰어내리는 제자들의 안타까운 죽음을 손을 놓고 바라보아야 하는 선생님들이 선택할 수 있는 믿을만한 대안은 별로 없었던 것 같다.

초·중·고등학교의 중등교사가 아니라, 고등교육을 담당하는 대학에서 교수 생활을 하여도 이러한 상황은 별로 달라지지 않는다. 자신의 돈으로 유학을 다녀오고도 10년 가까운 기간 동안 교통비도 안 되는 시급으로 계산되는 시간강사 생활을 하며 4대 보험의 혜택에서도 배제된 채 자리가 나기를 기다려야 했고, 어렵게 찾은 전임강사직을 지키며 재임용 탈락의 위험이 없는 교수직을 얻기까지는, 조금의 큰소리가 나는 것조차 조심하며 세상과 담을 쌓거나 개인주의와 보신주의에 젖어간다.

살인적인 입시경쟁을 거쳐 어렵게 들어간 대학인데도, 마음 놓고 공부하지 못하고, 등록금 마련을 위해 또다시 밤을 새워 24시간 편의점의 아르바이트를 해야 하는 제자들, 직장에 취직할 수 있는 스펙을 맞추기 위해 졸업을 미루며, 영어 공부와 취직시험 공부를 위해 강의실이 아니라 고시원을 찾는 제자들을 야단칠 수도 없이 안타까운 눈으로 쳐다볼 수밖에 없는 교수들의 마음은 제자들의 처진 어깨만큼이나 무겁고 답답하다.

지금까지 우리나라의 산업화와 경제발전을 이끌어온 원동력은 세계적으로 높은 교육열이었다. 교육은 부모의 기대를 충족시키고 사회적으로 인정받기 위한 최상의 그 무엇이었으며, 좋은 직장을 얻을 수 있는 유용한 길이었고, 가난한 학생들이 신분상승을 할 수 있는 유일한 희망이었다. 그러나 이제 우리나라의 교육은 그나마 가지고 있던 '기회의 평등'으로 대변되어 왔던 형평성의 원칙이 사라지고 있다. 더 이상 개천에서 용이 나는 것은 통계적 이변으로 분류될 만큼 불가능한 일이 되어 버렸다. 좋은 학원을 보낼 수 있는 아버지의 능력과 강남 8학군을 찾아 이사하고, 남편을 기러기 아빠로 만들어서라도 자녀의 진학에 맞는 포토폴리오를 만들어 주는 엄마의 능력에 따라 자녀들의 나머지 인생이 결정되는 슬픈 사회가 되어버렸다.

그러나 우리나라가 발전하고 국제적 위상이 높아질수록 교육의 중요성은 더 커지기 마련이다. 이제 교육은 국체의 유지와 국가로서의 생존을 위한 기본 요소가 되고 있고, 세계적 경쟁 속에서 이길 수 있는 확실한 수단이 되었다. 국가의 발전과 성장을 결정짓는 중요한 전제조건은 얼마나 효과적으로 창조적인 인재를 양성해내는 교육시스템을 잘 갖추고 있는지의 여부로 결정나게 되었다.

이러한 시대적인 요구와 사회적 필요성을 충족하기 위해서는 선진국 최고 수준인 GDP 대비 7.2%의 교육비를 지출하고도, 과도한 사적 영역이 존재하는 낭비적인 시스템 때문에 교육의 효율성과 효과성이 떨어지는 우리나라 교육체계를 창의적이고 효과적인 공교육에 기반을 둔 복지국가 교육체계로 전면 개편하여야 한다.

　자유롭고 창의력이 있는 인력으로 키워 세계 속에서 경쟁력을 갖추게 하기 위해서는 국민 핵심능력 표준에 따른 각 학교의 각 학년 단계별 이수자격제의 실시와 개인별 학습이력 관리와 학습계좌제도의 도입을 통해 실질적으로 맞춤형 교육이 가능하도록 학급당 교사 숫자를 2배수로 배치하는 등 획기적인 공적 투자와 발상의 전환이 필요하다. 입시를 위한 사교육을 없애고 이를 공교육으로 흡수하는 수준을 넘어, 각종 부교재, 학습 준비물과 교구재, 체험학습, 교복 등을 학교가 지급하며, 고등학교까지 의무교육을 실시하여 교육비에 대한 부담을 없애야 한다. 중등교육뿐 아니라 대학교육 비용까지 전액 국가와 지자체가 부담할 수 있도록 0% 수준의 이자율로 등록금 후불제를 전면적으로 실시하여야 한다.

　대학입시를 위한 교육으로 몰려있는 수요를 평생교육 수요로 분산, 전환할 수 있도록 일생에 3번 대학에 갈 수 있는 기회를 보장하는 대학입시제도를 만들어야 한다. 직장에서 요구되는 기술교육을 위해 기능대학에 대한 학자금 지원 및 직장인들의 직업 재교육과 전직을 위한 교육 등에 소요되는 생활비와 학비까지 국가에서 지원하는 등 국가 고용정책의 한 축으로 작용하여야 하며, 교육을 통한 산업의 전반적인 구조조정 여력을 확보하는 등 산업경쟁력의 강화에도 기여하여야 한다.

4대강 개발에 드는 40조 원의 비용을 사람에 대한 투자로 전환하는 것이 진정한 녹색성장의 길이라는 것에는 의문의 여지가 없을 것이다. 획기적인 공적 투자를 통한 연구중심 대학의 육성과 연간 12조원에 이르는 국가 R&D와의 연계로 와이브로와 같은 신기술을 해마다 몇 개씩 만들어내어 미래의 성장 동력으로 작용할 수 있도록 성장과 연관된 산업정책으로서의 기능도 교육부문에서 담당해야 한다. 교육에 대한 사적 지출의 경감과 이전 지출의 강화로 서민 가계의 가처분 소득을 늘려 주어 경기를 진작시키는 등 경제정책과 복지정책으로서의 기능도 매우 중요하다.

오늘날 사교육이 판을 치고, 과도하게 경쟁적이며, 비효율적이고 관료적이며, 효과성이 떨어지는 교육제도를 가진 우리나라의 교육 현장에서 선생님들이 '참 스승'의 역할을 제대로 수행하기란 참으로 어려운 일이 되어버렸다. 이러한 현실에서 선생님과 교사가 스승으로 존경과 신뢰를 얻고 이를 공고히 하기 위해서는 교육에 대한 패러다임의 과감한 전환과 더불어, 현장에서 느낀 문제들을 정책적으로 고쳐 나가려는 주체적이고 진지한 고민과 연구, 지속적인 노력이 필요하다.

우리 복지국가소사이어티는 오늘 스승의 날에 '참 스승과 참 교육'의 모습을 우리나라 현실에서 실천하고 구현할 수 있는 최선의 길은 "복지국가 방식의 교육 혁명"을 추진하는 것임을 다시 한 번 강조하고자 한다.

● 복지국가, **보육과 교육**

강압적인 '일제고사'는 답이 아니다

홍보위원회 | 논평 2009년 4월 2일

　지난 2월에 이어 또다시 일제고사 문제로 학교가 시끄럽다. 학생들을 무한 경쟁으로 내몰지 않기 위해 일제고사를 거부하고 현장학습을 시키려는 양심적인 교사들과 이에 동조한 학부모들은 다시 대량 징계와 교문을 붙잡고 우는 일을 반복하게 될 것 같다. 또한 일제고사 참가율로 교장의 승진 여부와 인사 평가를 하려는 교육 당국에 밀려, 어쩔 수 없이 수많은 전화와 문자 메시지를 학부모들에게 보내고, 학생들에게는 일제고사에 참여하도록 강압적인 조회를 해야 하는 다수 교사들의 마음도 편치 않았을 것이다.

　과연 일제고사를 통해 학생들 간의 경쟁을 더 부추긴다고 교육의 수월성이 보장되고 국가의 교육 경쟁력이 더 높아질 것인지, 또 일제고사를 반대한다고 해서 이것만으로 우리나라의 현실 교육 여건에서 창의성 있는 교육이 보장될 것인지, 양측 모두에게 물어 보고 싶다.

　먼저, 이 사안에 대해서는 원인 제공자의 잘못을 지적하여야 할 것이다. 국가의 교육 경쟁력 강화와 학업 성취도 제고는 교육에 대한 과감한 투자와 대학 입시로 이후의 인생이 결정되는 경제사회제도 전반의 변화가 있어야 가능한 것이지, 일제고사를 통해 초등학교 때부터 학생들 간의 경쟁을 더 격화시킨다고 해서 달성되지 않는다는 것은 누구라도 쉽게 짐작할 수 있는 것이다. 이러한 경쟁 교육의 격화는 사교육비의 증가와 교육 불평등의 대물림만 유발할 뿐이다.

　최근 발표된 한국은행 국민소득 계정의 '가계 목적별 최종 소비지출' 자료에 따르면, 지난해 우리나라 가계가 지출한 교육비 규모가 사상 최대인 39조 8,771억 원에 이른 것으로 나타났고, '사교육비' 명목으로 쓰인 돈은 약 19조 원으로 가계가 직접 지출한 전체 교육비 지출액의 절반을 차지하였다. 통계청의 추계인구(1,667만 3,162 가구)를 기준으로, 가구당 239만 2,000원씩을 교육비로 직접 지출하였으며, 교육비 지출액은 전체 가계 소비 지출액(534조 4,989억 원)의 7.5%에 이르렀다.

　PISA 평가에서 가장 높은 교육 경쟁력을 보이는 국가인 핀란드는 교육재정이 국내총생산(GDP)에서 차지하는 비중이 7% 정도이며, 사교육이 아예 없다. 우리나라는 교육재정이 국내총생산의 3.5%에도 못 미친다. 그런데 우리나라는 가계가 직접 부담하는 교육비 지출이 GDP의 4%다. 이 둘을 합하면 7.5%다. 우리나라는 핀란드보다 GDP 대비 국민교육비의 비중이 더 높은 것이다. 우리나라는 핀란드보다 교육에 돈은 더 많이 사용하면서도 교육의 결과는 형편없는 것이다. 역시 문제는 사교육에 있는 것이다. 해마다 치솟는 사교육비로 인해 교육의 거시적 효율성은 낮고, 공교육은 피폐해지고 있는 것이다.

　우리나라의 교육 경쟁력이 낮은 것은 학생들 간의 경쟁이 다른 나라들에 비해 부족해서가 아니고, 대학입시의 경쟁이 덜 치열해서가 아니라는 것은 더 이상 말할 필요도 없이 분명하지 않은가? 문제는 아무리 치열한 경쟁을 하여도 국내에서 가고 싶은 명문대학의 숫자는 한정되어 있어 누군가는 탈락을

● 복지국가, 보육과 교육

하고, 열등감과 차별 속에서 남은 인생을 살 수밖에 없는 것이 우리의 현실이다. 유명대학을 나와야 좋은 직장을 잡고, 그렇지 못한 사람들은 엄청나게 열등한 조건으로 인생을 살아가야 하는 심각한 양극화 체제, 격차 사회가 온존되는 한, 우리나라의 고질적 교육 문제는 풀리지 않을 것이다. 이러한 경제사회의 조건에서 우리나라는 핀란드와 근본적으로 다른 것이다.

스웨덴의 경우도 마찬가지다. 이들 국가들은 복지국가이기 때문에, 사회경제적 격차가 작은 통합적 사회이기 때문에 '살벌한 경쟁 교육' 보다는 '교육에서의 협력과 조화로운 경쟁'이 가능하고, 창의적 교육이 가능해지는 것이다. 우리나라의 시장만능주의 경제사회 구조는 그대로 둔 채, 사교육을 줄이자고 외치는 것은 아무런 소득도 거두지 못할 것이며, 반대로 경쟁 교육을 외치며 강압적인 '일제고사'를 강행하는 것도 고통과 비용만 증대시키는 부질없는 짓이다. 이것은 해법이 아니다.

우리사회의 시장만능주의 양극화 성장체제를 근본적으로 성찰하고 이를 극복하려는 노력을 경주하는 가운데, 공교육을 강화하기 위한 재원의 투입과 교육체계의 혁신적 개편을 추진해야 한다. 우리나라 교육이 더 이상 사교육에 의존해야할 근원적 필요성이 없어지지 않는 한, 우리사회의 사교육과 경쟁 교육의 병폐는 결코 해결되지 않을 것이기 때문이다.

경제위기를 겪고 있는 지금이 공교육을 획기적으로 강화할 좋은 기회일 수 있다. 세계적인 경제난으로부터 근본적으로 벗어나는 길을 '교육에 대한 획기적 정부 투자'를 통해 국가의 미래 성장 동력을 창출하는 것에서 찾아야 한다. 우리 복지국가소사이어티는 청와대와 정부가 지금에라도 당장 강압적인 '일제고사' 놀음에서 벗어나 공교육에 대한 국가의 역할을 강화할 것을, 그리고 핀란드와 스웨덴의 경험으로부터 최소한의 교훈이라도 배울 것을 요구한다.

북유럽 국가들이 적은 인구와 척박한 환경 속에서도 5만 불 이상의 국민소득을 올리며, 세계적으로 모범적인 복지국가를 지속할 수 있었던 것은 이들 나라의 우수한 교육제도가 만들어내는 첨단기술과 지속적인 성장 동력의 창출이 뒷받침되었기 때문이다. 세계 최고 수준의 사회보장과 교육체계 속에서 세계 최고 수준의 창의력 있는 인재들이 양성되고 또 모여들 수 있으며, 결과적으로 이들에 의해 세계 최고 수준의 경쟁력이 나온다는 역사적인 경험은 우리에게도 매우 귀중한 교훈이 아닐 수 없다.

● 복지국가, **보육과 교육**

국가 경쟁력 향상은 '전국단위 학업성취도 평가'가 아닌 교육공공성 확충을 위한 전면적 투자로만 가능하다

홍보위원회 | 논평 2009년 2월 19일

초등학생들을 대상으로 실시한 전국 학업성취도 평가 결과의 발표 및 평가 결과에 대한 각 시·도 교육청의 대응책을 둘러싸고 국민적 논쟁이 벌어지고 있다. 창의성을 중심으로 교육을 해야 하는 초등학교 때부터 몇 과목의 학과 시험에 국한된 성적 경쟁으로 어린 학생들을 내모는 것이 올바른 일인가에 대한 의견에서부터, 국가 경쟁력의 강화를 위해 경쟁을 통해서라도 적극적으로 학력 신장을 해야 한다는 의견까지, 전국적인 평가제도의 필요성 자체에 대해서도 의견이 분분하다. 교육계의 반응도 지역과 학교별로 서열화될 것에 대한 우려에서부터, 초등학교부터 0교시 영어 수업을 실시하겠다는 대책, 교장과 교감에 대한 인센티브 제공과 교원 인사에 결과를 반영하겠다는 방안, 서술형 생활기록부를 수·우·미·양·가의 성적형 방식으로 다시 바꾸겠다는 곳까지 다양한 의견과 대책들이 나오고 있다.

부존자원이 없는 우리나라에서 교육의 중요성은 아무리 강조해도 지나치지 않고, 교육을 강화해야 한다는 것에 이견이 있는 국민은 없을 것이다. 그러나 인수위 시기에서부터 논란이 된 영어 몰입 교육의 문제부터, 전국적인 자립형 사립고교의 설립을 통한 수월성 강화 교육과 최근 특목고를 우대하여 선발한 고려대학교 입시 결과까지 현 정부의 대학 자율권 부여와 경쟁 중심의 교육정책은 여러 가지 부작용을 낳고 있다.

이미 우리나라에서 어린이집과 유치원에서부터 시작된 교육 경쟁은 부모의 경제력에 따라 사립초등학교를 갈 수 있는가의 여부로 인생의 진로가 달라지는 구조적 양극화로 귀착되고 있다. 여기에 대치동의 학원을 다닐 수 있는가와 이를 통해 특목고를 갈 수 있는가의 여부에 따라 대학입시가 좌우되고, 전공이나 학과에 상관없이 '어느 대학을 졸업하였는지'에 따라 20대 청년들의 남은 50년의 미래가 결정되어 버리는 사회적 지위 대물림의 경직된 사회가 되어 버렸다.

현 정부는, 3% 부자들을 위한 종합부동산세 등에 대한 감세는 과감히 추진하면서도 공교육 강화와 제대로 된 의무교육 실시를 통한 국민의 자질 향상은 계획에도 없고, 국민들에게 공약한 반값 등록금 공약은 집권 2년을 맞는 지금까지도 어떠한 구체적 추진 계획도 밝히지 않고 있다. 심각한 경제난으로 대량 실업과 IMF 수준의 취업난이 일어나고 있음에도 4대강 개발 등의 토목사업만 매달리고 있다. 근로자들을 위한 전면적인 재교육 프로그램의 도입, 적극적 고용정책의 추진, 미래 성장 동력의 창출을 위한 신기술 개발 시스템을 구축하는 일에는 별 관심이 없어 보인다.

현재의 경제난은 미국에서 시작된 국제적인 금융위기에 기인하고, 이는 기존의 신자유주의 세계체제의 변환을 예고하고 있다. 따라서 우리나라도 현재의 경제난을 잘 극복하기 위한 단기 대책과 더불어, 위기를 도약의 기회로 삼는 중·장기 전략을 동시에 추진하여야 한다. 기존의 자동차, 조선, 반도체 등 수출 대기업 중심의 경제체제를 사회서비스의 전면적인 강화와 제도화를 통한 수출과 내수의 균형 잡힌 경제구조로 재정립해야 한다. 더불어 단순 제조업 중심에서 미래형 지식산업으로 산업구조 자체를 혁신하고 변환시키려는 노력을 병행하여야 한다. 고부가가치의 산업구조 및 혁신적인 신기술 개발에는 창의성과 경쟁력을 갖춘 인적자원이 필수적이라는 것은 세계적으로 공인된 사실이며, OECD 선진 국가들은 이미 십여 년 전부터 이를 위한 전면적인 교육체계의 개편을 시작하였다.

세계 수학 올림피아드를 석권하는 한국의 중·고등학교 학생들의 수학이나 과학 수준은 충분히 높으나, 미국 대학에서 공부하고 있는 외국 유학생 중 가장 높은 비율을 차지하고 있는 한국 출신 유학생들의 중도 탈락 비율도 가장 높다고 한다. 한국의 강압적인 입시 위주의 중등 교육제도가 결과한 한국 학생들의 낮은 경쟁력을 그대로 보여주는 것이다. 또 전국에 4년제 대학(199개), 2년제 대학(156개), 방통대를 포함하여 모두 356개나 되는 대학이 있음에도 불구하고, 세계 100위권 대학이 별로 없다는 것은 우리 교육의 아픈 현실이고, 연간 수조 원 규모의 재단 적립금을 쌓아 두면서도 교육 투자는 외면한 채 등록금에 의존하는 대학, 대학교육을 통해 우수한 학생을 배출할 생각보다는 입시제도의 허점을 찾아 우수 학생을 뽑아오는 데만 급급한 우리나라 대학들의 그릇된 행태는 우리 교육시스템의 총체적인 문제점들을 그대로 보여주는 것이다.

우리 복지국가소사이어티는 국가 경쟁력의 강화는 초등학교 때부터 시작되는 극심한 경쟁체제의 도입을 통해서가 아니라, 교육에 대한 적극적인 공적 투자와 교육제도의 근본적인 변화 추구를 통해서만 가능하다고 주장한다.

첫째, 초·중등학교 교육을 창의력 중심의 교육으로 전면 개편하여야 한다

선행학습과 문제풀이 과외를 받고 자란 우리 아이들에게, 초등학교부터 무한경쟁체제 속에서 입시에 찌든 주입식 교육만을 받아온 우리 아이들에게 자유로운 상상, 창의력, 세계적인 경쟁력을 가지라고 요구하는 것은 너무 가혹한 일이 아닌가? 교과 과목별 점수제 자체를 폐지하고, 학년별 '이수자격'을 규정한 국민들이 살아가는데 필수적인 기능과 지식을 습득하도록 하는 "국민 핵심 능력 표준"을 구축하고, 이에 따라 필수 이수학점만 이수하면 졸업할 수 있도록 하며, 대신 조기에 '이수자격'을 통과한 학생은 자신의 장래희망이나 특기에 따라 특정 과목에 대한 심화학습 또는 특성 교육을 자유롭게 받을 수 있도록 하자.

또 우리는 저출산으로 인해 매년 10만 명씩 학생이 줄어드는 학교의 여유 교실과 교사를 공교육 강화에 활용하며, 학교 내에서 특기 적성 교육까지를 책임질 수 있도록 하며, 초등학교부터 고등학교까지 국가의 제대로 된 공교육 혜택을 누릴 수 있도록 국비와 지방비를 포함한 적극적인 교육재정 지원을 강화할 것을 주장한다.

둘째, 고졸자의 85%에 이르는 대학 진학 비율을 정상화하고, 동시에 대학도 기능적 재편과 더불어 정상화해야 한다

4년제 일반대학은 학문중심 대학과 전문가 양성 대학으로 기능으로 특화하고, 이러한 대학들에 진학하는 비율을 단계적으로 낮추어 OECD 국가 수준으로 정상화하자. 대신, 전국의 나머지 대학들은 기술교육 중심의 산업대학으로 기능을 재편하자. 이들 기술교육 중심 대학은 사실상의 무상교육을 실시하고, 자영업자와 직장에 다니는 사람들도 원하면 누구나 이들 대학에서 국가가 지원하는 기술 중심의 직업 재교육을 받을 수 있도록 문호 개방을 제도화하자. 재교육을 위해 휴직하는 직원들에 대해 유급 휴가비와 생활비를 국가가 지원하면, 기업 경쟁력 제고 과정에서 불가피하게 발생하는 인력의 구조조정에도 능동적으로 대응하는 것이 된다.

셋째, 전국에 10개 이상의 연구중심 대학을 육성하자

전국에 몇 개의 대학은 특화하여 연구개발 중심 대학으로 육성하자. 여기에는 연간 12조 원에 이르는 국가 연구비를 집중적으로 지원할 뿐만 아니라, 대기업이 연구중심 대학을 설립하거나 지원할 때는 과감한 혜택을 부여하도록 하자. 포항공대나 KAIST 정도의 연구 및 신기술개발 중심 대학을 전국적으로 10여 개 육성하여, 매년 와이브로와 같은 수십 조 원의 새로운 가치를 창출하는 신기술을 만들어 낼 수 있도록, 창조적인 인력 양성에 국가의 자원을 집중 투자할 것을 제안한다.

  우리는 감세를 통한 경기 부양 정책이나, 토목 공사를 통한 일자리 창출 정책 대신, 교육에 대한 적극적인 재정 지원과 투자를 통해 경제도 회복하고 장래의 국가 경쟁력을 강화할 것을 주장한다. 우리는 전면적인 등록금 완전후불제의 실시와 사교육비가 필요 없을 정도의 중등교육에 대한 전폭적인 재정 지원을 요구한다. 현재의 단순 토목업과 건설업 중심의 실업대책이 아닌, 적극적 고용정책과 근로자 재교육정책의 연계 실시를 요구한다.

  또 이러한 교육의 공공성 확충을 위한 국가 재정지원의 대폭적 강화는 불필요한 사교육비를 절감하고, 그 부분만큼 서민가계의 가처분 소득을 늘려주어, 내수경제의 활성화에도 크게 유익한 것임을 더불어 강조하고자 한다.

● 복지국가, **보육과 교육**

복지국가가 만드는 교복 값 걱정 없는 사회

홍보위원회 | 논평 2009년 2월 12일

해마다 3월 신학기가 다가오면 중·고등학생 교복값에 대한 학부모 부담 문제가 사회면을 장식하곤 한다. 올해도 예외는 아니다. 교복 문제는 그동안 많은 문제제기가 있었음에도 불구하고 아직까지 매우 다양한 문제를 낳고 있다. 고급 브랜드를 중심으로 한 빅3 업체가 시장의 80%를 차지하는 과점형 시장의 문제에서부터, 최고 70만원에 이르는 고가 교복의 등장과 원가에 비하여 터무니없이 과도하게 책정되는 교복 폭리 문제, 인기 연예인과 각종 경품을 활용한 과대광고 문제, 물려주기를 하지 못하도록 매년 디자인을 바꾸는 업체의 얌체 상술 문제 등 매년 이때쯤 학부모들의 가슴에 대못질을 하는 일들이 신문을 장식하고 있다.

이렇게 복잡한 문제들 때문에 교복값 대책 역시 다양하게 논의되었다. 정부는 한때 교복 폐지를 검토한 적이 있을 정도이고, 학부모 단체는 대기업 브랜드 제품이 아닌 중소기업의 교복을 구매하는 운동을 벌이기도 했다. 또 최근에는 교복 교환권을 통해 후배들에게 물려주기를 시도하는 기발한 아이디어에서부터, 교복 디자인 변경 금지법안 제정을 주장하는 웃지 못 할 방안까지 보도되기도 했다. 그러나 어느 방법도 학부모들의 불만과 부담을 덜어주지 못하고 있다. 남들처럼 고급 브랜드의 교복을 입지 못하는 청소년들의 멍든 마음을 달래주지도 못하고 있다. 한 예로 공동 구매를 통해 약 50% 이하로 교복 가격을 낮추어 구입하는 방안 등이 제기되었지만, 교복을 착용하는 전국 5,000개의 학교 중 공동구매를 실시하는 비율은 8.7%에 그치고 있다.

우리 복지국가 소사이어티는 이 같은 교복 문제조차도 전면적인 복지 정책을 통해 근본적인 해결이 가능하다고 주장한다.

이미 우리나라는 초등학교에서부터 중학교까지 의무교육제도를 시행중이다. 이는 국민의 권리이자 의무이다. 같은 국민의 의무인 군복무의 경우, 군대에 가면서 군복을 부모가 사준다는 이야기를 들어본 적이 없을 것이다. 입대하는 병사가 총을 사는 비용을 마련하기 위해 고민한다는 이야기도 금시초문일 것이다. 병역이 국민의 의무라면, 교육도 마찬가지로 똑같은 국민의 의무이자 권리이다. 초등학교와 중학교가 의무교육이라면, 수업료와 교과서 비용뿐 아니라, 체육복, 공책과 연필, 책가방 등 각종 교구재와 부교재까지 국가에서 지원하는 것이 옳다.

그럼에도 불구하고 초등학생과 중학생을 둔 학부모는 개인적으로 지출하는 과외비용 외에도 학교와 관련하여 매년 약 2.4조원 정도를 부담(2004년 기준)하고 있으며, 기타 야외수업이나 특기적성 교육 등의 활동비에 부담이 있는 저소득층 학생들은 이 비용이 없어 공교육 내에서조차 소외되고 있다. 아직 의무교육이 아닌 고등학교의 경우, 전체 대상자의 98%가 진학함에도 불구하고 수업료로 연간 1.8조원, 급식비 등 수익자 부담 경비로 약 1조원을 학부모가 직접 부담하고 있다.

한마디로 의무교육에도 불구하고 만만치 않은 공교육비 부담이 존재하고 있는 것이다. 교복 부담 역시 이러한 만만치 않은 공교육비 부담의 일환이라고 할 수 있다. 보다 공고한 의무교육체계의 확립을 통해 이런 문제를 해결할 수 있는 것이다.

그렇다면 보다 강력한 의무교육체계를 도입하기 위해 우리는 얼마나 더 세금을 걷어야 할까? 자세히 통계를 살펴보면, 국민의 큰 추가부담 없이도 정부의 의지만 있으면, 이 문제를 해결할 수 있음을 알 수 있다. 기획재정부 발표에 따르면, 지난해 각종 세금 감면을 하지 않았으면 추가로 확보되었을 9조 1천억 원의 세수 감소분을 제외하고도, 추가로 더 걷힌 금액이 1.7조 원이며, 전체 세계 잉여는 4.6조원이라고 한다.

세계 잉여금이란 재정 운용 결과 당초 예산상 목표로 잡았던 세수액(稅收額)을 초과해 징수되었거나 지출이 세출 예산보다 적어 사용하지 않은 금액이 발생한 경우, 이 초과 징수된 세입과 쓰지 않은 세출불용액(歲出不用額)을 합한 금액을 말한다.

여기서 정부의 채무 변재에 우선 충당하도록 되어 있는 부분과 지방교부세와 각종 교부금으로 나가는 부분을 제외하고, 2조 1천억 원이 추가경정예산으로 편성될 예정이다. 한나라당과 기획재정부는 세계 잉여금을 포함하여 전체적으로 10조 원이 넘는 규모의 추경 안을 제출할 것이라고 한다.

통계청 발표에 따르면, 지난 1월에는 무려 10만 3,000개의 일자리가 한 달 만에 사라지고, 자영업자 감소폭은 지난해 12월 9만 3,000명에 이어 올해 1월에는 11만 2,000만으로 확대되었다. 신임 기획재정부 장관뿐 아니라, KDI도 이제는 공공연하게 경기후퇴(recession)가 본격화할 것이라고 말하면서, 경기 침체 → 일자리 감소 → 소비감소 → 경기침체 심화 → 고용대란이라는 악순환을 경고하고 있다. 바로 이러할 때야말로, 취약계층만이 아닌 중산층을 포함하는 전 국민을 대상으로 하는 보편적·적극적 복지의 확대가 가장 효과적이며 유일한 해결책이 될 것이다.

따라서 우리 복지국가 소사이어티는 이번에 조성된 세계 잉여를 초등학교와 중학교에서 의무교육의 취지에 맞도록 전면적인 무상교육을 실시하고, 고등학교까지 의무교육을 확대하는 데 지출할 것을 주장한다.

이러한 실질적 의무교육의 확대는 교복값과 관련된 논쟁을 불식시키는 근본적인 대책이 될 것이다. 등굣길에 선생님이 사오라고 한 준비물을 챙겨야 한다고 손을 벌리는 아이들과 이에 부담을 느낀 학부모들이 아침마다 실랑이를 벌리는 풍경도 과거의 일로 만들어 버릴 것이다. 뿐만 아니라 그 금액만큼 국민들의 가계 부담을 덜어주고, 추가로 소비할 수 있는 가처분 소득을 늘려주어 내수를 진작시키는 효과를 발생시킬 것이다.

국민들에게 희망과 행복을 주는 정책, 적극적 복지를 통해 국민들의 부담을 덜어주는 정책, 역동적인 복지국가 정책이야말로 지금 시점에서 우리나라에 가장 절실한 대안일 것이다.

● 복지국가, 보육과 교육

4대강 정비와 등록금 후불제 중에 무엇이 중요한지 국민에게 물어보자

홍보위원회 | 성명 2009년 1월 15일

이제 곧 대학입시의 정시 합격자 발표가 나기 시작한다. 합격생과 학부모들은 모두 좋아하겠지만 그 기쁨은 오래 갈 수 없다. 곧이어 등록금 납입이라는 커다란 시련이 시작되기 때문이다. 매년 7,500명 이상이 등록금 때문에 사회에 첫발을 내딛기도 전에 신용불량자가 되고 있다. 우리학생들은 대학을 다니면서도 밤마다 아르바이트를 찾아 전전해야 하고, 수시로 등록금 마련을 위한 휴학을 할 수밖에 없다. 이들이 언제 공부에 전념하여 세계적 경쟁력을 갖는 인력으로 성장할 수 있을지? 답답하다. 따라서 복지국가소사이어티는 '등록금 후불제'의 전면 실시를 요구한다.

등록금 후불제는 후불제를 선택한 학생들이 대학을 다닐 때는 등록금을 한 푼도 내지 않는 대신, 대학 졸업 후 취업을 하여 일정한 수준 이상의 소득이 발생했을 때부터 일정한 기간(최장 20년)에 걸쳐 원금을 갚아 나가는 제도이다. 이자는 정부가 재정으로 부담한다. 유럽 복지국가들의 무상교육에 비하면, 이 제도는 국가 재정에 큰 부담을 주지 않으면서도 학생들이 교육비 부담 없이 학업에 전념할 수 있도록 하는 매우 효율적이며 실현가능성이 높은 제도이다.

현대는 인적자본에 투자하는 시대이다. 녹색 뉴딜에 투입할 50조원이나, 건설업체 지원에 투입할 17조원을 삽질하는 일자리 만들기에 투자할 것이 아니라, 그 중의 일부를 등록금 후불제에 투자한다면 이 땅의 젊은이들은 장차 우리 경제를 이끌어 갈 미래 성장 동력을 창출하여 우리의 미래를 밝혀 줄 것이다. 뿐만 아니라 등록금 후불제는 고등교육의 기회평등을 보장함으로써 우리사회의 실질적 민주주의를 진전시키는 데도 크게 기여하게 된다.

우리나라는 고등학교 졸업자의 80%가 대학에 입학할 만큼 세계적으로 교육열이 높은 사회다. 그러므로 장년층 가계 중에는 한 집 건너 한 명꼴로 대학생이 있을 것이다. 요즘처럼 경제위기로 중산층과 서민 가계가 어려운 상황에서는, 대학생 자녀를 둔 가구 중에서 일부 부유층을 제외한 중산층과 서민 가계의 대부분은 등록금 후불제를 신청할 것이다. 이는 서민 가계의 구매력 향상을 통해 유효수요를 높여주는 것으로 현 시기 내수경제의 활성화에도 크게 기여하게 될 것이다.

녹색뉴딜 사업의 일환으로 추진되는 '4대강 정비사업'과 인적자본의 확충과 서민경제의 활성화에 기여하는 '등록금 후불제' 중에 어느 것이 중요한지, 국민에게 직접 물어보는 것도 좋은 방법이다.

복지국가 보건의료

오바마 의료개혁, 성공할 수 있을까?

박형근 | 칼럼 2009년 2월 9일

미국은 13억 명 중국의 1년 GDP에 맞먹는 2조 2천억 달러를 의료에 쏟아붓고 있다. 그런데도 4천 5백만 명이 넘는 미국인들이 의료보험을 가지고 있지 않다. 의료보험이 있다고 해서 의료비 부담에서 자유로운 것도 아니다. 보험이 있어도 질병에 걸리면 본인부담이 만만치 않다. 미국에서 파산한 사람의 절반 이상이 의료비 때문이고, 의료비로 인한 파산으로 고통 받는 사람들이 2백만 명에 이르는 실정이다.

높은 의료비 문제가 단순히 일반 서민들에 국한된 사안도 아니다. 미국 의료보험 가입자의 55%는 기업이 부담하는 의료보험에 가입되어 있는데, 기업이 부담하는 직원들 의료보험료가 장난이 아니기 때문이다. 생산된 자동차 한 대당 들어가는 의료비 부담을 비교해보면 그 실상이 잘 드러난다. 미국 GM이 1,525달러 들어가는 반면, 캐나다 GM의 경우 187달러, 일본 도요다가 97달러에 불과하다고 한다. 이러니 미국의 높은 의료비 문제는 자국 산업의 경쟁력을 갉아먹는 장애요인으로까지 발전해 있는 상황이다. 의료문제는 이래저래 미국 사회의 최대 골칫거리인 셈이다.

이런 상황에서 미국 의료문제를 해결하겠다는 의지를 공인받은 이가 있으니, 그가 바로 미국 최초의 흑인 대통령 오바마다. 2008년 미국 대선의 국내 이슈 중 최대 현안이었던 의료문제를 해결하겠다고 공언하고 대통령이 되었으니, 이를 해결하지 않고서는 오바마뿐만 아니라 미국 민주당의 정치적 미래도 장담할 수 없는 상황인 것이다. 오바마와 미국 민주당은 전국민의료보장을 위한 의료개혁에 올인을 해야 하고, 일정 수준 이상의 성과를 만들어내야만 한다. 오바마의 성공 여부를 논하기 전에 오바마가 의료개혁에서 무엇을 어떻게 추진하고자 하는지부터 들여다보자.

오바마 대통령은 '전 국민 누구나 부담 가능한 비용으로 이용할 수 있는 의료보장체계(affordable, accessible health coverage for all)'를 구축하겠다는 비전을 제시하였다. 이를 실현할 정책방향은 세 가지다.

첫째, 국민과 기업이 부담할 수 있는 수준으로 미국의 의료비를 낮추겠다는 것이다. 질병예방 및 만성질환관리 프로그램을 강화하여 고액 중증환자의 양산을 차단하고, 정보기술에 대한 대규모 투자 확대를 통해 전자의무기록체계를 구축하여 효율적 관리 인프라를 갖추며, 의료보험회사들과 제약회사들 간 경쟁을 촉진하여 비용을 낮추겠다는 것이 주요 정책수단이다.

문제는 이들 정책의 효과다. 이들 정책이 계획대로 추진된다면 장기적으로 의료비 절감에 기여하겠지만, 단기적으로 큰 효과를 기대하기 어렵기 때문이다. 초기에는 비용절감보다는 신규사업으로 인해 돈이 더 들 수밖에 없기 때문이다. 2004년 기준으로 OECD 국가 1인당 연평균 의료비 2,550달러의 두 배가 넘는 6,401달러나 쓰고 있는 미국의 높은 의료비의 큰 절감 없이 전 국민을 대상으로 보장성을 확대해야만 하는 부담을 안고 개혁의 시동을 걸어야 한다는 의미이다. 상황이 결코 녹록치 않다는 것만은 분명하다.

모든 국민들이 양질의 의료보장 혜택을 누릴 수 있도록 하겠다는 것이 두 번째 정책방향이다. 이 대목이 오바마 보건의료개혁의 핵심이다. 한 가지 주의할 점은 오바마가 제시한 방식은 우리나라의 '국민건강보험(NHI)'과 같은 단일 국가보험체계를 만드는 것이 아니라는 점이다. 오바마가 제시한 계획의 핵심은 새로운 공공의료보험(new public plan)을 신설하고, 국가가 건강보험 상품 거래소(NHIE: National Health Insurance Exchange)를 설립·운영하여 기존의 다양한 민간보험 상품들과 새로운 공공의료보험을 비교하여 본인이 원하는 의료보험을 선택·가입할 수 있도록 하겠다는 것이다. 건강보험 상품 거래소에 등록하는 모든 민간보험은 새로운 공공의료보험에 준하는 보험료, 보장성, 질 기준 등을 충족해야 하며, 과거 병력 때문에 보험 가입을 거절하지 못하도록 규제를 강화하겠다고 한다.

한마디로 새로운 공공의료보험을 시장의 표준으로 삼아 기존 민간의료보험 상품과 경쟁하는 체제를 만들어 누구나 의료보험에 가입할 수 있는 여건을 조성한다는 의미이다. 돈이 없어 보험에 가입하지 못하는 사람을 위해서 공적 부조 형태의 MEDICAID와 SCHIP 가입 대상을 확대하겠다는 계획도 함께 제시되어 있다. 이러한 계획이 현실화될 경우 4천 5백만 명이 넘는 보험 없는 인구와 보장성 낮은 보험에 가입된 인구들 중에서 보다 좋은 의료보험을 갖게 될 사람들이 많아질 것은 분명하다.

문제는 돈이다. 이를 위해 부시 행정부에서 이루어진 감세조치를 원상 복구하여 500억~650억 달러 규모의 재원을 조달하고, 중소기업 종업원의 의료

● 복지국가, **보건의료**

보험 가입률을 높이기 위해서 직원들의 의료보험료 납입에 대한 세금감면 조치를 도입하겠다고 한다. 그러나 이러한 조치들로만 재원 마련이 가능할 것 같지 않다. 엄청난 양의 정부의 추가 재원이 필요할 것이다. 더군다나 지금과 같은 경제위기, 무역적자, 재정적자 상황에서 매년 지속적인 지출이 불가피한 대규모 재원을 어떻게 조달할 것인지가 관건이다.

미국 공화당을 비롯한 보수주의 세력들의 공격과 비난의 대상이었던 단일 공공의료보험체계(single payer system, 한국이나 캐나다의 전국민의료보험 유형)의 모양새를 회피하고, 보수주의 세력들이 좋아하는 '시장과 경쟁'의 외피를 갖추었기에 이전보다 보수주의 세력들로부터 공격받을 여지는 많이 줄어든 셈이다. 하지만 전 연령대를 포괄하는 공공의료보험체계의 등장을 그들이 쉽게 받아들이지는 않을 것이다. 미국 보수주의 세력들과 민간보험회사, 제약회사들의 집요한 반대와 반발로 인해서 새로운 공공의료보험체계를 신설하지 못하고, 기존 민간보험회사들에게 위탁하는 형태로 변질된다면 기존 체계에 돈만 더 쏟아 붓는 결과만 초래하고 국가 재정만 축냈다는 비난을 면치 못하게 될 것이다.

세 번째 정책방향은 학교와 사업장 건강증진 및 예방사업을 강화하고 공중 보건활동에 대한 투자를 강화하여 급증하는 만성질환 증가에 효과적으로 대처해 나가겠다는 것이다. 단기간에 효과를 보기는 어렵겠지만 지속가능한 보건의료체계를 구축하는 데 있어서 결코 간과할 수 없는 조치들이다. 미국이

보다 효과적인 성과를 얻는다면 이를 모델로 다른 나라에 좋은 본보기가 될 수도 있을 것이다.

오바마는 하늘 높은 줄 모르는 미국의 의료비를 절반으로 낮추어 전 국민이 의료보장 혜택을 누리도록 하겠다고 약속했다. 아홉 장짜리 오바마 개혁안의 구석구석이 과감한 조치들로 채워져 있다. 단기적 성패는 민간의료보험회사와 공화당을 위시한 미국 보수주의 세력의 반발을 무마하면서 국민들이 만족할만한 수준으로 새로운 공공의료보험을 안착시킬 수 있을 것인가에 달려 있다. 장기적으로 보면 의료비를 낮추는 것이 무엇보다 중요하다.

제조업을 포기하다시피 한 미국에서 의료산업은 지역경제를 떠받치는 주된 버팀목이다. 영화 〈식코〉에서 눈물을 흘리며 가입 거절 사연을 고백하던 보험 상담원 아가씨, 의료비 미납자의 뒷조사를 하였던 과거를 고백하던 체격 좋은 구렛나루 아저씨 등이 모두 미국의 상업화된 의료를 매개로 생계를 이어가고 있는 사람들이다. 급격한 의료비 절감을 수반하는 개혁은 많은 사람들의 일자리를 위협할 것이기에 급진적 개혁은 예상치 못한 반발을 곳곳에서 불러일으킬 가능성이 크다. 미국의료체계의 상업성이 미국 사회에 뿌리 깊게 자리 잡고 있는 탓이다. 이처럼 자본과 시장이 지배하는 미국 의료제도는 근본적 의료개혁이 어려운 구조적 한계를 가지고 있다.

힐러리와 맞붙던 민주당 후보 경선 시절, 오바마는 원칙을 저버렸다며 힐러리를 줄곧 공격한 바 있다. 새로운 공보험을 신설하되, 기존 민간의료보험

● 복지국가, **보건의료**

과 신설된 공보험을 경쟁시키는 방식으로 전국민의료보험을 추진하겠다고 하는 힐러리 주장에 대해 단일 공공의료보험체계로 강하게 맞서던 그였다. 그러나 대통령 후보로 등극한 후 오바마는 변했다. 대통령 후보 오바마의 공약은 명칭만 바뀌었지 힐러리의 의료개혁 플랜과 다를 바 없는 수준으로 후퇴하였던 것이다. 이런 전력을 되돌아 보건대, 앞으로 있을 공화당 중심의 보수주의 세력과 의료보험회사, 제약회사 등 자본의 집요한 로비와 저항 앞에서 어떤 식으로 변질될지 모를 일이다. 쉽지 않을 것이다. 게다가 오바마 의료개혁의 전도사로 불리던 보건부장관 내정자 '톰 대슐'마저 세금탈루 혐의로 낙마한 상태다. 첫 출발치고는 조짐이 좋은 것도 아니다.

자유시장의 원리가 작동하지 않는 불완전시장(incomplete market)인 의료분야에서 정부와 사회의 공공성 원리가 아닌 '자본과 시장의 원리'를 위주로 짜인 기존의 미국 의료체계를 그대로 둔 상태에서, 공공보험과 민간보험의 경쟁을 통한 의료개혁을 추구한다는 것은 그 한계가 너무나 분명하다. 유럽 선진국들의 의료제도 기준과 우리의 기대에는 턱없이 모자라지만, 그럼에도 불구하고, 필자는 오바마의 보건의료개혁 시도가 성공하기를 간절히 희망한다.

오바마의 의료개혁으로 인해, 의료보험 없는 불안한 생활에서 고통을 받고 있는 수천만 명의 미국인들이 어떤 형태로든 새로운 의료보장의 수혜를 받을 수 있게 된다면, 그것 자체만으로도 지금보다는 엄청난 진보임에 틀림없을 것이기 때문이다. 그리고 비록 작은 승리라 할지라도, 원래 공공의 영역이어야 할 의료를 '자본과 시장의 일방적 지배'에서 일부라도 공공의 영역으로 되찾아 온다면, 이 또한 진보의 소중한 승리일 것이기 때문이다.

● 복지국가, **보건의료**

오바마 의료개혁의 성과와 한계 그리고 전망

박형근 | 칼럼 2009년 12월 28일

    미국 시간으로 2009년 크리스마스 이브 오후, 미국 상원 표결에서 의료개혁 법안이 통과되면서 오바마 의료개혁이 사실상 마무리되었다. 이제 남은 것은 상원 법안보다 개혁의 진폭이 크고, 보다 강력한 공공부문의 역할을 담고 있는 하원 법안과 통합·조정 절차를 거친 최종 법안에 대한 상·하원 각각의 표결과 대통령의 서명 절차뿐이다. 상·하원 모두 민주당 의원들이 과반 이상을 점하고 있고, 이미 한 차례 상·하원 모두에서 통과 절차를 거친 상태이기 때문에 결정적 장애는 없을 것으로 보인다. 문제는 조율될 상·하원 최종안의 내용인데, 의료개혁 법안 통과에 사활을 걸고 있는 백악관과 민주당 지도부로서는 상·하원에서 무리 없는 통과가 가능한 수준, 즉 상원 법안을 표준으로 하원 법안의 개혁범위를 축소하고, 경쟁형 공적건강보험(public option)을 삭제하는 수준으로 정리할 것이 틀림없기 때문이다. 내년 1월 말 혹은 2월 초에 있을 오바마 대통령의 역사적인(?) 의료개혁 법안 서명을 끝으로 2009년 미국 의료개혁 논란은 막을 내릴 것으로 보인다.

    그럼에도 오바마 대통령의 서명으로 미국 의료개혁 논란이 깔끔하게 정리될 것 같지는 않다. 오히려 논란이 더 커질 가능성을 배제하기 어려워 보인다. 향후 10년 간 건강보험이 없는 미국인 3천 1백만 명에게 의료보장 혜택을 부여하고 민간보험회사에 대한 강력한 규제를 담는 등 일정한 성취를 달성한 것은 분명하지만, 의료개혁이 표방한 애초의 목표 달성에 필요한 구체적 수단이 불분명하고 의료개혁의 최대 수혜자가 보통의 미국사람들이기보다는 민간의료보험 회사들일 가능성이 농후하기 때문이다. 그 내막을 들여다보자.

2009년 미국 의료개혁 논의에서 지적된 미국 의료의 대표적 문제점은 엄청난 의료비 규모와 빠른 증가속도, 의료 양극화, 민간보험 회사들의 극단적 이윤추구 행위로 인한 폐단으로 요약할 수 있다. 2009년의 미국 국민의료비 규모는 2조 3천억 달러로 GDP의 18%를 차지한다. 지금과 같은 증가 추세가 지속되면 2030년에는 GDP 대비 28%, 2040년에는 34%에 달해 국가 파산이 불가피하다는 데 이견이 없다. 높은 의료비 지출만큼 상당수의 미국인들은 최고 수준의 의료서비스를 향유하고 있다. 반면, 전체 인구의 15%에 달하는 4천 5백만 명은 건강보험이 아예 없고, 보장성 낮은 건강보험에 가입해 있는 사람들 중 2천 5백만 명 정도가 높은 의료비 부담 때문에 쉽게 의사를 찾지 못하고 있다.

2009년 미국공중보건학회지에 발표된 한 연구결과에 따르면, 미국에서 해마다 4만 5천 명이 건강보험이 없어 사망하고 있는데, 12분마다 1명꼴일 정도로 의료양극화의 골이 깊다. 또한 당뇨와 같은 고액 지출이 예상되는 개인의 건강보험 구입 거절이 다반사이며, 높은 치료비가 예상되는 진료항목에 대한 지급 거절이 빈번해 엄청난 반발을 사고 있다. 과거부터 특정 보험회사에 보험료를 지불하고 있고 건강보험 상품에 가입되어 있으니 걱정할 게 없다고? 천만에 말씀이다. 일정기간(6개월 혹은 1년 등) 단위로 보험계약이 갱신되는데 재계약 시점에서 당뇨와 같은 특정질환이 확인되면, 재계약 당사자

● 복지국가, **보건의료**

는 보험계약이 불가능한 과거력을 갖고 있는 것으로 간주되어 보험 가입 자격이 박탈된다. 보험회사의 치료비 지급거절 실상은 마이클 무어 감독의 영화〈식코(sicko)〉에 잘 제시되어 있으니 혹시 못 보신 분은 보시길 권한다.

메디케어(Medicare) 가입 자격이 없는 65세 미만 미국인들이 이런 걱정 없이 건강보험에 가입할 수 있는 유일한 길은 (좋은)직장에 취직하거나 (좋은)직장을 가진 배우자를 갖는 길밖에 없다. 전체 미국인 중 58.8%가 '고용자 지원 건강보험(employer-sponsored health insurance)'에 가입되어 있는데 고용자 지원 건강보험의 경우 직장생활을 하는 건강한 집단을 대상으로 한 단체 가입 형태이기 때문에 개인의 과거력을 이유로 보험 가입 거절이 없고, 고용을 유지하는 한 치료비 보상도 안정적이며, 보험료의 70~80% 이상을 직장에서 부담하기 때문에 보험료 부담도 낮은 편이다. 미국에서 일정 규모 이상의 사업장에서 일자리를 갖는 것이 중요한 이유가 여기에 있다.

미국 의료제도가 이러한 모습을 보이는 가장 큰 이유는 서유럽 복지국가나 일본, 한국, 대만과 같은 사회보장제도로서의 전국민의료보장제도가 없기 때문이다. 의료를 '권리'가 아닌 '상품'으로 간주하고, 이를 기반으로 의료를 중심에 둔 거대한 내수 산업을 육성해온 결과, 수많은 이들에게 일자리를 제공하고, 지역경제 유지의 중추로 자리를 잡은 것이 사실이다. 반면, 이윤추구를 목적으로 하는 개별 보험사와 의료공급자들이 시장원리를 중심으로 복잡하게 얽혀 있는 탓에 과도한 행정비용의 유발이 불가피하고, 제약산업·의료기기산업·의료경영컨설팅산업·교육산업·의료관련소송 등 연계산업으로 이전되는 비용의 상당부분을 기업, 보험가입자, 환자가 직접 부담해야 하기 때문에 복지국가 형태의 의료제도에 비해 높은 의료비 부담은 필연적이다.

미국에서도 복지국가 형태의 전국민의료보장제도 도입을 위한 시도가 여러 차례 진행된 바 있지만, 번번이 좌절하고 말았다. 보험회사의 강력한 로비, 의료계의 반대, 노조의 반대, 국가의 역할 강화에 반대하는 미국의 자유주의 전통, '사회주의 의료(socialized medicine)'라는 이념적 공세, 사회보장제도 도입에 따른 기존 의료보장수준 저하에 대한 우려 등이 주로 지적되는 원인이자 배경이다. 미국 사회에 서유럽 복지국가와 같은 국가의료제도의 도입이 성공하지 못한 이유는 뒤집어 생각하면 보다 쉽게 이해할 수 있다. 만약 우리나라의 건강보험제도를 모델로 미국의 의료제도를 개혁했다고 가정해보자. 과도한 의료비로 인한 사회경제적 부담과 의료양극화를 해소하고 보다 효율적인 보건의료시스템은 만들 수 있을 것이다. 하지만 이미 거대화된 산업구조에 연계되어 생활을 이어가고 있는 수많은 사람들의 생계가 위협받을 가능성이 있으며, 이를 대체할 또 다른 무엇인가가 필요하다. 그 대안이 확실하고 그 전환과정의 로드맵이 구체적이지 않다면, 급진적인 변화는 사회경제적으로, 정치적으로 감내하기 어려운 선택임이 분명할 것이다. 바로 여기에 '미국 의료의 딜레마'가 있다. 효율적이고 효과적인 보건의료시스템으로 개혁하자니 거시경제운용에 문제가 생기고, 거시경제운용을 목표로 거대산업을 계속해서 유지·관리하기에는 스스로 감당하기 어려울 정도로 규모가 크고 복잡하고 비대해진 탓이다.

　이러한 조건과 상황에서 민주당은 의료개혁을 2008년 대선의 핵심 공약으로 내걸었고, 오바마가 미국 대통령이 되었다. 오바마 의료개혁의 기본방향은 5가지로 요약할 수 있다. 첫째, 전 국민 의료보장(for all americans)의 실현, 둘째, 국민의료비의 상승 억제, 셋째, 건강보험 시장에 연방정부가 운영하는 경쟁형 공적건강보험 신규 출시를 통한 경쟁 활성화·선택의 확대·민간보험 선도, 넷째, 민간건강보험의 폐단 극복을 통한 민간건강보험 가입자의 안정성 및 보장성 강화, 다섯째, 추가적인 정부 재정의 지출 없는 의료개혁 추진(budget neutral)이 그것이다. 기존 민간건강보험 중심 의료시스템의 인정과 존중을 조건으로 전 국민 의료보장을 추진하는 것이 골자라 할 수 있다.

　일정 규모 이상 기업의 경우 직원에 대한 민간건강보험 가입을 의무화하고, 소규모 기업 종사자와 개인사업자 등은 의료보험 구매를 의무화하며, 일정소득 이하의 대상자에게는 세액공제를 통해 보험료와 본인부담 의료비 지원을 법제화하는 내용이 기준의 차이만 있을 뿐 상·하원 법안에 모두 담겨있다. 또한 메디케이드(Medicaid)의 가입 기준을 변경하여 보험 구입이 어려운 실업자 등 취약계층을 위한 지원책을 마련한 것도 마찬가지이다. 그리고 미국 사회에서 큰 문제가 되고 있는 민간보험사의 보험 가입과 치료비 지불 거절행위를 불법화하는 내용도 똑 같다. 그리고 여기에 소요될 비용을 충당하기 위해 고소득층을 대상으로 한 증세, 제약회사 및 보험회사에 대한 증세 등이 담겨 있다. 미국의 국민의료비 증가 억제를 위하여 의사와 의료기관에 대한 보상제도의 개편, 비용-효과 연구에 대한 지원 확대와 이에 기초한 비용-효과적 치료의 확산, 약가 인하 등 다양한 방안들이 제시되고 있는데, 그 효과에 대해서는 논란의 여지가 많다. 어쨌든 강력한 의료비 절감 수단을 강구하여 메디케어에 대한 연방정부의 지출 증가를 줄이고, 절감 비용을 전 국민 의료보장으로 돌리겠다는 내용이 상·하원 통과 법안 모두에 담겨 있는데, 공화당이 메디케어 혜택이 감소될 것이라며 반발하는 명분의 근거가 여기에 있다.

2009년 미국 의료개혁 논란의 화두이자 상·하원 법안에서 가장 대비되는 대목은 경쟁형 공적건강보험의 도입 여부라 할 수 있다. 하원 법안에는 살아남았으나, 상원의 경우 필리버스터 저지를 위한 타협의 과정에서 삭제되었다. 12월 9일 상원 민주당 지도부가 경쟁형 공적건강보험의 폐기를 최종 확정하기까지 2009년 미국 의료개혁의 가장 뜨거운 감자였던 경쟁형 공적건강보험의 논의과정에 대해서는 자세히 짚어볼 필요가 있다.

경쟁형 공적건강보험은 오바마 대통령 취임 초기에만 해도 민간보험에 대한 공격적 성격이 다분했다. 65세 미만 인구를 대상으로 형성되어 있는 민간보험 시장에 강력한 도전장을 내밀며, 민간보험의 빠른 의료비 증가를 견제하고 민간보험의 부당한 행태를 교정하는 건강한 경쟁자 역할을 수행할 주체로 부각되었다. 민간보험업계로서는 긴장할 수밖에 없는 대목이었다. 실제 미국 건강보험 시장의 구조를 들여다보면, 대부분의 미국 주에서 소수 보험회사에 의한 과점과 독점이 일반적이기 때문에 미국 전체에서 가입자를 모집하여 위험을 분산하고, 의사나 병원에 대한 지불보상 수준을 메디케어 수준으로 낮추어 가격 경쟁력을 확보하면서 시장에 진출한다면 전체 국민의 59% 정도가 가입되어 있는 '고용자 지원 건강보험' 시장의 지각변동은 쉽게 예상해 볼 수 있는 상황이다. 비교적 공급자에 대한 보상이 관대한 민간보험에 비해 메디케어 수준으로 보상을 낮추면 시장이 축소되고 의료공급자들이 반발하지 않겠느냐는 반문이 가능하다. 이에 대해 민주당은 오바마 의료개혁이 실현되면 모든 미국인이 보험에 가입하게 되고, 현재 미국 전체 병원 지출액의 평균 5~6%에 달하는 무료진료(uncompensated care)로 인한 적자요인이 사라져 그만큼의 수입증가가 발생할 것이며, 의료보장 확대에 따른 수요 증가로 병원 수입이 증가할 것이라는 주장으로 맞섰다. 총액으로 보면 틀린 말은 아니지만 개별 기관마다 상황은 다를 수 있을 것이다.

민간건강보험에 대한 강력한 경쟁자로서 상당한 영향력을 갖춘 제도 도입이었기에 의료개혁 초기부터 경쟁형 공적건강보험의 도입 여부와 도입 범위는 초미의 관심사로 자리를 잡았다. 서유럽 복지국가나 우리나라와 같은 전국민건강보험제도를 모델로 하고 있는 민주당 좌파(liberals)와 미국 진보진영에게 경쟁형 공적건강보험의 도입 여부는 2009년 의료개혁의 성패를 가르는 잣대로 받아들여졌다. 그런데 이러한 공격적 형태의 경쟁형 공적건강보험의 도입은 보험회사들의 로비와 기존 민간보험 가입자들의 우려로 좌초되고 말았다.

대표적 사례가 올 여름 타운 홀 미팅(town-hall meeting)에서 확인된 일부 대중의 불만과 저항이었다. 대다수 청장년층이 가입되어 있는 고용자 지원 건강보험의 경우 일부 관리의료조직(managed care organization, HMO 등)을 제외하면 메디케어보다 의료기관에 대한 보상수준이 높고 치료자 선택의 폭도 넓다. 일부 대중들이 불만을 갖은 지점이 바로 여기에 있는데, 메디케어 기준을 적용한 경쟁형 공적건강보험이 출시되면 보험료가 당연히 저렴할 것이고, 기업 입장에서는 당연히 경쟁형 공적건강보험을 선호할 것인데, 그렇게 되면 현재 받고 있는 의료보장의 범위와 수준보다 보장성이 떨어질 것이라는 판단이 작동했다. 본인이나 가족 중 환자라도 있는 경우에 반발의 강도는 더 높았던 것 같다. 이러한 이유 때문에 모든 개인과 모든 기업에 가입 자격을 개방하려던 초기의 경쟁형 공적건강보험 방안은 폐기되고, 개인과 일정 기준 이하의 기업(초기 상원안의 경우 100인 미만 기업)으로 가입 대상이 대폭 축소된 방안이 논의되었다. 기존의 '고용자 지원 건강보험' 시장과 경쟁형 공적건강보험 시장이 구조적으로 분리된 셈이다. 바꾸어 말하면, 경쟁형 공적건강보험의 파괴력과 영향력이 대폭 축소된 것이라 할 수 있다. 이러한 수준의 내용이 하원 통과 법안에 담겨 있고, 상원 논의과정에서도 다루어졌으나 어떤 형태의 경쟁형 공적건강보험 도입에도 반대하겠다는 민주당 연합 무소속 리버만(Joseph Lieberman) 상원의원을 비롯한 소수 민주당 상원의원의 반대에 부딪혀 최종안에는 삭제되고 말았다. 현재로서 오바마 대통령이 서명할 최종안에 경쟁형 공적건강보험도입 방안이 포함될 가능성은 제로에 가깝다고 할 수 있다. 결국, 2010년부터 단계적으로 발효될 미국 의료개혁 조치에 민간의료보험으로 인한 의료비 상승을 견제하고, 민간의료보험의 부정적 관행을 해소할 강력한 견제 수단의 한 축이 상실되었다는 것을 의미한다. 민간의료보험 가입자는 증가할 것이고, 민간보험 회사의 보험료 수입은 그만큼 늘어날 것이니 민간보험 입장에서는 결코 나쁜 일이 아니다. 상원 법안 최종 확정 후부터 민간보험 회사의 주가가 뛰고 있는 이유가 여기에 있다.

그럼, 도대체 민간의료보험의 폐단은 어떻게 관리·견제하고, 의료비 상승은 어떻게 통제하겠다는 것인가? 이것을 가능하게 할 수 있는 핵심적 장치는 건강보험 상품거래소(health insurance exchange)를 통한 민간보험 상품의 표준화, 가입자 확대를 통한 위험분산(risk-pooling) 확대, 보험료 상승 관리 강화에 있다. 개인별 의무적 보험 구입이 불가피한 사람들과 일정 규모 이하의 기업을 가입 대상으로 하는 보험 상품으로 건강보험 상품거래소에 출시될 보험 상품은 새로 개발될 기본급여 패키지(basic benefits package)를 포함해야 하는데, 하원 법안의 경우 급여항목에 대한 보장률이 70%~95%로 차등화되어 있고, 상원 법안의 경우 60%~90%로 제시되어 있다. 기본급여 패키지에 대한 년 본인부담 상한선(하원 법안의 경우 개인 기준 $5,000, 가구 기준

$ 10,000)도 설정되어 있어 본인부담은 축소될 전망이다. 준비기간을 거쳐 하원 법안의 경우 2013년, 상원 법안의 경우 2014년부터 발효되도록 명시되어 있다. 건강보험 상품거래소에 등재될 건강보험 상품은 개인의 과거력에 따른 가입 거절과 보장된 급여에 대한 지급 거절이 불가능하다. 건강보험 상품거래소의 위험분산 기능을 가볍게 볼 일은 아닌 듯싶다. 비교적 건강한 젊은 층이 다수인 미보험자 4천 5백만 명 중 상원 안 기준 3천 1백만 명이 보험료를 지불하며 위험분산에 참여한다면 적지 않은 재원 확보가 가능할 것이기 때문이다.

결국 2010년 미국 의료개혁의 핵심은 민간의료보험의 표준화 및 규제 강화, 가입 의무화를 통한 위험분산 확대에 있고, 이 역할 수행을 위해 '건강보험 상품거래소'라는 새로운 기구를 신설한다는 것으로 요약해 볼 수 있다. 현재, 하원 법안의 경우 미국 전역을 대상으로 위험분산을 하는 반면, 상원의 경우 주단위로 범위가 설정되어 있는데, 이 조항은 하원 법안으로 정리될 가능성도 있어 보인다. 두고 볼일이다. 자영업자와 소규모 기업 종사자를 대상으로 한 제한적 규제이지만, 이러한 제도적 틀이 전체 건강보험 시장에 영향을 미칠 것이라는 전제를 깔고 있다. 향후 개발될 기본급여 패키지, 건강보험 상품거래소의 역할과 수행절차 등의 세부내용이 초미의 관심사가 될 것이다.

2009년의 미국 의료개혁 시도는 9부 능선을 넘어섰다. 오바마 대통령을 비롯해 상원 민주당 지도부의 표현과 행동에서 고지 정복을 눈앞에 둔 승리자의 태도가 엿보인다. 기존 민간의료보험의 폐해를 차단하고 고소득자와 기득권자에 대한 증세를 통해 저소득층의 건강보험 구입을 지원하는 방안 등 당면한 미국 의료의 문제점을 개선할 상당한 조치들이 상·하원 법안에 담겨있는 것은 틀림없다. 문제는 이번 의료개혁을 통해 기존의 고비용 민간의료보험 중심 시스템에 가입자 수를 대거 늘려 파이를 키우고, 보장 수준을 확대하는 방식을 선택하였다는 점에 있다. 엄청난 돈이 더 필요하다는 뜻이다. 의무가입자를 늘려, 즉 위험분산의 범위를 확대해 보험재정을 확충하고, 비용절감 조치를 강화한 효과가 과연 어느 수준까지 감당할 수 있을지는 아무도 모른다. 미국 의회예산처(Congressional Budget Office: CBO) 추계로는 향후 10년간 감당 가능하다고는 하지만 두고 볼일이다. 오바마와 민주당 개혁안의 모델이 되고 있는 메사추세츠주 사례에서 확인할 수 있는 것은 민간의료보험 의무가입 조치 이후 당초 예상을 뛰어넘는 수준으로 의료비가 눈덩이처럼 불어나고 있다는 사실이다. 만약 이번 건강보험 개혁으로 재정적자 행진이 이어진다면 연방정부의 추가 재정투입이 불가피할 것이며, 이에 대한 책임 소재 논란과 향후 보완책을 둘러싼 뜨거운 논란과 궤도 수정이 불가피할 것이다.

　오바마 의료개혁 설계도의 완성에 필요한 세밀한 제도 보완이 의도대로 진행될 것인지도 관심거리이다. 건강보험 상품거래소와 관련한 세밀한 설계도가 어떻게 나오는지, 과연 큰 저항과 불만 없이 제대로 실현될 수 있는 방안이 마련될 것인지가 초미의 관심사로 등장할 것이다. 현재로서 그 시점은

2013년 혹은 2014년이다. 관련 전문가들의 예상으로는 그 시점이 지연될 가능성이 높고, 2012년 미국 대선 등 주요 선거결과에 의해 경로가 변경될 가능성도 배제하기 어렵다고 한다. 그 시점까지 공화당은 집요하게 물고 늘어질 것이고, 미국 보수파의 결집도는 높아질 것이다. 반면 민주당 좌파, 즉 리버럴들은 불만이다. 오바마의 '담대한 희망'에 열광했던 이들은 아프가니스탄 증파 결정에 덧붙여 경쟁형 공적건강보험의 포기까지 이어지면서 오바마에 대한 실망이 커지고 있다. 핵심 지지층의 결집력이 떨어지고 있다는 의미다. 12월 11~14일 동안 진행된 NBC/Wall Street 합동 오바마 의료개혁에 대한 여론조사 결과를 보면, 지난 9월 조사에서 찬성(a good idea) 45%, 반대(a bad idea) 39%였던 것이 찬성 32%, 반대 47%로 뒤집힌 결과가 이러한 분위기를 뒷받침한다. 미국의 전반적인 경제상황 등 여러 변수들이 맞물린 결과이고, 앞으로도 그렇겠지만 이번 의료개혁 법안의 통과가 오바마와 민주당의 성공을 보장한다고 쉽게 말하기 어려운 상황이다.

● 복지국가, **보건의료**

동서독 보건의료통합이 우리에게 시사하는 바

김철웅 | 칼럼 2009년 12월 14일

    2009년 11월 9일은 독일 베를린 장벽이 무너진 지 20주년이 되는 날이었다. 그래서 지난 11월에는 통독 20주년을 기념하여 여러 분야에서 토론회와 세미나가 개최되었다. 세계에서 유일한 분단국가인 우리나라가 동서독의 통일과정과 통일 이후의 사회통합과정에서 적지 않은 시사점을 얻을 수 있기 때문이다. 보건의료 분야와 관련해서는 보건복지가족부와 독-한의학회 등이 공동주최하는 '남북보건의료통합 준비 한-독 심포지엄'이 11월 25일 개최되었다. 필자는 최근의 이러한 논의들을 종합하여 우리나라 보건의료통합 과정에 시사하는 바를 몇 가지 정리해 보고자 한다.

    첫째, 그 누구도 1989년 11월 9일에 동서베를린의 장벽이 무너지게 되고, 1990년 10월 3일에 동서독이 공식적인 통일을 이루게 될 것을 예상하지 못하였다는 것이고, 이로 인해 동서독 통일을 위한 대책을 미리 준비하지 못했다는 것이다. 이는 보건의료 부문도 예외가 아니었다.

    남북한의 통일 시기도 예측하기 어렵다. 통일의 과정도 동서독의 경우와 비슷하게 갑자기 진행될 가능성이 높다. 다만, 남북한의 분단과 대결 양상이 과거 동서독의 그것에 비해 훨씬 심각하기 때문에 통일이 가까운 시일 내에 이루어지기는 어려울 것으로 판단된다. 동서독은 통일 이전부터 교류협력을 진행하고 있었고, 통일 직전 동독 내부에서 통일과 자유에 대한 요구가 시위의 형태로 나타났지만, 북한의 경우 내부에서 통일을 요구하는 목소리가 들려오지 않고 있으며, 남북한의 교류협력 수준은 여전히 걸음마 단계에 있기 때문이다. 또한 현 정부 들어 그간의 햇볕정책도 재검토되는 등 남북관계가 경색되어 있다.

　이러한 상황에서는 보건의료분야의 통합에 대한 세부적인 논의보다는 통일을 이루기 위해 필요한 남북한 교류협력을 강화할 수 있는 방안에 대한 논의가 더 필요할 것이다. 그리고 보건의료분야에 한정해서는, 통일 이후의 보건의료 통합 과정에 대한 논의보다는, 지금부터라도 당장 수행할 수 있는 보건의료분야의 장기적인 통일계획에 대한 논의가 더 필요하다. 통일계획의 주요내용은 남북한 보건의료체계의 격차를 줄이기 위한 것이고, 이를 위한 남한사회의 내부적인 노력과 북한에 대한 지원이 필요하다고 하겠다.

　둘째, 1990년 당시 동서독 의료보장체계는 각기 장단점을 가지고 있었다. 문제는 동서독 보건의료 통합 과정에서 동독 의료보장체계의 장점을 살리지 못하였고, 서독 의료보장체계를 보다 나은 방향으로 바꿀 수 있는 계기로도 활용하지 못하였다는 점이다.

　통일 이전의 동독 병원은 인력이 부족한 상태였고, 병상도 부족하여 대기자가 많았는데, 그 중에는 긴급하게 치료가 필요한 사람들도 적지 않았다. 그리고 대부분의 병원 건물이 노후화되었고, 약품과 의료서비스의 공급도 제한되었다. 그러나 단점만 있는 것은 아니었다. 통일 이전 동독 보건의료체계의 장점으로는 외래진료와 입원진료가 긴밀히 연계되어 있고, 질병의 예방 및 조기발견의 강조, 관리, 치료, 가정간호가 포괄적으로 제공되고 있다는 점을

● 복지국가, **보건의료**

들 수 있다. 이는 '폴리클리닉'이라는 정부가 운영하는 외래전문병원이 그러한 역할을 수행하고 있었기 때문에 가능한 것이었다. 통일 이전 동독의 대부분의 의사는 '폴리클리닉'에 고용되어 있었고, 일차 외래 영역에서 민간개원의사가 차지하는 비중은 2%에 불과하였다. '폴리클리닉'에는 10명 이상의 의사가 고용되어 외래진료를 하고 있었고 1989년 말에는 동독에 5,248개의 '폴리클리닉'이 있었다.

당시 서독의 보건시스템은 오래 전부터 효율성과 능률에 대한 비판적인 평가를 받고 있었다. 반면, 동독의 보건시스템은 1980년대 초반까지 상당히 긍정적인 평가를 받았다. 특히 '폴리클리닉'과 같은 정부직영 외래전문병원은 당시 서독에서 언급되던 의료개혁을 실현할 수 있는 일차 의료부문 개혁의 대안이 될 수도 있었지만, 일차 의료부문의 통합 과정에서 동독의 폴리클리닉이 민간개원의사로 대체되었다.

왜냐하면 통일 이전에 동서독 보건의료 통합을 위한 장기적 준비과정이 없었고, 이에 더해 동독의 경제상황이 매우 좋지 않았던 이유로 모든 분야에서 통일을 빠르게 추진해야 했는데, 그 과정에서 동서독 보건의료제도의 장점을 취할만한 시간적 여유가 없었기 때문이다. 그리고 당시 서독의 여당이었던 기민당과 자민당이 반대하였고, 동독 기사당도 폴리클리닉, 외래진료소 등의 기관 유지를 위해 노력하지 않았다.

그런데 우리나라는 모든 면에서 현재 남북 간의 격차가 당시 동서독 간의 격차보다 훨씬 더 크다는 점을 감안해야 한다. 그러므로 통일 이전부터 남북한 보건의료체계의 격차를 줄이기 위한 장기적인 계획을 가지고 남북한 보건의료 통합을 준비해야 할 것이다. 왜냐하면 북한사회의 급속한 변화가 감지될 때에는 이미 남북한이 통일의 추진 속도를 조절하기 어렵기 때문이다.

국가 전체의 보건의료재정 중 공공재정이 차지하는 비율을 비교해 보면, 통일 당시였던 1990년 현재 서독은 76.2%였던 반면, 남한은 2008년 현재 53%에 지나지 않고, 그 결과 우리나라는 의료보장의 수준이 낮아, 의료이용 시 환자 본인이 부담하는 의료비의 크기가 크고, 사회계층 간 지역 간 의료이용의 격차가 큰 실정이다. 한편, 구 동독시절에는 1883년부터 존재했던 사회보험제도가 통합사회보험제도로 그 형식만 바뀌어 지속되었기 때문에 동독 국민들에게 사회보험에 대한 인식과 이해가 있었다. 그러나 북한 주민은 사회보험을 경험한 적이 없기 때문에 보험료나 본인부담금 등에 대한 이해가 부족하다. 이러한 상황에서 통일이 이루어진다면, 경제력이 빈곤한 북한 주민의 의료이용에서 불평등이 커질 수 있다. 따라서 남한은 의료재정체계의 공공성을 서독 수준으로 높여야 한다.

즉, 국민건강보험의 재정을 대폭 확대하여 보장성을 강화하고, 이를 통해 의료재정에서 공공재원이 차지하는 비중을 높이고 가계의 본인부담을 낮추어야 한다. 이렇게 확충된 공공재원의 일부는 통일기금 또는 통일세와 더불어 보건의료의 기반이 완전히 무너진 북한의 보건의료 인프라를 재건하기 위

● 복지국가, 보건의료

한 재원으로도 활용될 수 있을 것이다. 동서독 통일 당시, 서독은 높은 공공재원 비중(76.2%)을 기본으로, 통일세 부과를 통해 연방정부 차원에서 동독지역의 병원과 보건의료시설, 의료보험제도에 막대한 재원을 지원할 수 있었다. 그 결과 서독의 국가보건의료제도를 성공적으로 동독지역에 도입할 수 있었던 것이다.

통일의 과정에서 예상되는 경제활동 참가율의 저하를 포함하여 실업과 빈곤의 문제는 의료보장제도가 어떤 형태로 운영되는지와 상관없이 의료보장제도 그 자체의 기반을 불안정하게 하는 요인이 된다. 따라서 남북한 통일을 준비하기 위해서는 장기적으로 남북 간 경제력의 격차를 줄이고, 통일 시기에 주민의 재정부담 능력을 고려한 의료보장 및 재원조달 방안을 미리 준비할 필요가 있다. 특히 통일 직후 시기 동안 급격하게 증가될 실업자와 그의 가족들을 의료보장제도에서 수용할 수 있는 대응책 또한 필요할 것이다.

한편, 1990년 당시 서독의 전체 병상 중 공공병상의 비중은 62.8%였지만, 현재 남한의 공공병상 비중은 10% 대에 머물고 있다. 이에 더해, 남한 민간 의료기관들의 강한 이윤추구 경향 때문에 최근 수도권을 중심으로 민간병상이 급격하게 증가하고 있고, 고가의 진단의료장비 역시 경쟁적으로 도입되고 있으며, 지역 간 격차가 벌어지고 있다. 남한 내 의료자원의 지역 간 격차가 이보다 더 커진다면 향후 남북한 통일과정에서 남북 간 의료수준의 격차를 줄이는 데 큰 제약점으로 작용할 것이고 남북한 사회통합을 저해할 것이다.

장기적으로 남북한 의료제공체계의 격차를 줄이려면, 남한의 민간병원을 중심으로 벌어지고 있는 무분별한 경쟁을 효과적으로 관리하고, 공공의료자원의 비중을 크게 높여야 한다.

셋째, 독일은 1949년 이후 비록 제한적이었지만 공식 또는 비공식적 교류가 있음에도 불구하고, 동독의 보건의료 및 의료보장제도의 실상을 제대로 파악하지 못하였다. 통일 전후 동독 보건의료체계의 상황은 서독의 보건의료 전문가들이 막연하게 평가했던 것보다는 훨씬 심각하였는데, 특히 병원부문의 침체는 더욱 심각한 상황이었다. 그 결과 예상보다 큰 통일비용을 지불하였던 것이다. 장기적으로 남북한 통일비용을 줄이기 위해서는 북한에 대한 적극적인 지원이 필요하고, 효율적인 지원방향을 모색하려면 북한지역의 사회보장 및 보건의료제도에 대한 실상 파악이 대단히 중요하다. 현재 북한의 보건의료 상황은 통일 이전 동독의 상황보다 훨씬 심각하므로, 대북지원을 포함한 다양한 경로를 통해 정보를 수집하고 분석하는 것이 필요하고, 이 정보를 바탕으로 북한 의료부문의 인프라 재건을 통해 통일비용을 줄이기 위한 다각적인 지원을 수행할 필요가 있을 것이다.

끝으로, 경제사회 전반적으로 남한이 더욱 평등하고 통합적인 국가로 변해야 한다. 이는 남한이 보편적 복지국가로 전환하고 발전한다는 것을 의미함과 아울러, 북한의 올바른 변화 발전을 추동하고 통일을 효과적으로 대비하는 데도 매우 유익한 전략이기 때문이다. 서독의 사회 통합적 복지국가가 있었기에 동서독 통일과 이후의 사회통합이 비교적 효과적으로 가능했던 경험에서 교훈을 얻자는 것인데, 이를 위해서는 우리나라가 서독만큼, 또는 그 이상으로 유능하고 보편적인 복지국가로 패러다임 전환을 해야 한다. 장차 북한의 개혁개방에서 예견되는 중국식의 불균형 성장은 극단적인 사회 양극화로 인해 남북한 통일에도 바람직하지 않을 것인 바, 북한을 사회 통합적 개혁개방으로 이끌기 위해서라도 먼저 남한이 서독 이상의 사회 통합적 복지국가로 나아가야 하는 것이다. 앞서 기술한 남북한 보건의료 통합 전략과 노력도 이러한 보편적 복지국가의 맥락 속에서 이루어져야 할 것이다.

모든 국민을 효자로 만드는 민생의제!
보호자 없는 병원

이주호 | 칼럼 2009년 11월 16일

11월 12일부터 국회에서 2010년도 예산안 심사가 시작되었다. 이에 맞춰 시민사회단체들은 국회 예산결산특별위원을 상대로 '공익 로비'에 돌입한다고 발표했다. 부자감세와 4대강 사업을 중단하고, 민생 예산을 증액하라는 주장이다. 바야흐로 '4대강 예산' 대 '복지민생 예산'의 한판싸움이 벌어질 기세다. 시민사회단체들이 요구하는 복지예산 중 특히 눈길을 끄는 것이 '보호자 없는 병원' 사업이다.

11월 5일 환자와 여성단체, 보건의료노조를 중심으로 출범한 '보호자 없는 병원 실현을 위한 연석회의'는 진료비보다 더 커진 간병비용 부담, 여성에게 전가되는 간병문제의 사회적 해결을 요구하면서 '보호자 없는 병원'의 전면 실시를 요구하고 나섰다. 이 사업 예산은 상반기 추경예산 편성 시에도 쟁점이 된 만큼 이번 국회에서는 큰 변수가 없는 한 예산에 반영될 가능성이 높아지고 있다. '보호자 없는 병원' 사업 예산은 보건복지 예산이자 동시에 일자리 예산이기도 하다.

보호자 없는 병원이란 무엇인가?

'보호자 없는 병원'은 병원 내에 간호와 간병 인력을 충분히 확보하여 입원 환자에 대해 양질의 서비스를 제공함으로서 환자 가족이 별도로 병실에 상주하면서 환자 간병과 돌봄을 할 필요가 없는 병원을 말한다. '보호자 없는 병원'은 보건복지부가 2007년 4개 병원에서 시범사업을 시행한 결과, 병원과 환자 모두에게 정책 만족도가 매우 높은 사업으로 평가 받았으며, 이 제도는 삼성의료원의 보호자 없는 병원, 그밖에 많은 병원들의 공동간병인 제도 등으로 개별 병원 수준에서 이미 다양하게 시행되고 있기도 하다.

물론, OECD 선진국들에서는 환자 가족이 상주하면서 환자를 간병하는 것 자체를 이해하지 못할 정도로 이미 오래 전부터 자연스럽게 보호자 없는 병원이 시행되고 있다. 가까운 일본의 경우에도, 1994년 간호직원의 부족과 사적 간병인 고용문제의 해결을 위해 신(新) 간호체계를 도입하여, 환자에게는 간접의료비용의 부담을 절감시키고, 병원에는 투입 인력에 대한 적절한 보상을 지급하는 양질의 간호제공정책을 구현하고 있다.

왜 보호자 없는 병원인가?

첫째, 보호자 없는 병원은 환자와 환자 가족의 입장에서 개인간병의 부담에서 벗어날 수 있는 좋은 방안이다. 우리 국민들은 가족 중 누군가 입원했을 경우 치료비와 함께 간병 문제로 고생한 경험을 공유하고 있다. 그런데 이러한 간병 부담이 고스란히 여성에게 전가되는 만큼, 이는 여성 문제이기도 하다. '보호자 없는 병원'은 개인간병 문제를 사회적으로 해결하는 유력한 방안이다. 이를 통해 비싼 간병비용의 부담에서 벗어날 수 있고 간병에 대한 육체적·정신적 부담을 경감할 수 있게 된다.

둘째, '보호자 없는 병원' 은 사회서비스 일자리의 확충에 크게 기여한다.

특히 지속가능한 양질의 여성 일자리 창출이 가능해진다. 전반적으로 고용부진이 지속됨에도 불구하고 보건의료산업 분야의 취업자 수는 2008년 6월 현재 623,000명으로 2000년 대비 무려 25만 명이 증가했다. 보건의료분야는 취업유발계수가 높다. 10억 원 당 고용창출은 제조업 12.1명, 전 산업 16.9명인데 비해, 의료 및 보건산업에서 19.5명이다. 그런데 우리나라의 간호사 인력 확보율은 OECD 19개 국가 중 최하위이다. OECD 평균 9.0명보다 무려 7.1명이 부족한 것이다. 2007년 현재, 100병상 당 간호사 수가 미국이 136.7명인데 비해 한국은 27.9명에 불과하였다. '보호자 없는 병원' 사업을 통해 병원의 간호 및 간병 일자리가 대폭 확충되고, 양질의 사회서비스 일자리가 되도록 해야 한다.

셋째, '보호자 없는 병원'은 그 동안 의료제도 중심의 의료공공성 운동에서 인력과 의료서비스 질 중심의 운동으로 확대 발전되는 계기가 될 것이다. 즉, 의료 접근성과 형평성 문제와 함께 의료서비스의 질 문제를 본격적으로 제기하는 계기가 될 것이다. 지금 시장에서는 이미 환자 개인 부담에 의한 간병인 이용이 확산되고 있음에도 불구하고, 정부는 이를 사회적으로 해결하기 위한 구체적 계획을 세우지 못하고 있다. 그러는 사이, 간병비용 부담의 증가와 간병인들의 열악한 노동조건 속에서 간병인 인력시장은 무질서하게 팽창되고 있다. 따라서 간병 부담의 해결을 위한 '보호자 없는 병원' 사업은 더 이상 미룰 수 없는 최우선의 정책과제인 것이다.

● 복지국가, **보건의료**

그 동안의 논의

'보호자 없는 병원' 사업은 올해 갑자기 제안된 사업이 아니다. 2006년 보건복지부, 보건사회연구원, 여성가족부, 보건산업진흥원 등 정부 차원의 연구가 진행되었고, 이어 2007년 신청한 60개 병원 중 4개 병원을 선정하여 1차 시범사업이 실시되었다. 이때, 이 사업은 복지부 예산이 아니라 노동부 예산으로 시행되었다. 하지만 시범사업이 좋은 평가를 받았음에도 불구하고, 2008년에 시범사업은 중단되었다.

일부 병원에서는 시범사업 종료 후에도 환자들의 만족도가 높아 시범병동을 계속 운영하였고, 일부 병원은 사회적 일자리 사업으로 자체적인 공동 간병인제도를 시행하였다. 그리고 2009년 3월 경제위기 속에 사회적 일자리가 최대의 사회적 쟁점으로 떠오른 가운데, 보건의료노조가 국회 토론회를 통해 사회적 일자리 창출의 최적지로서 '보호자 없는 병원' 사업을 전면적으로 제기하였고, 이후 4월 임시국회에서 추경예산 배정 문제가 활발하게 논의되었다.

그 결과, 보건복지부는 2010년 본예산에 '보호자 없는 병원' 사업 예산을 반영할 것을 약속하였고, 처음으로 복지부 내 사업 담당부서를 선정(의료자원과)하면서 2010년 예산으로 34억 원을 기획재정부에 요청하였다. 하지만 기획재정부는 신규사업 전액 삭감 방침에 따라 '보호자 없는 병원' 예산을 전액 삭감해 버렸다. 한편, 보건의료노조는 2009년 산별교섭에서 '보호자 없는 병원' 사업의 조속한 시행을 위해 노사가 공동으로 정부에게 제도 개선을 건의하기로 한 바가 있었다.

2010년 '보호자 없는 병원' 시범사업부터 제안한다!

'보호자 없는 병원' 사업의 전면 시행을 위해서는 우선 최적화 모델을 확정해야 한다. 이를 위해 2010년부터 3년간 다양한 시범사업을 통해 사회적 합의가 가능한 '보호자 없는 병원' 모델을 만들어 갈 것을 제안한다.

시범사업은 공공병원 64개를 우선 실시하되, 우리나라가 민간병원이 90% 이상인 것을 감안하여 민간병원도 20개를 선정하여 총 84개 병원, 1,820개 병실을 대상으로 실시한다. 이 사업을 위해서 ▶간호사 6,223명 ▶지원인력 1,292명 ▶간병인 1만 4,556명 등 총 2만 2,071명의 인력을 충원한다. 인력충원에 소요되는 예산은 ▶간호사 580억 3,072만 원 ▶지원인력 120억 4,816만 원 ▶간병인 1,652억 6,591만 원 등 총 2,353억 원이다. 물론, 예산 규모에 따라 시범사업 대상병원은 지방의료원(34개), 적십자병원(6개), 국립의료원(1개), 보훈병원(5개)등 꼭 필요한 공공병원과 민간병원 5개로 압축할 수도 있을 것이다.

병실 운영은 환자의 특성과 중증도 고려해 공동간병, 개인간병 등 다양한 방식으로 운영한다. 그리고 이번 시범사업은 서울과 수도권, 지방 등 전국적인 범위와 공공병원과 민간병원, 대병원과 중소병원 등 다양한 병원 특성을 반영하여 고르게 시범사업을 해야 '보호자 없는 병원' 사업의 전면 시행에 대한 실질적인 준비 점검이 가능할 것이다. 적용 병상 수는 환자의 선택권을 위해 법정 기준병실의 50%로 하고 입원서비스의 질을 유지하기 위해 간호사를 간호관리료 등급기준 1등급 수준의 확보를 원칙으로 간병인을 충원한다. 간병인 또한 자격기준을 요양보호사 1급 자격증 소지자 이상으로 제한하고, 노동조건 또한 1일 8시간, 4조 3교대, 주 5일 근무를 원칙으로 한다.

이런 점에서, 이번 시범사업은 지난 2007년 필요성 검토 차원에서 노동부 예산으로 1년에 걸쳐 소규모로 진행된 시범사업과는 달리 복지부 예산으로 3년에 걸쳐 전국적으로 다양한 규모와 특성을 가진 병원들을 대상으로 연속적으로 실시하는 것이다. 그러므로 이번 시범사업은 '보호자 없는 병원' 사업의 실질적인 전면 시행을 위한 종합적인 점검과 준비가 될 것이다.

이번 시범사업이 제대로 진행되면, 3년간 70만 명의 환자가, 환자의 가족까지 고려하면 200만 명 이상이 혜택을 받게 되어 '보호자 없는 병원' 사업의 전면 실시를 위한 여론 조성에 유리한 환경으로 작용할 것이다. 또, 환자의 월 간병료 부담이 현재 180만 원에서 30만 원으로 크게 경감되어 서민가계의 안정과 민생경제의 활성화에 크게 기여하게 될 것이다.

우리가 제안하는 시범사업 예산 2,353억 원은 '보호자 없는 병원' 사업의 중요성에 비춰보면, 그리 많은 액수는 아니다. 11월 3일 국회 예산정책처는 2010년 예산안 분석 보고서를 통해 4대강 예산이 총 8조 5,333억 원에 이르며, 4대강 예산을 포함해서 4조 원의 삭감 의견을 제시한 바 있다. 그리고

2010년 복지부 예산 중 의료양극화를 조장하는 해외환자 유치 활성화 지원 예산 100억 원 등을 전액 삭감한다면, 충분히 '보호자 없는 병원' 시범사업을 위한 예산 확보가 가능할 것이다.

몇 가지 쟁점의 해소를 위해

첫 번째 쟁점은 어떤 직종의 인력이 얼마만큼 소요될 것인가라는 점이다. 직종 간 이해관계에 따라 ▶병원 입원 서비스의 질 유지를 위해 병원 내 간병 인력 유입 자체를 반대하는 입장에서부터 ▶간병인 인력 충원을 통해 공동간병인 제도를 우선적으로 전면화하자는 입장, ▶제도화 이전에 현 간병인에 대한 노동조건 개선, 노동기본권부터 우선 보장해야 한다는 입장까지 다양한 의견이 존재한다. 이에 대해 복지부도 상당히 골머리를 앓고 있다. 즉, 간호간병 인력이 부족한 것은 분명한데, 어떤 원칙과 기준으로 인력을 충원할 것인가의 문제이다.

사실 간호사, 조무사, 간병인 등 모두가 자신들 중심의 인력충원을 요구하고 있다. 하지만, 이것은 'WIN-LOSE' 게임이 아니라 'WIN-WIN' 게임으로 충분히 해결가능한 문제다. 복지부 통계에 따르면, 2008년 6월 현재 보건의료산업 분야의 취업자 수는 62만 3천 명이며, 이중 보건의료인력(의사, 간호사, 의료기사 등) 취업자 수는 31만 9,000명이다. 지난 3월 10일 국회 토론회에서 보건의료노조가 발표한 연구결과에 따르면, OECD 평균수준의 의료

인력을 확보하기 위해서는 간호사 30만 명을 포함 총 56만 명의 인력충원이 필요한 것으로 나타났다. 그리고 전 단계로 '보호자 없는 병원' 전면 시행을 위한 인력으로는 간호사 9만 1천 명을 포함하여 총 31만 명이 필요한 것으로 나타났다. 적지 않은 숫자다. 그러므로 합리적인 논의를 통해 직종 간의 이해 다툼 없이 필요한 인력을 충분히 포괄하게 될 것으로 전망된다.

두 번째 쟁점은 재정대책이다. 시범사업 예산은 정부예산으로 요구하고 있지만, '보호자 없는 병원' 사업의 전면 실시를 위해서는 국가예산으로 재원 확보, 또는 국민건강보험재정으로 재원 확보 등의 다양한 사회적 비용 부담 방안이 추진되어야 한다. 간병 수가를 별도로 두기보다는 입원료에 함께 산정하는 방식도 검토 가능할 것이다. 보다 근본적으로는 공적 재정확충(정부 국고지원 확대 + 보험료 인상)을 통한 획기적 건강보험 보장성 확대 과정에서 '보호자 없는 병원'을 위한 예산을 건보 수가에 포함하는 것을 검토해야 한다.

최근 건강연대가 복지국가소사이어티에 의뢰하여 연구한 결과보고서에 의하면, 건강보험에 대한 정부지원금 비율을 20%에서 30%로 상향하고, 보험 요율을 1% 이상 인상하여 현재 53% 수준인 '국민의료비 중 공공지출의 비중'을 OECD 국가 평균인 72.1% 수준으로 끌어 올린다면, 이렇게 확충된 공적재정으로 획기적 건강보험 보장성의 확충과 함께 '보호자 없는 병원'의 전면적 실현이 가능한 것으로 나타났다.

마지막으로, 쟁점을 해소하고 각계각층의 다양한 이해관계를 조정하면서 지속가능한 제도 시행을 위해 보건복지가족부 주도로 '보호자 없는 병원' 실현을 위한 T/F를 구성 및 운영할 것을 제안한다. 여기서는 ① 보호자 없는 병원 최적화 모델 연구 ② 간호사, 간호조무사, 간병인 등 인력배치 및 업무분장 방안 마련 ③ 재정확보 방안 마련 ④ 삼성의료원 등 국내사례와 선진 외국 사례 연구 ⑤ 시범사업 병원 선정 및 추진 점검과 비교 평가 작업 등을 진행될 수 있을 것이다.

2010년을 '보호자 없는 병원' 제도권 논의의 원년으로!

최근 54년만의 정권교체를 이룩한 일본에서 정치의 키워드는 '생활정치'라고 한다. 한국에서 생활정치의 출발을 '보호자 없는 병원'의 전면 시행으로 시작해보자. 이 사업은 여-야, 보수-진보의 구분이 필요 없다. 조금만 눈을 돌려 주변을 돌아보면, 이 사업이 얼마나 절실한 지를 금방 알 수 있다. 따라서 2009년 국회에서 시범사업과 T/F 운영 예산을 확보하여 2010년 '보호자 없는 병원' 사업을 제도권으로 반드시 진입시키자! 국민 혈세를 토건이 아니라 사람과 복지에 투자하자.

● 복지국가, 보건의료

숫자 '5'로 풀어본 의료민영화

김창보 | 칼럼 2009년 10월 19일

10월 28일 국회의원 재선거가 끝나면, 국회에서는 법률 개정과 정부예산안을 놓고 여야가 격돌할 것으로 예상된다. 정기국회가 시작되었지만, 인사청문회와 국정감사를 하느라 우리사회의 여러 쟁점들이 수면 아래 잠시 머물고 있는 것이다. 그러나 11월부터 국회가 언론관계법, 행정도시 관련법, 의료민영화 관련법 등 여러 법률들을 본격 검토하게 되면, 정치권은 물론 시민사회까지 포함한 큰 싸움판이 벌어질 것이다. 그래서 지금은 가히 태풍을 앞의 고요라 하겠다.

이런 상황에서 의료민영화와 관련된 내용을 시민들에게 핵심을 짚어가며 쉽게 전달할 방법을 고민하다가 숫자 '5'에 주목하게 되었다. 필자는 지금부터 숫자 '5'에 대한 이야기 다섯 개를 전개해 보겠다. 우리 모두가 함께 생각해보고 다듬어보는 계기가 되었으면 한다.

의료민영화 5대 악법

이번 국회에서는 의료민영화와 관련한 5대 악법이 다루어질 것으로 예상된다. 이를 간략히 소개하면 다음과 같다. 이 법들은 민간의료보험에 대한 규제를 완화하고, 이를 활성화하기 위하여 전 국민의 개인질병정보를 열람할 수 있도록 하며, 영리법인 병원을 도입하고, 병원계를 구조 조정하기 위한 것들이다.

① 병원이 채권 발행을 할 수 있도록 허용하는 「의료채권에 관한 법률」제정안 (정부발의)
② 비영리법인 병원의 해산과 합병을 허용하고, 비영리 병원의 상업화를 촉진하는 「의료법」개정안 (정부발의)
③ 경제자유구역에 영리법인 병원을 허용하는 「경제자유구역에 외국의료기관 등 설립과 운영에 관한 특별법」제정안 (황우여 의원 발의)
④ 제주도에 내국인 영리법인 병원을 허용하는 「제주특별자치도법」개정안 (정부발의)
⑤ 전 국민 개인질병정보의 열람을 허용하는 「보험업법」개정안 (공성진 의원 발의)

미국의 의료비는 한국보다 5배나 더 비싸

만약 의료민영화가 추진되어 우리나라가 미국식 의료제도를 따라간다면, 우리 국민들이 부담해야 할 의료비는 얼마나 더 비싸질까? WHO가 2009년 밝힌 자료에 의하면, 2006년 당시 미국에서는 연간 1인당 6,719달러를 의료비로 사용했던 반면, 우리나라에서는 1,467달러를 사용했다. 대략 5배 정도 차이가 난다. 그리고도 평균기대수명 등의 건강지표는 우리나라가 미국보다 더 좋다. 결국 미국의 시장주의 의료제도는 우리나라 보다 의료비를 5배나 더 쓰고 있지만 비효율적이고 비효과적이다. 그래서 미국에서 개인 파산의 62%는 이런 비싼 '의료비' 때문이라고 한다.

의료민영화를 추진하는 5적

일부 보험회사와 일부 병원, 그리고 일부 의료인에게만 이롭고, 국민에게는 의료비 부담이 커지고, 의료양극화를 불러올 것이 자명한 의료민영화 정책을 끈질기게 추진하는 자들은 도대체 누구일까? 의료민영화 5적을 꼽아보면 이렇다.

① 이명박 대통령

국민들의 건강과 보편적 의료이용에는 별 관심이 없다. 다만 의료의 산업화를 통한 경제성장에만 관심을 갖는다. 또한 이에 대한 지원을 아끼지 않는다. 이 때문에 이명박 정부에 들어서면서 의료민영화의 폭이 넓어지고 속도도 빨라졌다.

② 전재희 보건복지가족부 장관

제주도 영리법인 병원 도입 논의를 수수방관하다가, 이제 한술 더 떠 제주도에 영리법인 병원 도입을 '조건부 허용'한다는 입장을 밝혔다. 여기에 원격의료를 통한 의료시장을 만들고, 비영리병원의 합병을 허용하고, 이를 상업화하는 의료법 개정안을 내는 등, 국민의 건강과 의료보장을 우선적으로 생각해야 할 주무장관이 사실상 의료민영화에 앞장서고 있는 것이다.

③ 김태환 제주도지사

지난해 제주도민 여론조사에서 영리병원 도입 반대가 많았던 결과를 무시하고 올해 제주도의회에서 영리병원 도입을 밀어붙였다. 제주도민의 여론은 무시하고, 민주주의를 짓밟았다. 내국인 영리법인 병원 도입에 앞장선 김태환 제주도지사는 제주도 의료민영화를 실제로 밀어붙인 장본인이다.

④ 윤증현 기획재정부장관

주무부처인 보건복지가족부의 의견조차 가볍게 무시하며 영리법인 병원 도입, 의료채권 발행, 병원체인화, 원격의료시장 형성 등을 강력히 밀어붙이고 있는 장본인이다. 공공보건의료를 확대하거나 저소득층을 위한 예산은 삭감하면서 의료민영화와 상업화를 위한 예산은 늘려주고 있다.

⑤ 삼성생명

생명보험업계에서 '실손'형 민간의료보험 상품을 출시하고 시장을 확대하는 데 앞장서고 있다. 특히 '실손'형 의료보험을 통해 병원과의 연계를 추진하며, 국민건강보험과 경쟁체제를 구축해야 한다는 방향을 제시하고 있다.

건강보험료율 5% 수준, 국민의료비 중 공공의료비 비중 50%대

민간의료보험 시장의 확대 속도에 비하면, 국민건강보험의 확대는 매우 더

● 복지국가, **보건의료**

다. 건강보험료율이 5%, 국민의료비 중 공공의료비 비중이 53% 내외이다. OECD 평균에 비하면, 20% 포인트 정도 부족하다. 그러니 국민들 입장에서 민간의료보험에 대한 의존이 생길 수밖에 없다.

그런데 일부 학자들과 정부 일각에서는 '건강보험 보장 수준이 이 정도면 적당하다'는 어처구니없는 인식을 가지고 있다. 그들은 건강보험에서 현재 수준 정도를 보장하고 나머지는 민간보험을 들거나 개인이 알아서 하는 게 좋다는 것이다. 결국 이들은 사실상 모든 국민들이 민간의료보험에 가입하는 상황을 만들겠다는 것이다. 이런 상황을 돌파하려면 국민건강보험 재정을 확충하여 보장 수준을 현재보다 크게 높여야 한다. 민간의료보험이 필요 없도록 말이다.

지난해 5월 촛불의 힘으로 의료민영화를 막아내자

지난해 5월의 촛불은 크게 타올랐고, 6월 10일에는 100만 명이 운집하였다. 당시 의료민영화 반대도 주요 요구였던 바, 국민건강권을 위한 저항이었던 셈이다. 촛불은 아직 꺼지지 않았다. 지난 8월말 복지부가 의료법개정안을 발표하자, 네티즌들은 복지부에 1만 3천여 통의 개인의견서를 접수시켰다. 여전히 촛불과 네티즌들은 의료민영화를 주목하고 있는 것이다.

이제, 이들의 힘은 의료민영화 반대를 넘어 국민건강보험의 획기적 강화로 나아갈 것이다. 내년은 국민건강보험 출범 10주년이 되는 해다. 1990년대 줄

기차게 진행되었던 시민사회의 통합건강보험 쟁취 투쟁의 찬란한 성과물인 현행 '국민건강보험'이 탄생한 지 10년째 되는 해다. 따라서 내년을 국민건강보험의 '실체적 보편주의 달성'의 해로 만들어야 한다. 내년 5월, 이를 요구하는 범국민적 요구, 새로운 촛불을 만나는 즐거운 상상을 해본다.

● 복지국가, **보건의료**

신종플루와 우리나라 보건의료체계

감신 | 칼럼 2009년 10월 12일

지난 몇 달간 우리나라 국민들은 신종플루로 인해 많은 걱정을 하였고, 지금도 걱정을 하고 있다. 작년 광우병 촛불시위 때 일부에서는 광우병에 걸릴 확률이 매우 낮음에도 시민들이 과도하게 반응한다고 비판하기도 했다. 그러나 확률이 미미하더라고 쇠고기를 먹을 때마다, 이것을 먹고 만에 하나라도 내가 죽을 수도 있다는 생각이 언뜻 언뜻 스쳐 지나간다면 매우 곤혹스럽고 황당한 일일 것이다. 일부에서는 신종플루에 대해서도 우리나라 국민이 필요 이상으로 과민하게 반응하고 과도하게 걱정하고 있다고 비판하기도 한다.

신종플루로 인해 지난 8월 15일과 8월 16일 이틀 연속 사망자가 발생한 이후, 언론과 국민여론은 신종플루에 집중적인 관심을 보였다. 신종플루에 걸릴 확률과 신종플루로 인해 사망할 확률을 고려하면, 신종플루로 사망할 확률은 매우 낮다고 한다. 그러나 우리가 일상생활에서 이제까지의 사망할 확률에서 새로운 사망 확률이 더해진 것이므로 걱정을 하는 것은 당연한 일이다. 만약 국민들이 필요 이상으로 과민하게 반응하고 걱정하였다면, 혹시 우리나라 보건의료체계에 어떤 문제가 있는 것은 아닌 지에 대해 세밀하게 살펴보아야 할 것이다.

필자는 지난 몇 달 동안 여러 전문가들을 만나서 신종플루에 대해 토론을 하였고, 신종플루 관련 세미나를 기획하며 보건소와 거점병원들을 살펴보았던 바, 신종플루와 관련하여 우리나라 보건의료체계에 대해 느낀 점 몇 가지를 적어보고자 한다.

우리 국민들은 신종플루에 대해 보건의료체계와 소통이 제대로 되고 있지 않는 것으로 판단된다. 보건복지가족부와 질병관리본부는 신종플루와 관련하여 많은 정보를 제공하고 있지만, 국민들 입장에서는 특히 언론을 접하면서 도대체 그래서 어떻다는 것인지 매우 혼란스럽다.

보건소 담당자들과 이야기를 나누어 보면, 신종플루에 대한 문의 전화를 받느라고 업무를 보지 못할 지경이라고 호소한다. 국민들이 정보를 접하는 것은 정부의 홈페이지를 비롯한 각종 홈페이지와 언론 매체를 통해서이고, 직접 목소리를 듣거나 얼굴을 대하면서 정보를 얻으려면 주로 보건소 등을 통하게 된다. 주위에 의사들이 많지만 정작 의사의 얼굴을 대하면서 상담을 하거나 목소리를 통해서 관련 정보를 얻기란 쉽지 않기 때문이다.

우리나라 국민들은 평소 자신을 잘 알고 있어서 언제나 믿고 찾아가 충분한 진료를 받고 또 필요할 때 전화 등으로 수시로 상담할 수 있는 '일차의료의사(주치의)'를 갖고 있지 않기 때문에 필요에 따라 이 병원 저 병원을 스스로 찾아다니는 소위 '의사 장보기'에 익숙해져 있다. 의사의 입장에서도 자기가 진료하는 환자가 다시 자기를 찾아올 지 확신할 수 없으며, 환자의 과거 병력을 자세히 모르고 진료하는 경우가 많아서 일회적인 진료에 익숙하고, 환자에 대한 진료의 책임성이 약하게 된다. 즉 진료의 지속성, 책임성, 포괄성이 결여되어 있는데, 이를 해결하는 방안으로 주치의 제도가 있다.

만약 우리나라가 주치의 제도를 시행하여 국민들 모두에게 일차의료를 담

● 복지국가, **보건의료**

당하는 주치의가 있었다면, 이번과 같은 신종플루 확산 상황에서 일이 어떻게 진행되었을까? 정부에서는 주치의에게 필요한 신종플루 대응 관련 정보를 제공하고, 주치의는 자신이 담당하고 있는 주민들에게 얼굴을 대하면서 알기 쉽게 상담을 하거나 관련 정보를 제공하고, 국민들 입장에서는 언제든지 스스럼없이 상담을 하여 궁금증을 풀 수 있고 조언을 얻을 수 있는 주치의가 옆에 있으므로 얼마나 마음 든든하고 믿음이 가겠는가. 이렇듯 우리나라에 주치의 제도가 있었다면, 훨씬 효율적이고 효과적으로 신종플루에 대처할 수 있지 않았을까 생각해 본다.

정부는 신종플루에 대응하기 위해 다각적인 노력을 하고 있고, 심지어 일부 공무원들은 며칠씩 밤을 새며 효과적 대처를 위해 고생하고 있다고 하고, 또한 여러 경로를 통해 관련 정보를 제공하고 있음에도 불구하고, 국민들은 피부에 와 닿지 않는다고 불안해한다. 보건소 공무원들 역시 열심히 노력하고 있으나 지역 주민들이 잘 알아주지 않고 불만한 토로한다고 하소연한다. 의료기관이나 의료진, 특히 거점병원과 거점병원 의료진들은 초기에 정부의 별다른 지원도 없이 열심히 일하고 있는데도 언론이 문제점만 부각시킨다고 불평한다. 국민들은 국민들대로 불만이고 걱정을 하는 등 모두가 불만이다. 이것은 소통의 부재로 인한 측면이 강하다. 이렇듯 보건의료부문에서의 소통의 부재는 분절되고 비체계적인 우리나라 보건의료체계의 특성에 기인한 것으로 생각된다.

주치의 제도가 시행되면, 1차 의료(주치의, 외래진료), 2차 의료(전문의, 입원진료), 3차 의료(세부전문의, 입원진료)로 연결되는 의료전달체계가 확립되기에 용이하다. 최근 우리나라의 신종플루 거점병원은 지역의 큰 병원을 위주로 지정되었다. 큰 병원에는 '고 위험' 환자가 많고, 많은 환자와 보호자들이 출입하므로 큰 병원을 거점병원으로 지정하는 것은 문제가 있다는 의견이 제기되기도 하였다. 또 이들 신종플루 지정 대형병원들이 초기에는 격리 진료실을 마련하지 않는 등 혼선을 빚기도 하였으며, '고 위험' 환자와 사람들이 많은 거점 대형병원으로 신종플루 의심 환자가 쏠리는 현상도 나타났다. 이는 주치의 제도가 없고, 의료전달체계가 제대로 작동하지 않는 우리나라 보건의료체계의 실정에서는 고육지책이었던 것으로 생각된다. 만약 우리나라가 주치의 제도가 있고, 의료전달체계가 제대로 작동하는 보건의료체계를 가지고 있었다면, 거점 대형병원들은 중증의 신종플루 확진 환자를 격리 입원하여 진료하는 등 좀 더 효과적으로 대응하였을 것으로 판단된다.

주치의 제도와 별개로 참여정부 때 추진하다 중단한 "공공의료 비중 30%로 확충(인구 5만 명 당 도시보건지소 설립, 지역 거점 공공병원 확충, 국립대학교병원을 광역 거점 공공병원으로 육성 등)"과 공공병원의 제대로 된 역할 강화가 실제로 이루어졌다면, 이번 신종플루 확산 국면에서 어떻게 되었을까? 보건지소, 보건소 등의 보건기관이 신종플루 1차 의료를 담당하고, 지역 거점 공공병원이 2차 의료를, 광역 거점 공공병원인 국립대학교병원이 3차

의료를 담당하고, 거점 공공병원들은 일정 부분의 '음압 병실(전염병 환자를 위한 특수병실)'을 확보하고 있었다면, 공공보건의료체계만으로도 신종플루 확산에 효과적으로 대처할 수 있었을 것이다.

이번에 문제가 된 신종플루에 대응하는 광역 거점 국립대학교병원들의 최근 역할은 너무나 간단했다. 감염진료실 등을 만들어 환자를 진료하고, 확진 환자를 입원 치료하는 것, 소위 일반 병원으로서의 '단순' 역할에 그쳤던 것이다. 만약, 국립대학교병원이 광역 거점 공공병원으로 육성되어 그 본래의 역할을 제대로 수행하도록 되어 있었다면, 광역 지방정부의 보건위생과 등과 협력하여 전염병 예방을 위한 기획, 기술 지원 등의 좀 더 차원 높은 역할을 수행할 수 있었을 것으로 생각한다.

이번 신종플루 확산을 계기로 공공보건의료의 확충이 절실하다는 목소리가 커지고 있다. 이에 대해, 지금도 급성 병상이 많고, 민간 병상이 늘어나고 있는데, 공공의료 확충 주장이 타당한가? 라는 회의론이 만만치 않은 것도 사실이다. 그럼에도 우리나라는 보건의료기본법, 지역보건법 등에서 국가의 보건의료 자원 관리와 관련된 조항을 포함하고 있는 바, 이는 정부의 중요한 역할이다. 따라서 효과적인 의료공급체계를 마련하기 위해서는 우선 중앙정부와 지방정부가 병상자원의 통제권을 실질적으로 행사하고, 의료자원의 공공성을 높일 수 있는 획기적인 노력을 해야 한다.

우리나라 헌법 제36조 제3항에는 '모든 국민은 보건에 관하여 국가의 보호를 받는다.'고 규정되어 있고, 보건의료기본법 제10조 제1항에는 '모든 국민은 이 법 또는 다른 법률이 정하는 바에 의하여 자신과 가족의 건강에 관하여 국가의 보호를 받을 권리를 가진다'고 규정되어 있다. 신종플루의 확산을 계기로 이 법의 내용이 충실히 실행될 수 있는 우리나라 보건의료체계를 희망해 본다. 그래야 보편적 복지국가가 가능해지기 때문이다.

● 복지국가, 보건의료

윤증현 장관! 한국 보수와 MB에 대한 애정이 털끝만큼이라도 있다면, 정형근 이사장에게 한 수 배워야 한다

홍보위원회 | 논평 2009년 6월 25일

역시 '정형근'이라는 감탄사가 절로 나온다. 그가 누구인가? 정치에 본격적으로 입문하기 전, 1970년대부터 1990년대 초까지 대표적 공안검사로 민주화운동, 사회변혁운동의 반대편에서 시대와 정면으로 맞섰던 사람이었고, 이후 정치인이 되어 1997년과 2002년 대선 시기에는 이회창 후보의 당선을 위해 총력을 기울이다 좌절을 맛본 바 있는 한국 사회 보수세력의 '본좌급' 인물이다. 그런 보수의 본류가 의료계의 '힘 있는' 일각과 경제부처가 중심이 되어 강하게 밀어붙이고 있는 의료민영화에 대해 다음과 같이 일갈했다. '영리병원 도입은 거꾸로 가는 것'이라고.

최근 우리나라의 경제부처 중심의 영리법인 병원 추진에 대해 정형근 이사장이 '미국은 영리병원 등 그 동안의 의료제도가 실패해서 우리나라와 같은 공보험체계로 바꾸려고 하는 마당에 우리는 거꾸로 문제 많은 미국의 의료제도를 쫓아가고 있다'는 내용의 발언을 쏟아낸 것이다. 의료민영화는 청와대가 깊은 관심을 갖고 추진하는 사안이고, 자신이 국민건강보험공단 이사장이라는 대통령이 임명한 장관급 직위에 있다는 사실을 고려해볼 때, 정 이사장의 이번 발언은 미국 사례를 빗대는 형식을 빌린 것일 뿐 사실상 의료민영화에 대한 강력한 반대 의지를 표현한 것이다.

또한 이 발언은 기존의 의료민영화 추진론자들과는 달리 영리법인 병원의 허용이 국민건강보험의 붕괴로 연결된다는 것을 솔직하게 인정하고 있다. 영리법인 병원을 허용해도 국민건강보험에는 아무런 영향이 없다는 것이 정부

당국자들과 의료민영화 추진론자들이 지금까지 견지해온 일관된 공식입장이었던 것에 비추어보면, 의료민영화 사안에 대한 그의 정직함이 너무나도 신선하고 심지어는 고맙기까지 하다.

그의 이런 발언은 이번만이 아니었다. 지난 4월 영리법인 병원 허용 논의가 본격화되던 시기에 '윤증현 식으로 (영리병원) 하면 큰일 난다. 재정부가 말하는 식으로 영리병원이 도입되면 (영리병원들이) 월급을 배로 올려주면서 (일반병원) 의사들을 다 데려가고 로비를 해서 당연지정제가 빠질 것이라는 점은 불 보듯 뻔한 일'이라며 '윤 장관은 성장과 일자리만 보는데 (영리병원을) 그렇게 해서는 안 된다'고 주장한 바 있었다.

자칭 진보적인 한 인사가 이런 말을 했다. "세상을 살다 보니, 정형근 이사장이랑 생각이 같을 때도 있네, 세상 참 재미있다"라고. 그렇다면, 정형근 이사장의 세계관이 바뀐 것일까? 아니다, 이건 너무 단순한 생각이다. 그의 발언을 잘 들여다보면 그 의미가 보인다. 지난 4월 15일 영리법인 병원을 강행하려는 윤증현 장관을 두고 한 말에 그의 속뜻이 담겨있다. '기획재정부가 정무적 판단을 못하는 것 같다. 잘못 번지면 정권 전체에 타격을 줄 수도 있다', '한나라당이 이회창 총재 시절에 왜 대선에서 두 번이나 졌느냐. 서민들의 입장을 생각하지 못해서 그런 것 아니냐' 이러한 말속에 정형근 이사장의 본심이 담겨있다.

정형근 이사장이 진보나 좌파로 전향해서 영리법인 병원이나 의료민영화

● 복지국가, **보건의료**

에 반대하는 것이 결코 아닌 것이다. 그는 의료민영화 추진이 한국 보수세력에게 '정치적 사망선고를 내릴 수도 있는 중대 사안'이라는 점을 간파한 몇 안 되는 유능한 보수파 인물 중의 한 사람이다. 그래서 그는 의료민영화 추진이 한국 사회에 경제적 도움이 되기는커녕 미국처럼 망국적 의료제도로, 결국 경제성장에도 치명적 걸림돌이 되는 것으로 변질될 것을 잘 알기에 한국의 보수에 대한 진정한 애정을 갖고 반대하는 것일 뿐이다.

　복지국가소사이어티는 한나라당과 이명박 정부의 정치노선과 통치행태에 크게 실망하고 있고, 때로는 그 폭압성에 분노하기도 한다. 그리고 우리 복지국가소사이어티는 의료민영화 추진으로 인해 한나라당과 한국 보수 전체가 정치적 핵폭탄을 얻어맞고 회복 불능의 심대한 타격을 받을 것임을 충분히 예상하고 있다. 진보적 복지국가를 추구하는 복지국가소사이어티가 이러한 정치적 타격으로부터 한나라당과 한국 보수세력을 보호하기 위해서 의료민영화를 반대하는 것이 아니다. 우리가 의료민영화를 반대하는 것은 의료민영화 이후 벌어질 이 땅 구석구석 민초들의 고통, 좌절, 분노, 그리고 이로 인한 우리사회의 갈등과 대립을 막아야 하겠기 때문이다. 한 나라에 두개의 의료제도와 두개의 국민이 존재하는 그런 불행한 양극화의 나라는 우리가 원하는 나라가 아니기 때문이다.

　우리는 의료민영화에 수미일관 집착하는 윤증현 장관을 비롯한 경제부처 고위 공무원들에게 이렇게 고언을 드린다.

'그대들이 정녕 한국의 보수와 MB에게 털끝만큼의 애정이라도 갖고 있다면, 정형근 이사장께 한 수를 배워야만 한다. 그렇지 않다면, 그대들은 개인의 출세를 위해, 입신양명을 위해, 금융자본과 소수 재벌의 이익을 위해 한국의 보수를 정치적 사망의 골짜기로 안내하는 길잡이가 될 것이며, 그대들의 임명권자인 MB를 역사의 죄인 본디오 빌라도로 만든 '가룟 유다'로 기록될 것이다' 라고!

● 복지국가, 보건의료

한국 의사들은 국민과 함께 의료민영화를 거부해야

이상이 | 칼럼 2009년 5월 25일

민생이 어렵다. 최근 10여년에 걸친 신자유주의 양극화 성장으로 인해 우리네 민생이 구조적으로 어려워진 데 더해, 최근의 세계적 경제위기로 민생은 더욱 불안해지고 힘겹다. 이러한 경제위기의 시기에 세계 주요 국가들은 증세를 추진하여 국가재정을 늘림으로써 민생경제의 활성화를 위한 적극적 재정정책을 펴고 있는데, 이명박 정부는 여전히 신자유주의 '작은 정부' 노선을 고집하고 있다. 각종 경제 규제를 풀고, 부자감세의 정책 기조를 유지하고 있는 것이다. 현 정부 4년간 최대 96조원 규모의 감세가 이루어질 전망이다. 이러한 감세 혜택은 주로 부자와 대기업이 누리게 된다. 시대와 조류를 역행하는 정책 방향인 것이다.

현 정부의 이러한 신자유주의 정책 기조는 경제정책뿐만 아니라 대표적 사회정책 영역인 의료서비스 분야에서도 예외 없이 관철될 전망이다. 5월 8일 기획재정부와 보건복지가족부가 소위 '의료선진화' 방안을 발표한 것이 그것이다. 이들 부처는 청와대에서 '서비스산업 선진화를 위한 민관합동회의'를 열고 대통령에게 의료선진화 추진 계획을 보고한 것이다. 비영리 의료법인의 의료채권 발행 허용, 의료기관 합병 근거의 마련, 의료기관 경영지원회사(MSO)의 허용, 건강서비스의 산업화 등이 그것이다. 다만, '내국인 영리법인 병원'의 허용은 11월경에 결정하기로 미루어 두었다. 정부가 '의료선진화'란 이름으로 발표한 이러한 정책 패키지를 시민사회는 '의료민영화'라 부른다.

현 정부의 신자유주의 규제완화와 민영화의 교리는 '의료'라는 핵심적 사회정책의 영역으로까지 추진이 확대되면서 우리나라가 지난 수십 년 간 굳게 지켜왔던 '의료 비영리의 원칙'을 깨고 금융자본이 주도하는 '영리 의료의 시대'를 여는 추동력으로 작용하고 있다. 이에 대해 시민사회는 결사항전의 태세를 보이며, 전국적 수준에서 '의료민영화' 저지 운동을 조직할 태세다. 충돌은 불가피해 보인다. 이러한 상황을 제대로 이해하는 데는 의료민영화의 추진을 둘러싼 우리사회의 역학관계를 살펴보는 것이 도움이 된다.

첫째, 의료민영화의 가장 핵심적인 추진 주체는 보험자본이다. 과거 암보험 등의 '정액'형 민간의료보험과 회사 단위의 '단체 실손' 민간의료보험 위주였던 기존의 보험시장이 한계에 다다르자 보험회사들은 미국의 민간의료보험처럼 되고 싶어 한다. 국민건강보험을 사실상 대체하는, 국민건강보험과 기능이 동일한 개인 단위의 '실손' 민간의료보험체계를 꿈꾸는 것이다.

현재 의료이용에서 실제 발생하는 진료비의 평균 60%는 국민건강보험이 부담하고 있으나, 나머지 40%는 '실손' 민간의료보험이 담당할 수 있는 재원 조달의 영역이다. 두 보험의 하는 일이 같으므로 국민건강보험 재정이 위축되면 '실손' 민간의료보험의 시장 영역은 그만큼 커진다. 우리나라의 의료공급체계가 자본시장으로부터의 투자가 인정되지 않는 현재의 '비영리' 체계가 아니라 영리병원 체계로 바뀌면, 이들 영리법인 병원들과 계약관계를 맺은 '실손' 민간의료보험의 사업 영역은 비약적으로 커진다. 미국에서 보는 바와 같이, '실손' 의료보험회사들은 크게 돈을 버는 것이다.

● 복지국가, **보건의료**

둘째, 병원사업에 관심이 있는 재벌 등의 대규모 자본이다. 대규모 자본투자를 통해 최고급 영리법인 병원을 추구하면 충분히 승산이 있다고 보는 것이며, 제조업에 비해 투자의 불확실성이 거의 없는 조건이 형성된 한국의 의료시장은 투자처를 찾지 못한 대형자본에게는 엄청난 매력이 아닐 수 없다. 특히, 보험회사를 계열사로 거느린 기업집단에게는 '꿩 먹고 알 먹는' 시나리오가 성립하는 것이다. 이는 시민사회가 가장 우려하는 부분이다. 이 경우, 사실상 우리 국민이 이용하는 의료기관의 질적 수준을 기준으로 두 개의 의료체계와 두 개의 국민이 존재하는 미국식의 '양극화 의료제도'가 본격화하는 것이기 때문이다.

셋째, 일부 중소병원들이 의료민영화를 통해 자본시장으로부터 투자를 유치할 수 있다고 보는 것이다. 그러나 이에 대해서는 많은 전문가들이 회의적 견해를 가지고 있다. 누가 망해가는 중소병원에 자본투자를 하겠으며, 이들 병원이 발행하는 의료채권을 구입하려 할 것인가? 결국 전문병원을 추구하는 일부 경쟁력 있는 중소병원에 국한되는 투자 유치의 문제로 좁혀지는데, 굳이 이를 위해 의료민영화를 추진할 이유는 전혀 없는 것이다. 이는 정부가 이들 병원의 투자재원 조달에 조금의 금융적 지원만 해도 해결되는 문제이기 때문이다.

넷째, 의료기관 경영지원회사(MSO) 추진세력들이다. 이들은 이미 상당한 실체로 존재하고 있는데, 각종 네트워크 의료기관 등과 추진세력이 그것이다. 이들은 장차 지주회사로서의 법률적 지위를 갖추고, 산하에 많은 의료기관을 사실상의 자회사로 거느리면서, 스스로 자본시장에 상장하여 자본을 조달하고, 개별 의료기관을 경영지원과 자본투자 등을 통해 사실상 지배하는 주식회사가 되고 싶어 한다. 이렇게 되면, 의료기관 경영지원회사(MSO)의 최종 목표는 '실손' 민간의료보험과 연계하거나 통합적 구조를 새롭게 만듦으로써, 장차 자체적으로 국민건강보험을 대체하는 포괄적 '민간의료보험 의료제도'를 운영하는 것이다. 우리는 이러한 제도 유형을 현재 미국에서 보고 있다.

마지막으로, 신자유주의 경제사조에 찌든 경제 관료들, 정치인, 시장만능주의 학자들이 있다. 이들이 만들고 싶어 하는 나라는 미국이나 영국과 같은 '금융' 중심의 신자유주의 국가다. '금융'의 성장을 위해 필요한 더 많은 투자처를 확보하기 위해서는 병원과 학교가 영리를 추구하는 주식회사로 바뀌어야 하는 것이다. 그런데 이와 같이 의료가 자본시장의 지배에 놓인 나라는 미국을 제외하고는 선진국들 어디에도 없다. 필연적으로 국가의료제도의 거시적 비효율과 의료이용의 양극화가 심화되기 때문이다. 이들 엘리트들의 눈에는 금융자본과 보험회사만 보이고, 국가의료제도와 국민의 건강은 보이지 않는 것이다. 이들의 '철의 삼각'은 정권의 성격을 뛰어넘는 견고함을 과시하며, 참여정부 때부터 지금까지 의료민영화의 추진을 끊임없이 주도하고 있다.

한편, 대부분의 국민은 장차 의료민영화로 인해 불이익과 의료불안을 경험

● 복지국가, 보건의료

하게 될 전망이다. 그동안 정부가 의료민영화의 밝은 면을 지나치게 과장하여 홍보함으로써 여론을 호도한 측면이 있고, 이로 인해 일부 잘못된 이해가 있겠으나, 우리 국민들이 의료민영화의 진상을 정확하게 알게 되면, 상황은 크게 달라질 것이다. 대부분의 국민들은 의료민영화 추진세력과 근본적으로 이해관계가 다르기 때문이다.

지금까지 기획재정부는 내국인 영리법인 병원의 허용으로 외국으로 나가는 환자를 줄이고, 외국 환자를 유치할 수 있으며, 의료 분야에서 고용을 늘리고, 의료서비스의 질을 높일 수 있다고 주장해왔다. 그러나 이는 모두 사실이 아니다. 해외 의료서비스 적자는 2007년 기준으로 655억 원에 불과하며, 기실 해외 의료이용의 많은 부분이 원정출산이거나 장기 이식을 위한 것임을 간과해서는 안 된다. 그리고 외국 환자 유치는 영리법인 병원의 허용과는 아무런 관련이 없으며, 지금의 비영리 의료체계에서도 충분히 활성화할 수 있고 또 그렇게 하고 있다.

미국의 경험에서 볼 때, 영리법인 병원은 비영리병원에 비해 의료의 질이 유의하게 낮았고, 고용의 양과 질 모두가 불리하였다는 것이 그 동안 이루어진 비교 연구들의 주된 결과다. 게다가 영리법인 병원의 의료비는 비영리병원에 비해 훨씬 높았다. 돈벌이를 목적으로 설립되었고, 주주들에게 이익을 배당해야 하는 운명을 타고난 주식회사 병원에서 의료비가 높은 것은 일반인의 상식에도 잘 부합하는 것이다.

 결국 중산층을 포함한 노동자, 농민 등 대부분의 국민들이 의료민영화를 반대할 것으로 전망된다. 진보정당과 민주당은 명백하게 의료민영화를 반대할 것이고, 여당의 상당수 의원들도 의료민영화에 회의적인 태도를 보일 개연성이 크다. 그만큼 국민적 우려와 저항이 클 것이기 때문이고, 의료민영화의 강압적 추진은 엄청난 후폭풍을 몰고 올 메가톤급 사안이기 때문이다. 그렇지 않아도 경제사회적 양극화의 심화와 세계적 경제위기로 민생이 크게 어려운 상황에서 의료이용마저 양적·질적으로 양극화되고 국민의료비가 치솟을 것이 명확한 의료민영화 정책이 사회적으로 받아들여질 가능성은 희박한 것이다.

 이러한 시기에 한국 의사들을 대표하는 대한의사협회 회장이 청와대 '서비스 산업 선진화를 위한 민관합동회의'에서 이명박 대통령 바로 옆자리에 앉아 의료선진화를 적극 지지하는 입장을 취하였다. 장차 한국 의사 사회가 의료민영화를 지지하는 방향으로 나가는 것이 과연 올바른 선택인가? 중요한 시점에 서 있는 것이다. 대한의사협회의 공식입장은 아직 확정되지 않았다. 장차 의사회원들의 총의가 모아져야 할 것인 바, 필자는 의료민영화가 한국 의사들의 미래가 될 수 없으며, 한국 의사들이 온 국민과 함께 금융자본이 주도하는 의료민영화를 저지하고 국민과 건강하게 상생하는 국민건강보험 의료제도의 합리적 길을 찾아 나가야 함을 호소하는 것이다. 다음과 같은 이유들 때문이다.

첫째, 우리는 지금까지 한국 의료가 유지해온 '의료 비영리의 원칙'을 지켜내야 한다. 우리나라 의료제도 하에서 '의료 비영리의 원칙'에 따라 그 동안 의사에게만 배타적으로 주어진 '의료기관 개설 권한'이라는 '의료전문가에 대한 국민적 신뢰와 존경'의 특권은 매우 중요한 의미를 지니고 있다. 의료법상 의료기관은 '의사가 진료하기 위한 공간'이다. 이 공간에 영리를 목적으로 하는 자본이 침범하지 못하도록 하는 것이 '의사 진료의 전문성과 자율성'을 가장 잘 보장하는 길이다. 이 경우가 좋은 '의사-환자 관계'의 형성에도 유리하고, 양자 모두에게 가장 유익한 것이다.

의료민영화가 추진되면, 자본의 의료 지배로 이 소중한 가치가 무너지는 것이다. 사실, 과거 사무장이 운영하는 의료기관을 그토록 비판하고, 이를 불법화하였던 의료계가 '자본'이라는 더 '악랄한' 사무장 의료기관을 허용하고, 기꺼이 그 휘하에서 일하는 '수모'를 감수하는 최악의 불일치를 만들 수는 없는 일이다. 그리고 장차 치솟는 국민의료비와 더욱 심화되는 의료양극화로 인해 고통 받을 환자를 바라보는 의사로서의 고통을 감내할 수 있겠는가?

둘째, 영리성을 인정하는 '의료기관 경영지원회사(MSO)'의 한 구성부분으로 계열화된 동네 병의원은 과연 성공할 수 있을 것인가? 이러한 의료민영화를 수용하는 것이 전체 의사 또는 개원가의 전반적 이익으로 귀결될 것인가? 필자가 아는 범위 내에서는, 전혀 그렇지 못할 것이다. 자본에 성공적으로 하청 계열화된 10%의 돈 버는 의사와 90%의 그렇지 못한 의사, 즉 우리나라에 두 개의 의사가 존재하게 된다. 개원가의 양극화가 본격화되며, 의사의 인간적 소양이나 의료전문성이 아니라 투자자본의 규모와 경영의 서열화에 따라 운명이 결정되는, 치열하고도 불필요한 외형 경쟁으로 의료 관련 비용은 치솟고, 의료계와 국민 모두가 크게 어려움을 겪을 것이다.

셋째, 이러한 상황이 전개될 경우, 의사들은 장차 국민으로부터 신뢰와 존경을 얻는 것을 완전히 포기해야 한다. 국민들은 의료전문직으로서의 의사가 아닌 자본 주도의 영리 경쟁에 뛰어든 돈벌이 경영자, 또는 경영자의 돈벌이에 봉사하는 의사 직원들을 그리 존경하지는 않을 것이기 때문이다. 신뢰와 존경의 관계는 완전히 물 건너가는 것이다.

넷째, 의사와 의료의 전문적 자율성이 의료기관 경영지원회사, 의료기관 투자 자본, 실손 민간의료보험 등 금융자본의 영리 추구에 종속된다. 이러한 이유들로 인해 미국 의사들 60% 이상이 현행 민간의료보험 주도의 시장주의 미국 의료제도를 반대하고 있다. 그리고 무엇보다도, 우리나라의 일차의료와 지역사회 병원들이 금융자본 주도의 괴물로 변해가는 과정을 지켜보는 고통도 의사들의 몫이 될 것이다.

● 복지국가, **보건의료**

대한의사협회 집행부의 의견과는 달리, 많은 개원가의 의사들, 전공의들, 예비의사인 의대 학생들은 의료민영화의 부정적 측면을 크게 주목하고 있는 것으로 보인다. 사실 백해무익한 것이다. 그럼에도 많은 개원가 의사들은 의료민영화를 끌어 들여서라도 기존의 '국민건강보험 의료제도'를 흔들어 놓고 싶어 한다. 현행 우리나라 의료제도가 지나치게 의료계를 통제하고 있고, 저수가 구조가 지속되고 있다는 인식에서다. 현재 국민건강보험 재정은 25조원에 불과하고 국민의료비는 국내총생산의 6.4%에 그치고 있다. 공히, 경제협력개발기구 국가들 평균치의 70% 수준에 불과하다. 그러므로 먼저 파이를 키워야한다. 국민건강보험 재정을 획기적으로 확충하는 일에 먼저 나서자. 그리고 사회적 대화와 합의를 통해 박리다매 방식의 현행 의료수가 구조를 단계적으로 개혁해 나가자.

우리나라 의사들이 현재의 국민건강보험 의료제도에 불만을 갖는 것은 상당한 설득력이 있으므로 왜곡된 부분은 사회적 합의를 통해 고쳐 나가면 된다. 국민건강보험의 통제가 싫다고 영리추구가 목적인 금융자본을 지역사회의 개원가로 끌어들일 수는 없는 일이다. 현재 우리나라의 국민의료비가 주요 선진국 평균의 70% 수준이므로 앞으로 파이를 키울 다소의 여지는 있는 셈이다. 이 파이를 의료민영화를 통해 투자자본과 보험회사의 몫으로 넘겨줄 수는 없는 일이다. 국민의 의료 기대에 부응하도록 지역사회 개원가의 의료서비스 내용을 '건강증진과 관련 서비스'를 포함하는 방식으로 발전시켜 나가면서 국민의료비를 늘려나가는 공적의료제도의 확장 방식을 추구하는 것이 옳을 것이다. 이것이 국민과 합리적으로 상생하는 의료계의 길이다.

● 복지국가, 보건의료

국민건강보험의 정치경제학

이성재 | 칼럼 2009년 5월 11일

2003년 참여정부가 출범하였을 때 많은 국민들, 특히 서민들은 그들의 삶이 한결 나아지길 바라며 희망 섞인 기대를 표시하였다. 그런데 얼마 지나지 않아 '국민소득 2만 불 시대'라는 성장주의 패러다임이 참여정부의 국정 목표로 제시되었다. 일부 진보적 지식인들은 예리하게 그 본질을 지적하며 비판을 쏟아냈으나, 지지자들 대부분은 자신의 귀를 의심하였으되 좀 더 지켜보는 쪽을 선택하였다. 그런데 이후로 들려오는 이야기는 모두가 아는 바와 같이 '삼성'의 성장주의 패러다임이 참여정부의 대세를 장악한 것이었고, 이후 대통령마저 "이제 권력은 시장으로 넘어갔다"고 연설하는 지경에 이르렀던 것이다.

그 무렵 필자는 국민건강보험공단의 수장인 이사장의 직위에 있었다. 오래 전부터 시민사회 주도의 의료보험 통합 운동을 지지해왔고, 국민의 정부 당시 보건복지상임위원회 소속 국회의원으로서 2000년에 출범한 현행 국민건강보험제도의 근거 법률인 '국민건강보험법'을 제정하는 데 앞장섰던 사람으로서, 필자는 국민건강보험공단 이사장직에 있는 동안 우리나라 국민건강보험을 반석 위에 올려놓겠다는 나름의 '대단한(?)' 결의를 다지고 있었다. 이러한 시기에 들려온 청와대 발 '국민소득 2만 불 시대' 논리가 국민건강보험으로 불똥이 튀는 데는 그리 긴 시간이 걸리지 않았다. 곧바로 청와대 주도의 '의료산업화' 정책이 강력하게 추진되었는데, 그 핵심은 인천 등의 경제자유구역에 외국인 영리법인 병원의 설립을 허용하고, 민간의료보험을 활성화하자는 것이었다.

　당시 보건복지부의 수장은 김화중 장관에서 김근태 장관으로 바뀌고 있었는데, 보건복지부는 청와대와 경제부처의 강력한 의료산업화 추진 의지에 밀려 '공공의료 투자 확대를 전제로 한 경제자유구역 내 외국인 영리법인 병원의 허용'이라는 절충과 타협에 동의하였다. 그 전에 필자는 정부의 의료산업화 추진에 효과적으로 대응하기 위해 국민건강보험공단 이사장으로서 서울대학교 보건대학원 조병희 교수팀에게 연구용역을 발주하여 의료산업화 관련 연구를 수행토록 하였는데, 연구의 주된 결과는 "참여정부의 의료산업화는 우리나라 국민의료의 구조적 양극화를 초래"한다는 것이었다. 이를 근거로 필자는 시민사회의 도움을 받아가면서 정부의 의료민영화 추진에 나름대로 저항을 하였으나 뜻을 이루지 못하였고, 이후 법률적으로 의료민영화가 본격 추진되는 일만 남게 되었다. 2004년 연말, 경제자유구역 내 외국인 영리법인 병원의 설립을 허용한 '경제특구법 개정안'이 여당의 친노파 주도로 한나라당의 열광적 지지 속에 연말 국회를 통과하였다.

　참여정부의 의료산업화 추진에 따라 민간의료보험은 시장에서 그 세력을 빠른 속도로 넓혀가고 있었다. 텔레비전과 신문은 민간의료보험 광고로 넘쳐났다. 이로 인해 머지않은 장래에 국민건강보험의 위기가 도래할 것이라는 불길한 예감이 들었다. 그래서 필자는 민간의료보험의 확산을 저지하고 국민건강보험의 보장성을 강화하기 위해 국민건강보험공단을 총력 대응체제로

● 복지국가, **보건의료**

꾸려 나가기로 마음먹었다. 공단 본부 내에 건강보험 보장성 강화와 민간의료보험 대응 기획팀을 새로 만들고 관련 연구와 홍보 기능을 대폭 강화하였다. 국민건강보험을 위협하는 민간의료보험에 타격을 가하기 위해서는 이들 보험회사의 주력 상품이던 암 보험을 표적으로 삼을 필요가 있었다. 당시 국민건강보험의 보장성이 낮은 관계로 국민들이 중증 암에 걸리면 지나치게 높은 본인부담 진료비 때문에 경제적으로 큰 어려움을 겪었는데, 당시는 민생의 의료 불안이 지금보다 더 심각했던 시기였다.

국민건강보험공단은 그 당시 시민사회단체들이 주장하던 '암부터 무상의료' 슬로건을 적극 수용하기로 결정하고, 이들과 실무적으로 연대하면서 건강보험의 보장성 확대에 나섰다. 이 일을 하는 데는 막대한 돈이 필요했다. 국민건강보험에 대한 정부의 재정지원을 확대하고 건강보험료를 크게 인상해야 했다. 건강보험 재정의 획기적 확충이 절실하였으므로 필자는 당시 김근태 장관을 설득하였다. 그래서 필자가 국민건강보험공단 이사장으로 있던 3년 동안 건강보험료는 연평균 거의 10%씩 인상되었다. 덕택에 당시 적자였던 국민건강보험 재정은 흑자로 돌아섰고, 이렇게 확보된 재정으로 건강보험의 보장성 확충에 나섰다. 건강보험 비급여 항목을 급여로 전환하고, 특히 암 환자의 본인부담 진료비를 대폭 낮추고, 항암제 등의 고가 진료 항목에 대한 보험급여를 인정함으로써 암 환자의 실질 의료비 부담을 크게 낮추었다. 이러한 노력의 결과로, 2000년 당시 50%에 불과하였던 국민건강보험의 의료비

보장성 수준은 필자의 임기가 끝난 직후인 2006년 연말 기준으로 63% 수준까지 높아졌다. 특히 암 질환의 보장성 수준은 75%까지 높아졌다. 당연히 민간보험회사가 주력 상품으로 판매하던 암 보험은 상당한 타격을 입었을 터였다.

그럼에도 불구하고, 국민건강보험의 상황이 본질적으로 호전된 것은 아니었다. 민간보험회사들은 기존의 암보험 중심의 '정액' 의료보험상품보다는 '실손' 의료보험상품의 개발과 판매에 주력하기로 방침을 정하였기 때문이다. 우리나라에서 원래 '실손' 의료보험상품은 손해보험회사들(삼성화재, 동부화재 등)만 판매할 수 있었으나, 2005년 보험업법의 개정으로 이들 실손 의료보험상품을 생명보험회사들도 판매할 수 있게 된 것이었다. 그런데 기실 국민건강보험의 주적은 이들 '실손' 의료보험상품이다. 기능이 국민건강보험과 동일하여 사실상 경쟁관계에 놓여있기 때문이다. 현재 우리 국민들이 의료서비스를 이용할 때 평균적으로 발생하는 의료비의 약 60%는 국민건강보험이 보상해주고, 나머지 40%는 환자 개인이 부담해야 하는데, 만약 이 환자가 '실손' 민간보험에 가입하였다면 환자 부담 의료비 전액을 보험회사가 부담하는 것이다. 대신에 환자는 값비싸고 비효율적인 '실손' 민간보험에 매달 보험료를 납부해야 하는 것이다.

현재 국민건강보험의 재정이 부족하여 공적으로 보장해주지 못하고 있는 고가의 비급여 진료를 포함한 모든 종류의 진료를 실손 의료보험상품은 전부 보장해주고 있다. 이는 비효율과 낭비라는 큰 문제도 있겠으나, 이러한 상황이 지속된다면 국민건강보험은 재정적으로 더욱 위축되고 실손 의료보험은 의료비 조달 시장을 거의 장악할 것이다. 이렇게 되면 장차 우리나라는 국민건강보험에 의존하는 일반서민과 고가의 실손 민간보험에 가입한 중상층 이상의 국민들로 나누어질 것이다. 이들이 사용하는 의료서비스의 질이 현저히 다름은 물론이다. 한 나라에 두 개의 국민과 두 개의 의료제도가 존재하는 것이다. 우리는 이러한 양극화된 의료제도의 모습을 선진국 중에서는 유일하게 미국에서 보고 있다. 반면교사로 삼을 일이다.

그러나 불행하게도, 심각한 경제 불황에도 불구하고 최근 몇 년 사이에 우리나라에서 '실손' 의료보험은 비약적인 성장을 거듭하고 있다. 의료에 대한 국민 불안이 그만큼 심각하다는 뜻인데, 이렇게 중산층과 서민들이 값비싼 '실손' 민간의료보험에 가입하는 것은 이들 가계의 가처분소득을 줄이는 것으로 서민경제의 발전에 매우 불리한 일이다. 그럼에도 이들 민간의료보험 가입자들을 탓할 수는 없는 일이다. 국민건강보험의 보장성 수준이 여전히 낮아 중산층과 서민의 의료 불안이 상당히 큼을 우리 모두가 잘 알고 있기 때문이다.

더욱 불행한 일은 이명박 정부가 들어선 후 2009년도 건강보험료가 동결되었던 것이다. 이는 결코 좋아할 일이 아니다. 국민의료비는 매년 꾸준히 증가하므로 장차 전체 의료비 중에서 국민건강보험이 부담하는 의료비의 비중이 줄어들 것은 자명한 사실이다. 이에 반비례해서 '실손' 민간의료보험의 시장 영역은 커진다. '실손' 민간의료보험이 고급 진료를 중심으로 의료비 조달 시장을 넓게 장악할수록 국민건강보험 재정은 더욱 위축되고 고가의 의료서비스를 보험 급여할 여력은 더욱 줄어든다. 이러한 명백한 사실을 잘 알고 있었기에 그 동안 시민사회단체들과 양심적 전문가들은 국민건강보험의 보장성 확대를 줄기차게 주장해왔던 것이다. 그러나 이명박 정부가 들어선 이후 국민건강보험의 보장성 확대 노력은 효과적으로 저지되고 있다. 이제 국민건강보험은 시련에 처했고, '실손' 민간의료보험 회사들은 큰돈을 벌 계기를 잡고 있다. 이는 사회정의의 원리에 크게 어긋나는 것이다.

그런데 최근 반가운 소식이 들려오고 있다. 시민사회단체들과 보건의료노조가 국민건강보험의 보장성을 획기적으로 높여 유럽 선진국 수준으로 나아가자는 캠페인을 벌이고 있다는 소식이다. 또 민주노총은 사회연대를 강화하기 위해 노력하겠다는 의미에서 사회연대노총을 자청하였고, 한국노총도 조합원들의 복지 향상을 위해 국민건강보험의 획기적 보장성 확대에 동의하였단다. 건강보험료를 인상하여야 하고, 이들 양대 노총 조합원의 대다수를 이루는 정규직 노동자들은 건강보험료를 지금보다 더 내야한다. 하지만 이로 인한 열매는 참으로 단 것이다. 저임금의 정규직 노동자나 비정규직 노동자 등의 취약계층은 건강보험료를 조금만 더 내게 될 것이나, 고소득자는 엄청나게 많은 액수를 더 내게 되고, 여타 정규직 노동자들은 그들의 임금에 비례해서 적정 수준에서 건강보험료 더 부담하게 될 것이다. 이렇게 확충된 국민

● 복지국가, 보건의료

　건강보험 재정은 우리 국민 모두의 의료비로 사용될 것이다. 특히 비정규직 가계, 여타 서민과 중산층의 민생에 크게 도움이 될 것이다. 결국 의료 불안은 없어지고, '실손' 민간의료보험은 설 자리를 잃게 될 것이다. 값비싼 민간의료보험료를 내지 않아도 되므로 서민가계와 민생경제에는 크게 도움이 된다. 그러므로 이는 국민 모두가 이기는 정의로운 싸움을 시작하는 셈이다.

　그런데 이명박 정부는 별 생각이 없는 모양이다. 윤증현 기획재정부 장관이 들어선 이후 의료민영화를 더욱 밀어붙이더니, 이제 보건복지가족부까지 나서 의료민영화의 길로 가려한다. 비영리법인의 의료채권 발행 허용, 의료경영회사(MSO) 설립 허용, 병원 간 합병 허용, 경제자유구역 내 외국인 영리병원 유치를 위한 유인책 허용 등을 통해 사실상 의료민영화의 길로 접어들려는 것이다. 이제 머지않아 내국인 주식회사 병원도 가시화될 것이다. 이러한 의료공급 측면의 시장화 조치는 '실손' 민간의료보험의 활성화를 보장하는 것이다. 이 둘은 동전의 양면이다. 그러면서도 국민건강보험의 보장성을 획기적으로 높이겠다는 말은 어디에도 없다. 이제 국민건강보험의 운명은 어떻게 될 것인가? 이대로 가면, 결과는 자명해 보인다.

　세계에서 사회의료보험제도를 최초로 제도화한 사람은 독일의 재상 비스마르크다. 그는 철저한 보수주의자다. 영국이나 유럽의 선진국들에서 걸출한 보수주의자들이 국가 복지를 확충하고 제도화하는 데 앞장섰다. 지금 이명박 대통령과 그 주변에 몰려있는 신자유주의자들이 주도하는 시장만능주의 정책, 특히 의료와 교육 등 보편적 사회정책의 영역에서 벌어지고 있는 시장만능주의의 만행을 저지하고 국민건강보험을 획기적으로 강화해나갈 진정한 보수세력은 범여권에 존재하지 않는가?

건전 보수세력을 자칭하는 범여권 정치인들은 이명박 정부가 추진하고 있는 신자유주의 의료민영화를 반대하는 것이 논리적으로 옳다. 그리고 시민사회세력과 보건의료노조가 추진하고 있고, 양대 노총이 기꺼이 동의하고 있는 '국민건강보험 보장성의 획기적 확충' 운동에 동의하고 힘을 실어주는 보수세력이야말로 진정한 의미의 건전 보수다. 이명박 정치세력은 건전 보수가 아니라 원조 신자유주의자인 미국 부시 정권의 철저한 동지이자 표독한 시장만능주의 추진 세력일 뿐이다. 필자가 알기로는 민주당 내부에도 이명박 정치 세력과 이념이 비슷한 신자유주의 주구들이 더러 있다. 민주당은 이들을 극복하고 시민사회가 추진하고자 하는 '국민건강보험 보장성의 획기적 확충' 운동에 전폭적으로 힘을 실어주는 것이 옳다. 이것은 과거 친노파가 저지른 '의료산업화' 악행을 속죄하는 길이기도 하다.

오늘 이 순간에도 많은 국민들이 의료 불안을 이기지 못하고 좌절하거나, 값비싸고 낭비적인 '실손' 민간의료보험에 가입하고 있고, 국민건강보험은 시시각각 위축되고 있다. 이명박 정치 세력의 신자유주의 의료민영화 정책은 우리를 향해 해일처럼 거세게 몰려오고 있다. 자본이 국가 복지제도와 사회정의를 잡아먹고 있는 것이다. 남은 시간이 그리 많지 않다. 국민건강보험마

● 복지국가, **보건의료**

저 신자유주의의 시장만능에 무너진다면, 복지국가소사이어티를 비롯하여 복지국가를 염원하던 우리 모두의 꿈도 멀어지는 것이다. 일부 자본과 이명박 정치세력을 제외한 모든 국민과 제 세력이 힘을 합치면, 우리나라 국민건강보험의 획기적 보장성 확충은 현실이 될 것이다. 충분히 가능하다. 이것이 민주주의의 힘이다. 그리고 이러한 민주주의는 장차 역동적 복지국가의 든든한 밑천이 될 것이다.

정부의 치졸한 의료민영화 정책 추진을 규탄한다

홍보위원회 | 성명 2009년 5월 8일

이명박 정부는 기획재정부가 주동이 되어 2009년 3월부터 국책연구기관들을 동원해 '사회서비스 선진화 방안'을 주제로 한 대대적인 토론회를 열면서 의료민영화 여론몰이에 나선 바 있다. 이후 촛불의 저항을 의식하여 약간의 속도 조절에 들어갔던 정부가 마침내 오늘 청와대에서 '서비스산업 선진화를 위한 민관합동회의'를 열고 "서비스산업의 도약을 본격화하기 위해 민·관이 함께 하는 실천방안을 추진할 것"이라며, "서비스산업에 대한 국민 인식을 개선하고, 외국인 투자자, 시장 참가자 등에게 서비스산업 선진화를 위한 노력을 적극 홍보할 것"이라고 밝혔다.

'서비스산업 선진화 방안'을 통해 고용을 창출하고, 다가올 불황에 대비하여 취약 계층의 사회안전망을 준비한다는 취지를 밝혔다. 그러나 이것은 고용창출 전략과는 거의 무관하다. 특히 의료와 교육의 자본주도 시장화를 통해 고용을 창출하겠는 것은 거의 코미디에 가까운 것이다. 이는 기실 '교육과 의료 민영화'를 밀어붙이기 위한 포장술에 불과한 것이다.

실제로 오늘 의료서비스 선진화와 관련하여 발표된 내용을 살펴보면, 경제자유구역의 외국의료기관 유치를 돕기 위한 의료규제의 차별적 완화, 의료기관 경영지원회사(MSO) 사업의 활성화, 비영리법인 병원의 의료채권 발행 허용, 의료법인의 합병 근거 마련 등이다. 다만, 다수 국민이 우려하며 계속 반대하고 있는 영리법인 병원의 도입 여부는 올 하반기로 넘겨둔 것이 기존의 의료민영화 추진 시나리오와 다른 점이다. 우리는 이번에 정부가 발표한 이러한 모든 의료민영화 정책을 반대한다.

　지난 3월 9일 윤증현 기획재정부 장관은 이미 영리법인 병원을 전국적으로 추진하겠다고 밝힌 바 있다. 윤증현 장관은 "당연지정제 유지가 전제 조건이기 때문에 의료비가 대폭 상승하지 않을 소지가 많다"면서 "오히려 병원 수가 더 늘어나면 시장경쟁 원리로 인해 의료비도 내려갈 것"이라는 터무니없는 주장을 한 바도 있었다. 그의 말이 사실이라면, 왜 시장주의 의료제도를 운영하고 있는 미국의 의료비가 낮기는커녕, 전 세계에서 가장 높은가? 의료는 시장실패의 영역이라서 경쟁을 통해 오히려 의료의 질이 낮아지거나 가격이 상승하는 경향이 있다. 윤 장관의 엉터리 경제 지식에 기반을 둔 자본주도의 의료민영화는 장차 국민적 재앙이 될 것이다.

　정부도 이러한 국민적 불신과 저항을 의식하였는지, 교활하게도 이번의 '서비스산업 선진화 발표'에서는 '영리법인 병원 허용' 문제를 뺐다. 사회적 논의를 핑계로 올 하반기로 미루어 놓은 것이다. 그러면서 국민들이 내용을 잘 모르고 있는 '의료채권 허용' 등 여타의 의료민영화 패키지를 한꺼번에 통과시키려 한다. 이들의 교묘한 의료민영화 단계적 추진 전략은 참으로 국민 기만적인 것이다. 그럼에도 불구하고 우리 국민들은 이들의 기만적 의료민영화 추진 전략을 결코 좌시하지 않을 것이다. 우리 국민은 민주주의가 살아 있음을 보여줌으로써 현 정부의 공공의료 파괴적 의료민영화 추진을 반드시 저지할 것이다.

경제위기로 인해 대다수 서민들이 고통 받고 있는 상황에서 정부의 재정적 책임을 강화하는 '의료공공성 강화 전략'을 추진해야 할 시기에, 이명박 정부는 '의료서비스 선진화'라는 미명하에 궁극적으로 자본주도의 의료민영화를 추진하려는 것이다. 유럽의 어느 선진국에서도 국민의 건강과 의료이용을 자본주도의 시장에 무책임하게 내맡기는 나라는 없다. 선진국이라면 응당 국민의 의료이용을 국가의 재정과 공적의료보장제도를 통해 완전하게 해결하기 마련이다.

우리가 지금 해야 할 일은 국민건강보험의 재정을 획기적으로 확충하여 양질의 의료를 모든 국민이 공평하게 누리도록 하는 것이다. 이에 우리 복지국가소사이어티는 보험회사 등 일부 자본의 경제적 이익에만 정책의 초점을 맞추는 '의료민영화' 정책의 추진을 즉각 철회할 것을 현 정부에게 강력하게 촉구한다.

● 복지국가, 보건의료

"당연지정제도 적용하는 영리병원 허용" 주장은 국민을 속이는 것이다

홍보위원회 | 논평 2009년 3월 19일

이명박 정부가 영리법인 병원을 본격적으로 추진하겠다며 세몰이에 나섰다. 작년에 제주에서 시작해보려 했으나 촛불의 저항에 막혀 불발된 바 있었다. 경제부처가 총대 메고 나섰고, 이번에는 더욱 공세적으로 의료민영화를 추진할 태세다. 기획재정부는 내국인 영리법인 병원의 도입으로 일자리를 늘리고 부가가치를 창출하여 의료서비스가 우리나라 경제 성장의 견인차가 되도록 하겠다는 내용의 공식 발표를 이미 여러 차례 한 바 있다.

영리법인 병원을 허용하고 민간의료보험을 활성화 하는 과정에서, 그 부작용으로 국민의료비가 다소 치솟고 의료이용의 양극화가 일어나더라도 '자본 주도형 의료민영화'를 달성하는 것이 곧 의료서비스 산업의 선진화라는 주장이 경제부처의 일관된 입장이다. 이번에는 강력하게 밀고 나가겠다는 경제부처의 의지는 곳곳에서 읽는다. 다음으로 보건복지가족부의 입장에 시선이 쏠리는 것은 당연한 순서다.

마침내 보건복지가족부의 김 모 국장이 2009년 3월 12일 입을 열었다. 그 내용은 "영리의료법인 도입 검토는 건강보험 당연지정제의 후퇴나 변경이 절대 없다는 전제 하에서 이루어져야 한다(내일신문 3월 13일자 17면)."라는 것이다. 이에 대해, 이 신문은 "이는 건강보험체계의 기본 틀인 당연지정제도가 유지되는 선에서 영리의료법인 도입을 허용할 수 있다는 것"으로 풀이된다고 기술하고 있다. 청와대와 경제부처의 강력한 의료민영화 추진 의지에 보건복지가족부가 독자적인 목소리를 내기는 어려울 것이다. 그렇다면 차라리 입을 다루는 것이 옳다. 그 편이 복지부가 나서서 국민을 속이는 것보다는 훨씬 바람직하기 때문이다.

영리법인 병원을 허용하면 많은 문제점이 발생한다는 것은 경제부처 등 의료민영화를 추진하는 세력들도 다 알고 있다. 국민의료비의 폭발적 증가, 의료이용의 불평등 심화, 의료서비스의 질적 편차 확대, 거시적 비효율, 고용의 불안정 등이 그것인데, 이들 중에서 의료민영화 추진 세력이 가장 난처해하는 문제점은 의료민영화로 인한 '의료비 상승과 의료이용의 양극화'다.*

경제부처의 입장에서는 의료민영화의 이러한 부작용을 최소화하는 방책을 제시하지 않고서는 국민을 설득하기가 용이하지 않을 것이다. 이러던 차에, 보건복지가족부가 '건강보험 당연지정제도의 적용을 받는 영리법인 병원' 허용 검토라는 주장을 내 놓음으로써 구원투수로 나선 것이다. 건강보험 당연지정을 받는 영리법인 병원은 '건강보험 수가'가 적용되기 때문에 의료비가 기존의 병원들과 같고, 모든 국민이 건강보험증만 들고 가면 누구나 영리법인 병원을 이용할 수 있다는 논리다. 그런데 이는 사실이 아니며, 국민을 속이는 것이다.

국민건강보험의 당연 적용을 받는 영리법인 병원은 그렇지 않은 경우보다 병원 경영에서 더 유리하다. 기본적인 병원 수입은 국민건강보험 환자를 진료하여 충당하고, 이들에게 각종 비급여 의료서비스를 제공하여 건강보험이

---

* 더 자세한 내용은 『의료민영화 논쟁과 한국의료의 미래』, 도서출판 밈, 2007년 참조.

적용되지 않는 분야에서 더 많은 수익을 창출한다. 이에 더해, 건강보험 적용을 원치 않는 부유한 환자 등을 진료하여 추가적인 수익도 창출할 수 있다. 주식회사 병원은 돈을 벌기 위해 태어난 병원이므로 수익 극대화를 위해 할 수 있는 일은 다 하게 된다. 국민건강보험이 적용되지 않는 비급여 고가 의료서비스의 개발이 붐을 이룰 것이다. 이런 병원은 애초부터 중산층과 서민의 것이 아니다.

이러한 영리추구 경향은 주변의 비영리병원으로 전파되고, 국민의료비는 치솟는다. 국민건강보험공단은 재정적으로 버티기 어려워지고, 민간의료보험은 시장 영역을 확충하여 엄청나게 돈을 벌게 된다. 그만큼 국민건강보험은 위축되고 무력해진다. 사정이 이쯤까지 진행되면, 민간의료보험과 계약관계를 맺고 있는 소위 '잘 나가는' 영리법인 병원들은 건강보험 당연지정제도라는 속박으로부터 벗어나서 더 많은 돈을 벌길 원하게 된다. 헌법재판소에 '영리법인 병원에 건강보험 당연지정제도를 강제 적용하는 것은 직업과 재산권 행사의 자유를 과도하게 제한하는 것'이라는 취지의 위헌 심판을 제소할 것이다. 재판 결과는 자명하다. 그들이 이긴다.

건강보험 당연지정제도는 국민건강보험법 제40조에 규정된 것으로 '전국의 모든 병의원과 약국은 국민건강보험을 의무적으로 적용해야 하며, 따라서 건강보험 환자를 당연히 진료해야' 함을 의미하는 것이다. 대만 등 주변 나라들이 요양기관 계약제를 운영하는 것과 달리, 우리나라가 이렇게 국민건강보험 요양기관 당연지정제도를 운영하고 있는 것은 공공의료기관이 10%에도 미치지 못하여 절대적으로 부족하고, 의료계가 집단적으로 자율계약에 임하지 않을 개연성이 있는 등의 이유로 우리나라는 건강보험 요양기관 자율계약의 토대가 미약하기 때문이다.

실제로 1999년 의료계가 건강보험 당연지정제도를 헌법재판소에 위헌으로 제소하였는데, 2002년 12월 31일 재판 결과 7대 2로 합헌 결정이 났지만, 합헌의 취지는 공공의료기관이 절대적으로 부족한 조건에서 민간의료기관의 집단적 계약 거부로 국민건강보험제도가 작동하지 않음으로 인해 국민의료에 미칠 악영향을 우려했던 것이었다. 이러한 합헌 취지를 미루어 판단해 볼 때, 수적으로 전체 의료기관의 일부에 불과한 영리법인 병원들이, 영리를 추구할 목적으로 세워진 주식회사 병원들이 건강보험 당연지정제도를 위헌으로 제소하면 당연히 위헌 판정이 나올 것이다.

결국, "건강보험 당연지정제도를 적용하는 영리법인 병원의 허용"이란 본질적으로 다음과 같은 것이다. 첫째, 돈벌이를 목적으로 설립된 주식회사 영리법인 병원에 논리적으로 전혀 매치가 되지 않는 건강보험 당연지정제도를 적용하겠다는 발상은 위헌 판결이 나올 줄 뻔히 알면서도 '국민의료비 급증'과 '의료이용의 양극화'라는 사회적 비판을 희석하기 위해 동원한 치졸한 국민 기만책이라는 것이다. 둘째, 제주특별자치도, 인천 송도와 같은 경제특구에 이미 허용된 외국인 영리법인 병원에는 적용되지 않는 건강보험 당연지정

● 복지국가, **보건의료**

제도를 내국인 영리법인 병원에는 적용하자는 것은 결국 국민의료이용의 불평등 최소화를 위해서가 아니라 영리법인 병원들이 더 많이 손쉽게 생겨나도록 하는 유인책으로 작용하는 것이다. 즉, "건강보험 당연지정제도를 적용하는 영리법인 병원의 허용"은 국민의 이익을 위한 것이 아니라 영리법인 병원 사업을 하고 싶어 하는 자본과 사업자들을 위한 조치다.

  영리법인 병원 허용 정책을 추진하고 싶으면, 정부가 정당한 방법으로 국민을 설득해서 여론의 압도적 지지를 받아 추진하면 될 일이다. 그렇게 하려거든, 정공법으로 하라. 찬성과 반대 의견을 공평하게 국민에게 제시하고, 국민이 선택하게 하라. 국민을 속이는 짓 따위는 이제 그만하길 바란다. 여론을 조작하고, 불공정한 여론몰이를 통해 여론을 호도하는 짓은 좋은 행정이 아니다. 영리병원을 '투자개방형 병원'으로 새롭게 작명하여 부르며, 도민을 우롱하고 있는 제주도의 행정은 결코 용납되지 않을 도민 기만행위에 다름 아니다. 중앙정부는, 청와대든 경제부처든 보건복지가족부든, 국민을 기만하는 짓을 해서는 안 된다. 국민을 속여서 추진한 정책이 얼마나 성공하겠으며, 얼마나 오래 가겠는가? 이명박 정부의 깊은 성찰을 촉구한다.

보편주의 복지와 국민건강보험

이성재 | 칼럼 2009년 2월 23일

서민들의 삶이 팍팍하고 세상살이가 어렵다고 아우성을 치는 목소리가 끊이지 않고 있다. 정도의 차이야 있겠지만, 이는 사실 어제 오늘의 일이 아니다. 보릿고개를 넘기며 모두가 가난했던 절대빈곤의 시절에도, 고도성장의 시기에도 민초들의 아우성은 늘 있어왔다. 하지만 언제부턴가 이 아우성의 성격이 달라졌다. 1997년 외환위기 이후부터였다. 이 시기를 기점으로 우리 사회가 시장만능주의에 포획되어 소위 '신자유주의 양극화 사회'로 바뀌어갔기 때문이다.

1996년부터 2006년 상반기까지 하위 소득집단 10%의 소득 대비 상위 소득집단 10%의 소득 비율은 3.475배에서 5.421배로 확대되었다. 또한 밥 못 먹는 보릿고개를 겪는 사람들은 거의 없어졌겠으나, 절대빈곤율은 1996년 3.51%에서 2006년 상반기에 12.76%로 크게 늘어났으며, 중위소득의 50%에도 미치지 못하는 사람들의 비율을 의미하는 상대빈곤율은 1996년 8.73%에서 2006년 상반기에 16.37%로 늘어났다. 우리사회가 1997년의 외환위기를 극복하는 과정에서 시장만능주의 경제사회체제로 발전해왔다는 강력한 증거들이다. 시장만능주의는 필연적으로 양극화를 확대 재생산하는 법이기 때문이다.

이제 우리사회가 필요로 하는 성장 전략은 양극화 성장이 아닌 사회 통합적 성장임이 분명해졌다. 그러려면 필연적으로 시장만능주의를 버려야한다. 다행인지 불행인지는 모르겠으나, 미국에서 시작된 금융위기와 세계적 경제

● 복지국가, 보건의료

위기로 인해 시장만능주의가 세계 경제의 미래가 아님은 만천하에 드러난 셈이다. 세계 각국은 기존의 시장만능주의가 아닌, 은행의 국유화 등 강력한 수단을 동원하여 국가의 역할과 개입을 강화하는 방향으로 각종 정책을 구사하고 있다. 재미있는 것은 지난 30여 년 동안 신자유주의 세계화를 주도하여 왔던 미국과 영국이 시장만능주의의 교리를 스스로 깨는 정책들을 앞장서 구사하고 있다는 점이다.

국가의 역할과 개입은 '국가와 국민' 간의 상호 책임과 의무를 다하는 건강한 상호관계의 자연스러운 표현이다. 국민이 세금을 내고 국방의 의무를 지는 등 공동체의 유지를 위해 책임을 다하는 만큼, 국가도 국민의 자유와 사회권을 보장할 책임을 지고 있는 것이다. 그렇지 않을 경우, 과거 역사에서 보아왔던 것처럼 국가는 특정세력만의 이익을 주로 대변하여 국민 위에 군림하는 폭력체계로 이해될 수도 있기 때문이다.

그러면 국가는 주로 어떤 영역에서 역할과 개입을 강화할 것인가? 기본적 민생과 사회권의 영역이다. 이 영역에서 만큼은 민생민주, 곧 평등의 가치가 우선이다. 이것의 한 가운데 보편주의가 놓여있다.

보편주의는 잔여주의의 반대 개념으로 사회서비스를 국가의 구성원인 국민 모두에게 형평하게 제공한다는 의미다. 유럽 선진국들의 사회정책에서는 보편주의의 원리가 비교적 잘 구현되고 있으며, 북유럽에서 특히 그러하다. 미국은 반대로 근로능력이 없고 절대빈곤에 놓여있는 일부 국민들만을 선별하여 잔여적으로 필요한 복지서비스를 제공하고 있다. 우리나라는 건국 이후 줄곧 잔여주의 복지를 목표로 추구해 왔으나, 1989년 전국민의료보험제도를 시작으로 보편주의의 틀을 일부 복지제도에서 선보이기 시작하였다. 참으로 다행스러운 일이라 하겠다.

1997년 외환위기를 극복하는 과정에서 우리나라는 급속하게 시장만능주의 양극화 사회로 발전해 가는데, 이 과정에서 사회안전망 개념의 보편주의 복지가 크게 요구되었다. 이러한 조건에서 김대중 정부가 의료보험제도의 완전 통합과 4대 사회보험을 보편적으로 확립하여 오늘날에 이르고 있는 것이다. 이후 참여정부에 이르기까지 소위 민주정부 10년 동안 국민건강보험 등의 보편주의 복지는 확대되었고, 보육과 장애인 서비스 등의 각종 사회서비스도 조금씩 확충되어 왔다.

그런데 최근 언론 등에 보도된 '이명박 정부 1년 평가'에서 우리나라 복지가 크게 퇴보하고 있다는 이야기가 들려온다. 이는 시장만능주의에만 매몰되어 국가의 역할과 적극적 개입을 등한시한 결과다. 지금 우리에게 필요한 것은 철 지난 시장만능주의가 아니라 보편주의 복지다. 유럽선진국의 기준에서 보면, 우리나라는 보편적 복지가 턱없이 부족하므로 보편주의 사회정책을 통해 국가의 역할과 개입을 꾸준히 강화해나가야 한다. 그래야만 사회 통합적 성장이 가능해지기 때문이다.

국민건강보험은 우리나라에서 가장 제대로 된 보편주의 복지제도에 속한

● 복지국가, 보건의료

다. 온 국민이 법적으로 가입되어 있고, 의료 혜택은 필요에 따라 동일하게 제공받기 때문이다. 그런데 이는 형식적 의미에서 그렇다는 것이고, 내용에 들어가 보면 보장성 수준이 유럽선진국에 비해 크게 낮으므로 의료이용 시점에서 서민 가계가 부담해야 하는 비용이 만만치 않다. 실질적 보편주의는 달성하고 있지 못한 셈이다. 그래서 필자가 지난 시기 국민건강보험공단 이사장으로 근무하였던 3년 내내 건강보험의 보장성 수준을 높이는 일에 목을 매다시피 하였다. 이것이 우리나라 사회정책이 추구해야 할 길, 궁극적으로는 사회 통합적 성장을 위해서는 꼭 달성해야 할 일이라 여겼기 때문이었다.

유럽선진국들의 의료보장성 수준은 대개 85%를 상회하는데, 우리나라 국민건강보험은 64% 수준이다. 선진국에 비해서는 20% 포인트나 부족하다. 갈 길이 먼 셈이다. 그런데 비록 부족하긴 하지만 현 수준의 보장성에 도달하기 위해 지난 수년 동안 우리나라는 연간 의료비 상승률 10~15%를 크게 상회하는 건강보험료 인상을 단행하였었다. 이러한 각고의 노력으로 현재의 건강보험 보장성 수준을 달성한 것인데, 참으로 유감스럽게도 이명박 정부는 지난 10년 동안의 공든 탑, 필자를 비롯한 수많은 사람들의 지난 노력으로 달성한 이 성과를 무너뜨리고 있다. 집권하자마자 건강보험의 보장성을 축소하였고, 2009년도 건강보험료 인상을 포기함으로써 온간 어려움 속에서도 지난 10년간 유지해왔던 국민건강보험 재정 확충 노선을 사실상 폐기한 셈이다.

얼마 전 국회 예산정책당국의 발표에 의하면, 현 정부의 부자감세 조치로

5년 간 총 96조원이 감세된다고 한다. 내수경제와 사회 통합적 성장에 아무런 도움도 되지 않은 이러한 조치 대신에 국민건강보험의 보장성 확충을 위해 정부 재정을 더 많이 투입하고, 보편적 사회서비스의 확충에 획기적 수준의 재정 투입을 결정할 순 없을까? 이제 패러다임의 전환이 필요한 시기다. 누가 이 일을 할 것인가?

● 복지국가, **보건의료**

제주도가 영리 병원 홍보에 '올인' 하는 이유
의료민영화는 용산 참사보다 심각한 생명에 대한 위협이다

홍보위원회 | 논평 2009년 1월 30일

    1월 28일, 제주특별자치도는 2009년에 내국인 영리병원 허용을 재추진할 계획이라고 밝혔다.

    이에 앞서 제주특별자치도는 작년에 내국인 영리법인 병원 설립을 추진하다가 의료민영화에 대한 제주도민들의 강력한 반대 속에서 결국 이를 포기한 바 있었다. 이번 발표는 지난해 공식적 도민 여론조사까지 거치면서 확인되었던 이러한 도내 민심을 거부하고 영리법인 병원 설립을 다시 추진하겠다는 의지를 표현한 것이다.

    이는 단지 제주특별자치도 차원의 문제만은 아니다. 의료민영화는 대운하와 더불어 이명박 정부의 숙원사업 중에 하나이다. 2008년의 경우 촛불정국이라는 의외의 복병 탓에 청와대와 제주도 당국이 한발 물러설 수밖에 없었지만, 올해엔 사정이 다를 것이라고 판단하는 듯하다. 이미 작년 12월 기획재정부는 2009년 대통령 업무보고를 통해 일자리 창출을 명분으로 의료기관 자본투자활성화 방안을 전국적 수준에서 본격적으로 추진하겠다고 밝힌 바 있다. 촛불을 꺾었다는 자신감 속에서 2008년에 못다 이룬 의료민영화의 꿈을 이루어보겠다는 의지가 돋보이는 대목이 아닐 수 없다.

    당연히 의료기관 자본투자활성화 방안에는 내국인 영리법인 병원 허용이 포함되어 있다. 문제의 심각성은 여기서 그치지 않는다. 영리법인 병원 허용 외에도 국민건강보험공단이 보유하고 있는 질병정보의 민간보험사 공유, 의료기관 개설 자격 제한의 폐지, 첨단의료복합단지 등 다양한 의료민영화 버

라이어티 쇼가 줄줄이 대기하고 있다.

올해 제주특별자치도 내국인 영리법인 병원 설립 허용의 1차 관건은 5월말에 예정되어 있는 국무총리 주재 제주특별자치도 지원위원회 회의에서 결정될 것이다. 만약 이 회의에서 영리법인 병원 설립 허용 결정을 내린다면, 이것은 제주특별자치도뿐 아니라 앞으로 전국적인 내국인 영리법인 병원 허용을 공식화하는 신호탄으로 작용할 가능성이 높다. 즉, 이는 향후 정부·여당 스스로 의료민영화 방침을 공식 인정하고, 이를 본격적으로 추진하는 분기점이 될 것이다.

결국 제주 특별자치도의 영리법인 병원 설립 재추진은 국민이 반대해도 한번 시작한 삽질은 결코 멈출 수 없다는 'MB'식 밀어붙이기에 다름 아닌 것이다. '의료민영화'는 용산 철거민 살인 진압보다 더 심각한, 전 국민의 생명을 위협하는 결과를 초래할 것이라는 점에서 매우 심각한 문제가 아닐 수 없다.

심각한 경제위기 국면에서 '의료민영화를 통한 일자리 창출' 주장은 대국민 설득력을 갖기 어렵다. 의료민영화의 본질을 명확히 파악하고 있는 국민들도 순순히 손 놓고 바라만 보고 있지는 않을 것이다. 급기야 제주 영리병원 허용 여부는 단지 제주만의 문제가 아니라, 우리나라 전체 국민의 건강권 보장을 좌우하는 핵심적인 사안으로 인식될 것이기 때문이다.

2009년에도 복지국가소사이어티는 주요한 사회적 고비마다 국민들에게 의료민영화의 추악한 본질과 예견되는 패악을 적극적으로 알려나갈 것이다.

의료민영화는 결코 경제위기 상황에서 일자리를 창출하기 위한 대안이 아니다. 진정한 대안은 국가복지 확대를 위한 정부의 재정투입과 제도화를 통한 의료의 보장성 확대와 공공성 강화에 있다. 우리는 이러한 인식을 온 국민과 함께 공유하기 위해 노력할 것이다. 우리는 마이클 무어 감독의 다큐멘터리 영화, 〈식코(SiCKO)〉가 보여주는 의료민영화의 참혹한 현실이 결코 우리나라의 미래로 다가오는 일이 없도록 최선을 다할 것이다.

복지국가를 향한 걸음,
사회가 건강해야 사람도 건강하다

윤태호 | 칼럼 2009년 1월 5일

기축년 새해가 밝았다. 작년 한 해 동안 온 사회를 떠들썩하게 만들었던 소가 새해의 상징이다. 작년 한 해 소는 광우병으로 한 번 울고, 개 값도 못한 소 값으로 한 번 더 울었다. 광우병이 인간의 탐욕이 빚어낸 재앙이고, 이 광우병 파동과 미국 쇠고기 수입으로 국내 소 값이 폭락한 것을 보면, 이윤을 위해서는 무슨 일도 서슴지 않는 자본주의의 탐욕이란 게 참으로 무서운 것임을 새삼 느끼게 된다. 생명 유지에 필수적인 먹을거리로 장난치지 말라고 하지만, 자본주의의 탐욕과 이윤추구 논리 앞에서 먹을거리 역시 무수히 많은 장난치기 상품 중의 하나일 뿐이었다. 이렇듯 자본주의의 탐욕은 먹을거리 불안에서부터 시작해서 온갖 민생의 불안을, 금융위기를, 전 세계적 경제위기를 초래하였다. 2008년은 참으로 어둡고 침울한 한 해였다.

모두들 12월의 마지막 날과 1월의 첫 날을 보내면서 새해에 걸맞은 새 계획을 마음 속 깊이 곱새겼을 것이다. 그 중에서 빼 놓을 수 없는 것이 자신과 가족들의 건강일 것이다. 한 일간지에서 수행한 여론조사에서도 연령대별 차이는 있으나, 우리 국민들은 새해의 희망으로 '개인과 가족의 건강'을 가장 많이 꼽은 것으로 나타났다. 그래서 새해부터는 담배도 끊고, 술도 덜 마시고, 운동도 해야지 하고 마음을 곱새긴다. 경제적으로 어렵고, 사회 양극화가 심화되고, 생태 환경이 나빠지더라도 나와 내 가족만은 건강해지고 싶고, 또 그럴 수 있다고 믿는다. 하지만, 이는 단지 희망일 뿐이다. 나와 내 가족의 건강은 사회적·경제적·정치적·물리적 환경과 독립적인 관계에 있지 않기 때문이다.

● 복지국가, 보건의료

　건강은 개인적인 것이라기보다는 사회적인 것이다. 예컨대, 담배를 피우는 사람들의 비율은 전문직이나 사무직 종사자에 비해 육체노동 종사자와 빈곤층에서 훨씬 높다. 담배가 건강에 나쁘다는 사실을 이들 육체노동 종사자와 빈곤층이 모르기 때문이 아니다. 사업장에서, 그리고 일상생활에서의 고단한 삶이 그들을 담배 피우는 행위로 내모는 것이다. 이는 이미 서구 사회에서 경험해 온 사실이며, 학문적으로 증명된 내용이다. 그럼에도 불구하고 담배를 피우는 건 담배를 피우는 사람들이 무지하고, 나약하기 때문인 것처럼 이해되곤 한다.
　건강은 개인의 능력에 따라 좌우되는 것이 아니라, 누구나 향유해야 할 권리이다. 특히 건강과 관련한 중요한 서비스인 의료서비스와 관련하여 일각에서는 비배제성과 비경합성을 모두 충족하는 공공재가 아니므로 일반재화처럼 생산과 분배를 시장에 맡기고 정부는 가급적 개입하지 말 것을 주장한다. 국방이나 치안과 같은 극히 일부의 재화와 서비스만 포괄하는 공공재는 국가에서 책임지고, 나머지 재화와 서비스는 시장에 맡겨야 한다는 시장 의존적인 신자유방임의 시대로 가자는 이야기다. 하지만, 이미 전 세계적 경제위기로 인하여 변화된 새로운 정치경제체제의 패러다임을 요구받고 있는 상황에서 공공재만이 국가의 책임이라고 주장하는 것은 구시대적인 발상일 뿐이다. 국가는 국민들이 행복한 삶을 영위할 수 있도록 보다 적극적인 역할과 기능을 수행할 것을 요구받고 있다.

건강은 사회적인 것이며, 누구나 향유해야 할 권리이다. 하지만 우리사회에서는 여전히 개인의 건강은 개인의 책임이며, 개인 능력의 소산이라는 이데올로기가 광범위하게 유포되어 있다. 이는 아직까지도 시민권 또는 사회권으로서의 건강권 개념이 우리사회의 제도와 문화로 뿌리내리지 못한 데다, 특히 최근 10여 년 동안 세계적인 신자유주의 사조가 우리사회를 경쟁과 시장만능의 개인주의로 내몰았던 탓이다. 이러한 이데올로기는 결국 국가는 국민의 건강을 위해 최소한의 역할만 수행하면 된다는 의료시장주의자들의 천박한 논리에 정당성을 부여해 주게 된다.

중산층이 몰락하고, 빈곤층이 늘어나고, 소외 계층이 증가하는 사회에 사는 국민들은 건강해지고 싶어도 건강해지기 어렵다. 소득불평등, 실업, 빈곤 등 근원적인 사회경제적 문제들과 건강과의 관련성은 이미 수많은 연구들을 통해 밝혀진 지 오래이다. 그러함에도 불구하고 우리사회는 소득불평등, 실업, 빈곤의 문제를 일정하게나마 해결함으로써 국민들이 보다 건강해지도록 하는 노력을 거의 기울이지 않는다. 그냥 담배 끊고, 술 덜 마시고, 운동을 적절히 하고, 영양 섭취를 적절히 하고, 건강검진을 잘 받고, 예방접종을 잘 하면 자연스럽게 건강해질 수 있다는 듯이 일방적으로 홍보할 따름이다.

하지만 아무리 예방의 중요성을 홍보하더라도 근저의 사회경제적 요인들에 대한 고려와 평등한 결과에 대한 정책적 의지가 뒷받침되지 않는다면 한낱 공염불에 그칠 공산이 크다. 우리보다 의료보장이 훨씬 앞선 영국, 캐나다

● 복지국가, **보건의료**

등 서구 사회의 사례를 보더라도, 치료서비스보다 예방서비스에서 사회계층 간 서비스 이용의 불평등이 더욱 크게 나타난다는 것이 이를 잘 뒷받침해 준다. 결국 건강의 문제를 개인의 선택이라는 측면에서 접근하다 보면, 그 결과는 건강에 유익한 방향으로 행동을 하기가 쉬운 사회계층과 그렇지 못한 사회계층 간의 격차를 더욱 벌어지게 할 뿐이다. 왜 사람들이 건강하지 못한 생활을 하는가에 대한 근원적 질문에 대하여 우리사회도 해답을 찾아야 하고, 해답을 구하기 위한 정책적 노력을 강구해야 한다.

모두들 올 한해는 작년 한 해보다 더 어려울 것이라고 한다. 우리사회의 의지와는 무관하게 전 세계적인 경제 상황이 더욱 악화될 것이라는 이유도 있겠지만, 더 중요한 건 외부적 충격에서부터 국민들의 삶을 보호하기 위한 사회안전망이 우리사회에서 워낙 빈약하여 외부 충격에 훨씬 큰 타격을 받게 될 가능성이 높다는 점이다. 그리고 사회안전망의 확충에 대한 현 정부의 의지 역시 박약하다는 점이다. 부자감세로 대표되는 상류층으로의 부의 집중, 토목사업 등 고용 창출 효과가 별로 없는 사회간접자본에 대한 대대적 투자, 고용의 불안정을 더욱 심화시키는 노동정책, 사적 교육정책으로 인한 출발선부터의 불평등 고착화 등 국민들의 건강에 절대 도움이 되지 않는 사회경제 정책들이 올해에는 보다 본격화될 것이기 때문이다.

모든 국가정책의 목적이 건강이 되어야 함을 말하고자 하는 것이 아니다. 다만, 국가의 모든 정책은 국민 건강을 고려해야 하고, 사회계층 간 건강불평등을 줄이는 것을 고려하는 정책이 되어야 하지 않을까? 그것이 국민을 섬기고 국민의 삶을 보장하는 실용적 정부가 해야 할 기본적 임무가 아닐까? 사회가 건강해져야 국민들도 건강해진다. 건강한 사회를 만들기 위한 정부 정책의 근본적 전환을 촉구한다.

복지국가
조세재정

한국 사람들이 살기 어려운 근본적인 이유
OECD 통계연보로 본 한국 민중의 고달픈 삶

홍보위원회 | 논평 2009년 4월 9일

경제협력개발기구가 회원 국가들의 여러 가지 사회경제 지표들을 매년 취합, 비교하는 "2009년 통계연보"를 보면, 다른 OECD 국가들에 비해 우리나라 사람들이 왜 이렇게 살기 어려운지? 단적으로 표현해주는 여러 지표들이 등장한다.

우선, 한국인들이 가장 긴 시간 동안 일하는 것을 다시 한 번 확인할 수 있다. 한국인의 연간 노동시간은 2007년 기준 2,316시간으로 회원국들의 평균(1768시간)을 크게 웃도는 1위를 기록했다. 하루 8시간 근무를 한다는 가정을 해 보면, 일 년에 289.5일을 근무하는 셈이다. 이는 일요일과 공휴일을 빼면 아직도 실질적으로는 주 6일 근무를 하는 것과 마찬가지 수준이다.

경제협력개발기구에 소속된 국가들은 더 이상 근로시간의 연장이나 저가의 노동력에 근거하는 것이 아니라, 가족과 같이 할 수 있는 충분한 휴식과 새로운 지식과 기술을 습득하고 학습할 수 있는 시간, 그리하여 창조적인 활동에 투자할 수 있는 여유를 통해 경제 성장을 이루어내고 있다. 이렇게 보면, 근로시간의 문제는 단순히 노동 강도의 문제가 아니다. 이는 우리나라의 경제성장을 결정하는 기술혁신력과 생산성을 좌우하는 핵심적인 문제이다. 대졸 초임자의 임금 삭감으로 마련한 재원을 바탕으로 신규 고용을 확대하는 대신, 근로시간 단축과 4교대 근무제 도입 등이 더 필요한 이유도 여기에서 확인할 수 있다. 지금 우리나라에 필요한 것은 일자리 나누기(job share)가 아니라, 일 나누기(work share)인 것이다.

OECD 통계연보는 우리나라 국민들의 연간 교육비 지출 또한 적지 않다는 사실도 확인해주고 있다. 우리의 교육비 지출 규모는 국내총생산(GDP) 대비 7.2%로 회원국들의 평균(5.8%)을 넘어 핀란드, 스웨덴 등 세계 최고의 교육 선진국들의 수준을 보이고 있다. 그런데 문제는 이렇게 높은 교육비 지출 비율의 내부 구성이다. 우리나라 교육비 지출 중 민간 부문의 교육비 지출은 2.9%로 OECD 평균(0.8%)의 5배에 이르고 있다. 반면 공공 부문의 교육비 지출은 4.3%로 OECD 평균(5.0%)을 밑도는 것으로 나타났다. 비대해진 민간부문 교육비 지출로 인해 전체 교육비 지출 규모가 커진 것이다. 이 때문에 우리는 교육부문에 가장 많은 돈을 쓰면서도 낮은 수준의 교육 만족도 밖에는 누리지 못하고 있다. 결국 교육에서 정부의 역할과 공공성이 미약하여 교육의 성과가 부족하고 거시적 효율성이 저조한 것이다.

어차피 국민들이 세계 최고 수준의 교육비를 부담할 상황이라면, 같은 액수의 돈을 사교육비로 지출할 것이 아니라, 공교육에 포함하여 지출하도록 하는 것이 올바르다. 우리 '복지국가society'는 이렇게 될 경우 세계 최고 수준의 교육 환경을 구축할 수 있음을 누누이 강조해 왔다. 이 같은 주장의 정당성도 바로 이 지표를 통해 확인할 수 있는 것이다.

지니계수는 소득 불평등 정도를 0과 1 사이 숫자로 나타내는데, 0에 가까울수록 소득이 균등하게 배분됨을 뜻한다. 덴마크(0.23), 스웨덴(0.23), 룩셈부르크(0.26) 등 북유럽의 복지국가들의 지니계수가 상대적으로 낮은데 비하여, 우리나라의 지니계수는 0.31로, 조사 대상 29개국 가운데 13번째로 높았다. 그러나 다음의 자료들을 보면, 유독, 이 지수만 회원국들의 중간쯤 된다고 좋아하기에도 이른 것 같다.

　세전 소득에 대한 비교가 아니라 세금과 공적 부조 등의 국가의 역할을 통해 교정된 '세후 소득'으로 지니계수의 개선 정도를 비교해 보면, 스웨덴은 0.121, 벨기에는 0.119, 덴마크는 0.118 로 낮아진다. 즉, 이 나라들의 경우 정부의 재분배 정책을 통해 평균적으로 0.078 지니계수만큼 소득분배의 불평등이 완화되는 것이다. 이에 비해, 우리나라는 세후 소득으로 계산한 지니계수가 세전의 시장소득에 비해 단지 0.011 낮아지는 데 그치고 있다. 이는 정부의 소득재분배 정책을 통한 소득불평등 완화 정도가 OECD 회원국 평균(0.078)의 7분의 1에 그친다는 얘기가 된다. 적어도 소득재분배라는 측면에서 본다면, 우리나라 정부는 경제협력개발기구 정부들이 하는 역할의 14%만을 하고 있는 셈이다. 가히 작고 무능한 정부다.

　특히 실질적으로 국민들이 느끼는 체감 생활비의 수준을 반영해 줄 수 있는 지표인 소득재분배액이 가계 가처분 소득에서 차지하는 비율을 보면, 이러한 차이가 더욱 극명하게 드러난다.

　경제협력개발기구 회원국 가운데 오스트리아는 전체 가처분 소득의 36.6%가 각종 공적 부조의 형태로 정부를 통해 개별 가계로 이전되는 '이전 소득'인 것으로 나타났다. 이러한 '이전 소득'의 규모는 프랑스(32.9%), 스웨덴(32.7%)이 30% 이상의 수준이고, 회원국 평균은 21.4%에 이른다. 이에 비해 우리나라는 단지 3.6%에 그치고 있다. 상위권 국가들의 1/10 수준에 불과

한 것이다. 즉, 우리나라는 현 정부가 강부자, 고소영 정책을 추진하지 아니하더라도 이미 중산층과 서민들은 가장 살기 어려운 나라, 상위 고소득층은 가장 살기 좋은 나라인 것이다.

한미 FTA에 이어 한-유럽 FTA 등 개방과 세계화를 최고의 가치로 여기며, OECD 수준의 규제 완화와 경제 질서를 주장하는 대기업과 기획재정부의 신자유주의자들은 이러한 경제사회 통계는 왜 애써 외면하려 하는지 대답해야 할 것이다.

또한 우리 국민들은 이제 감세 아닌 증세가, 작은 정부가 아닌 보편적 복지를 추구하는 제대로 된 '책임 있는 큰 정부'가 가계의 가처분 소득 증진에 더 유리하다는 것을 알아야 한다. 오늘날 우리나라가 우리의 잘못도 아닌 미국발 경제 불황 때문에 전 국민이 이렇게 고통을 받아야 하는 이유 중의 하나도 세계적으로 낮은 소득 재분배율과 이로 인한 실질적인 가처분 소득의 부족에 그 원인을 두고 있다. 보육·교육·노동·복지·보건의료·노인 요양·주거 등에 대한 국가의 보편적 역할이 방기되고 있는 것에서 기인하는 측면을 OECD 통계연보가 잘 보여주고 있다.

마지막으로 자살통계를 보자. 우리나라의 자살률은 인구 10만 명당 18.7명(2007년)으로 헝가리(22.2명), 일본(19.1명) 다음으로 높았으며, 노인 인구를 제외한 20대와 30대의 자살율은 세계에서 가장 높다. OECD 회원국 평균(79.0살)과 큰 차이가 없는 한국인의 평균 수명(79.1살)에도 불구하고 40대의 사망률은 여전히 1위를 보이고 있다. 초등학교부터 일제고사를 시작하여 중고등학교를 거쳐 대학 진학까지, 그리고 졸업 후 취업까지 극심한 경쟁 속에서 살아야 하는 우리 젊은이들은 높은 자살율로 자신의 고통을 표현하고 있는 것이다.

이보다 더 참혹한 것은, 한국의 가장들이 각종 과로와 스트레스, 이로 인한 성인병으로 세계에서 가장 많이 죽어가고 있다는 것이다. 앞서 언급했듯이 소득재분배 등에 대한 국가의 역할이 다른 회원국들의 14% 정도에 그치고 있어, 한국의 가장은 가계의 모든 부담을 혼자 짊어져야 하기 때문이다.

이제 우리 국민들이 잘 사는 길은 부자 증세를 포함한 적정 수준의 담세와 보편적 복지의 제도화 등으로 국가의 역할을 크게 강화하여 소득불평등과 경제사회의 양극화를 줄이고 전체 가계의 가처분 소득을 늘리려는 정치세력을 선택하는 것이다. 이는 우리나라 젊은이들이 자살하지 않고 살아남는 길이 공교육 강화를 통해 야만의 경쟁이 아니라 협력과 다양성이 보장되는 사회를 만드는 선택이며, 우리나라의 40대 가장들이 세계 최고 수준의 노동 강도 속에서 서서히 죽어가지 않도록 하는 길이기도 하다.

어떠한 정치세력이 우리를 더불어 잘 살게 해 주는지, 어떠한 정책들이 우리를 억울하게 죽어가지 않도록 하는지, 장차 우리가 지향해야 할 경제사회의 모습이 어떤 것인지, 이제는 국민들이 되돌아보고 결정해야 할 때다.

● 복지국가, 조세제정

'친서민 중도실용'은
복지재정에 반영되고 있는가?

윤태호 | 칼럼 2009년 11월 23일

    정부와 여당은 친서민 중도실용 노선이 국민적 신뢰를 받고 있고, 그 결과가 지지율 상승으로 이어졌다고 반기면서, 이를 계속해 나갈 것임을 강조하고 있다. 이에 대해 시민사회와 야당에서는 친서민 중도실용 노선이 정치적 수사에 지나지 않고, 그 실체가 불분명하다는 점을 연일 강조하고 있다. 그러므로 현 정부의 이러한 정책 기조 전환이 향후 중기적인 복지예산에 얼마나 반영되어 있는지를 분석해 봄으로써 그 실체를 파악해 보고자 한다.

    경제위기를 경험하고 친서민 중도실용이 국정의 핵심과제로 부각된 이후에 작성된 정부의 '09-'13년 재정운용계획에서, 실질성장률은 2009년에 -1.5%로 침체를 보였다가 2010년에는 4%로 회복되고, 이후 2013년까지는 5% 내외로 유지되는 것으로 전망하였다. 이는 이명박 정부 출범 직후에 작성된 '08-'12년 계획에서의 2012년까지 7% 경제성장을 포기한 것이며, 오히려 참여정부 말기에 작성된 실질성장률 예측치인 4.8%와 거의 일치하는 것이다.

    그런데 7% 경제성장을 기반으로 작성된 '출범 직후의 기획'에 따라, 이미 법인세 인하 등의 대폭적인 부자감세를 강행하였기 때문에 정부의 희망대로 2010년부터 성장률이 다소 회복되더라도 국가재정 수입은 악화되는 경로를 밟지 않을 수 없게 되었다. 우리 경제가 세계적 경제위기라는 외부적 충격에 크게 영향을 받았던 탓에, '09-'13년 재정운용계획에서는 2013년에 이르러서야 단기 국가재정의 적자가 해결되는 것으로 예상되고 있다. 작은 정부를 지향하며 균형재정을 신주단지 모시듯 하던 현 정부가 국가재정의 적자 규모를 더 키운 것은 아이러니한 일이다.

현 정부의 '친서민 중도실용' 의지가 반영된 '09-'13년 재정운용계획에 따르면, 복지지출(총지출 대비)은 2010년 81.0조 원(27.8%), 2011년 85.3조 원(27.8%)이다. 현 정부 출범 직후 작성된 '08-'12년 계획에서 복지지출(총지출 대비)은 2010년 80.3조 원(27.6%), 2011년 87.2조 원(28.2%)이었으므로, 이에 비해 비슷하거나 오히려 더 낮은 수치였다. 뿐만 아니라, 참여정부 말기 계획의 복지지출이 2010년 81.9조 원(28.0%), 2011년 88.9조 원(28.6%)이었던 데 비해서도, 절대금액이나 총지출 대비 비율 모두에서 더 낮았다.

현 정부에서 역대 최고의 복지예산으로 규정하였던 2010년 복지예산은 경제위기로 인한 실질성장률 전망치의 하향 조정이 있었음을 고려하더라도, 친서민 중도실용의 정책의지가 복지예산에 적극적으로 반영되었다기보다는 기존 복지예산의 증가 추이와 별반 다르지 않거나, 오히려 더 악화되었음을 확인할 수 있다. 또한 복지예산의 연평균 증가율은 '07-'11년 계획에서는 9.7%, '08-'12년 계획에서는 8.7%, '09-'13년은 6.8%로 계속 낮아지고 있는 것이다. '작은 정부'의 의지가 적극 반영되었다고 볼 수 있는 '08-'12년 계획보다 친서민 중도실용의 의지를 밝힌 '09-'13 계획에서 2011년부터의 복지지출이 절대금액이나 '총지출 대비 비율' 모두에서 오히려 더 낮게 책정되었다.

표1. 최근 3년 간 국가재정운용계획에서의 복지 지출 비교 (단위: 조 원, %)

기간	구분	'07	'08	'09	'10	'11	'12	'13	연평균 증가율
2007-2011	실질성장률	4.6	5.0	4.8	4.8	4.8			
	총수입	250.6	274.2	291.7	311.7	333.9			7.4
	총지출(A)	234.8	257.2	274.1	292.1	311.2			6.9
	복지지출(B)	61.4	67.5	74.7	81.9	88.9			9.7
	B/A	26.1	26.2	27.3	28.0	28.6			
2008-2012	실질성장률		4.7	4.8-5.2	5.2-5.6	5.8-6.2	6.6-7.0		
	총수입	274.3	295.0	314.7	339.2	367.0		7.6	
	총지출(A')		257.2	273.8	290.9	308.7	326.7		6.2
	복지지출(B')		67.7	73.7	80.3	87.2	94.4		8.7
	B'/A'		26.3	26.9	27.6	28.2	28.9		
2009-2013	실질성장률		-1.5	4.0	5% 내외	5% 내외	5% 내외		
	총수입(추경포함)		291.0 (279.8)		287.8	309.5	337.6	361.7	5.6
	총지출(A'')(추경포함)	(301.8)	284.5	291.8	306.6	322.0	335.3	4.2	
	복지지출(B'')(추경포함)	74.6 (80.4)	81.0	85.3	90.7	96.6	6.8		
	B''/A''		26.2	27.8	27.8	28.2	28.8		

● 자료원: 대한민국정부. 2007-2011년 국가재정운용계획. 2007 / 기획재정부. 2008-2012년 국가재정운용계획. 2008 기획재정부. 2009-2013년 국가재정운용계획. 2009

    그러함에도 불구하고, 2010년 복지예산이 사상 최대 규모라고 홍보하는 이유는 무엇일까? 이는 복지예산의 구조적 특성에서 기인한다. 복지예산은 타 예산부문에 비해 의무지출(기초생활보장급여, 기초노령연금, 장애수당·연금, 보육료 지원, 장기요양보험 지원, 국민건강보험 지원, 공적연금, 고용보험, 산재보험, 보훈)이 차지하는 비중이 매우 높다. 국회 예산정책처(2010년도 예산안 분석, 2009)에 따르면, 주택을 제외하였을 경우 이들 의무지출 예산이 차지하는 비중은 2009년 본예산 기준으로 90.3%, 추경예산 포함 시에는 86.6%, 2010년 예산안 기준으로는 90.0%였다.

2009년 추경예산에서는 경제위기의 극복 등을 위해 이들 의무지출 외의 재량지출 예산의 규모가 증가하였으나, 2010년 예산에는 이들 재량지출 규모가 대폭 삭감되고, 결국 의무지출 항목들이 다시 중심이 된 것이다. 국회 예산정책처 보고서에서도 "사회안전망 등 복지재정에 상당한 배려를 한 모습이나, 어려운 재정 여건으로 의무지출의 비중이 증가함에 따라 복지예산에서 재량지출의 규모는 예년보다는 미흡한 수준으로 보인다"고 평가한 바 있다. 복지예산의 특성을 고려하지 않고, 단순한 수치로만 평가를 내려서는 안 되는 것이다. 이러한 복지예산의 특성 상, 앞으로도 매년 사상최대 규모는 갱신될 수밖에 없는 것이다.

2009년 추경예산까지 포함했을 경우, 2010년 복지예산은 6천억 원 가량 증가했을 뿐이며, 추경예산에 반영되지 않았던 연금이나 보험의 자연증가분을 고려한다면, 오히려 감소한 것으로 보인다. 2009년 본예산 복지항목 중 추경예산에 반영되지 않은 의무지출 항목으로는 기초노령연금, 건강보험지원, 장기요양보험 지원, 보육료 지원, 공적연금, 산재보험, 보훈 등으로 이들 항목의 2010년 예산규모는 3조 6천억 원 가량이다.

따라서 친서민 중도실용 노선을 강조하였음에도 불구하고, 이러한 정책 노선은 복지예산에 매우 미미하게 반영되었거나, 추경예산을 기준으로 한다면 오히려 더 악화된 것으로 평가할 수 있다.

현 정부의 '친서민 중도실용'의 정책 의지가 적극 반영되었다고 평가내릴 수 있는 2009~2013년 국가재정운용계획의 복지지출도 기실 과거의 그것과 별 차별성이 없으며, 오히려 정부 출범 직후에 작성된 '08-'12년 계획에 비해서도 연도별 복지지출 전망에서 별반 차이가 없거나 더 낮은 것으로 파악되었다.

결국, '친서민 중도실용'이 정치적 수사로 활용되는 것이 아니라, 민생에 직접적으로 다가서기 위해서는 국가복지의 대대적인 확대를 지향하는, 현재의 정부지출 구조와 복지재정에 대한 종합적이고 전향적인 재검토가 요구된다 하겠다.

이명박 정부의 복지예산 정말 늘어난 것일까?
복지예산이 증가한 것이 아니라 복지로 분류되는 항목이 증가한 것이다

홍보위원회 | 논평 2009년 10월 8일

2009년 10월 초에 '09년~'13년까지의 국가재정운용계획이 발표되었고, 이와 동시에 국무회의를 통과한 정부의 내년도 예산안이 국회에 제출되었다. 정부가 발표한 이 계획에 의하면, 2010년도 정부의 재정운용 목표는 경제 활력의 회복, 서민생활의 안정, 그리고 재정건전성의 확보로 요약된다. 예산의 총 규모는 291.8조 원으로 올해에 비해 2.5% 증가하였으며, 이 중 보건복지 예산은 전년대비 8.6%의 증가율을 보였다. 분야별로 보더라도 보건복지 예산은 81조 원으로 전체 예산의 27.8%를 차지하였다. 정부는 이러한 수치들을 근거로 이명박 정부의 복지지출 비중이 역대 최대임을 강조하고 있다.

하지만 복지예산의 내용을 자세히 살펴보면, 과연 이번 예산안이 사상 최대의 복지예산인지 의문을 갖지 않을 수 없게 된다.

첫째, 이번 복지예산 편성은 새로운 복지 부문을 창출한 것이 아니라 단순 자연증가분을 상당히 포함하고 있다. 즉 과거의 복지예산과 차별성은 거의 없고 단지 수치상의 증가분만을 보이는 구석이 많다는 것이다. 복지예산은 자연증가분이 반영되는 항목들이 많기 때문에 단지 숫자상의 증가는 큰 의미가 없다.

추경을 포함한 수치로 계산한다면, 이번 복지예산 증가율은 사실상 동결에 가깝다는 주장도 있다. 9.5% 증가한 연금과 같은 법정예산은 정책의지와 관계없이 늘어나는 것이고, 기초생활보장예산 증가율 2.2%는 물가상승률에도 미치지 못하는 수준이기 때문이다. 단지 수치상으로만 따진다면, 현재의 복

● 복지국가, 조세재정

지예산 항목이 전혀 변함이 없는 상태에서도 기초생활보장, 국민연금 등의 자연증가분만으로도 복지예산은 2011년에 또다시 역대 최대가 될 것이 틀림없다.

둘째, 복지 분야의 신규 사업을 위한 예산이 늘어난 것도 아니다. 물론, 정부는 새로운 복지 지출을 크게 늘렸다고 말한다. 정부는 보건복지 분야의 대표적인 새로운 사업으로 기초생활보호 대상자와 차상위층의 빈곤 해소를 위한 취업 지원과 자활능력 확충에 3,984억 원을, 보금자리주택 공급을 13만 가구에서 18만 가구로 확대하는데 83,348억 원을, 중증장애인 연금의 신규 도입에 1,474억 원을 투입하고 있음을 강조하고 있다.

그러나 경제위기로 인해 실업자로 전락된 사람들을 구제하기 위해 약 1천억 원 정도 늘어났다고 하는 기초생활보장 수급자와 차상위층의 취업 지원과 자활능력 확충에 관련된 예산은 실제로는 수급자 수가 2009년 158.6만 명에서 2010년 163.2만 명으로 4.6만 명 늘어난 것에 비하면 예산은 6.9조 원에서 7.0조 원으로 거의 변함이 없는 수준이다. 맞춤형 복지라는 이름으로 대상자 개인별로 지급되던 기존의 예산을 줄이는 방안이 아니면 불가능할 것인데, 어떻게 할 것인지에 대해서는 아직 구체적인 운영방안이나 산출근거에 대한 설명은 없는 것 같다.

중증장애인 연금의 경우도 유사하다. 온갖 생색을 내면서 신규로 도입된 중증장애인 연금은 기존의 장애수당이 폐지되면서 전환되는 것이며, 대상자와 지원 규모 등 내용적으로도 거의 차별성이 없다. 현재 장애수당은 최저생계비 120% 이하인 장애인을 대상으로 기초수급자에게는 월 13만 원을, 차상위계층에게는 월 12만 원을 지원하고 있는데, 장애인 연금에서는 최저생계비를 150%로 상향 조정하되 기초수급자에게는 월 15만 원을, 차상위계층에게는 월 14만 원을, 그리고 그 외의 경우에는 9만 원을 지급하도록 하고 있다. 즉, 기초수급자와 최저생계비 120% 이하인 차상위계층에게 단지 2만 원을 증액했을 뿐이다. 전체 지원 규모도 장애수당은 1,090억, 장애인연금은 1,474억 원으로 별 차이도 없다. 그야말로 조삼모사이고 용두사미다.

셋째, 복지예산의 분류에 결정적인 문제가 있다. 서민주거 안정을 위한다는 명목 하에 추진되는 보금자리주택 공급과 관련하여 총 2조 7천억 원의 예산이 증액되었다. 이는 전체 보건복지예산 증가 금액인 6조 4천억 원의 40%에 달하는 규모다. 하지만, 과연 보금자리주택 공급이 복지예산에 포함되는 것이 적절한지 의문을 갖지 않을 수 없다. 주택은 사람이 살아가는 기본적 재화이므로 넓은 범주에서는 복지예산에 포함시킬 수 있을지도 모른다. 그러나 그러한 논리라면 보금자리주택 외의 국토해양부에서 추진하는 도로와 항만 등 각종 건설 사업들을 모두 복지예산에 포함시켜야 할 것이다. OECD 국가에서는 통상 주거비 지원이나, 주택임차료 보조 수당 등을 주거와 관련된 복지비용으로 분류하고 있다.

결국 정부가 발표한 '사상 최대의 복지예산'은 새로운 복지 부문을 창출한 것이 아니라 기존 예산의 카테고리를 '건설'에서 '복지'로 바꾸었기 때문에 그렇게 된 측면이 있다. 이것은 복지예산이 증가한 것이 아니라 '분류법의 변화' 때문에 복지로 분류되는 항목이 증가한 것에 불과하다.

넷째, 보건복지예산 중에는 오히려 감축된 항목도 있다. 일자리 관련 예산은 올해 4.7조 원에서 3.5조 원으로 감액되었는데, 이는 근본적인 정책의 목적과 대상이 분명하지 않아 부실하다는 지적을 받고 있는 "희망근로사업"에 대한 비난을 의식하고, 내년에 어느 정도 경제상황이 회복될 것이라는 자신감에서 비롯된 것으로 보인다. 그러나 설령, 경제성장률이 회복되는 등 경제상황이 나아지더라도 이에 비례하여 일자리가 늘어난다는 보장은 없다. 특히 정부에서 발표하는 경제회복 지표들과 실제 서민들의 실체 체감하는 삶과는 괴리가 너무 크다는 점을 고려한다면, 일자리 예산을 줄인 것 등은 선뜻 이해가 되지 않는 지점이다.

국민의 입장에서 볼 때, 올해와 내년의 실질적인 예산이 별 차이가 없는 상황에서, 전체 예산 대비 증가율이나 타 분야 예산 대비 증가율을 얘기하는 것은 별 의미가 없다. 이는 내용상의 차이도 없으면서 포장만 화려하게 꾸며대는 전형적인 생색내기에 지나지 않는다. 따라서 우리 복지국가소사이어티는 '복지 예산 비중이 역대 최고'라는 정부의 주장은 여론을 호도하고 국민을 우롱하는 일종의 '과장 광고'라고 생각한다.

속빈강정 복지예산, 국회가 바로 잡아야

이창곤 | 칼럼 2009년 11월 9일

예산, '그들의 것이 아닌 우리의 것'

　국회가 조만간 내년도 예산안 심의에 들어갑니다. 사람들은 '예산'을 '어렵고 골치 아프다'거나 '내 일이 아닌 그들의 일'이란 반응을 보이기 일쑤입니다. 이런 반응은 예산의 심의와 결정에 국민이 소외돼 온 까닭입니다. 그간 예산은 주로 권력자나 관료들의 영역일 뿐이었습니다. 국회가 국민을 대신해 예산을 결정한다고는 하나, 실제로는 정부가 짜 놓은 틀의 범위 안에서 계수를 조정하는 수준이었습니다.

　정부의 예산이란 본디 국민의 주머니에서 나오는 돈입니다. 월급쟁이의 소득세에서 상품에 붙은 부가가치세에 이르기까지, 국민이 지불한 돈들이 바로 정부예산의 원천입니다. 정부의 곳간을 채우는 주체는 이처럼 국민입니다. 그러니 곳간의 돈을 제대로 쓰는지, 어디에 쓸 건지 따지고 결정하는 권리도 국민에게 있습니다.

　필자는 최근 '2010년 보건복지예산의 평가와 과제'란 토론회에 패널로 참석했습니다. 한국보건사회연구원이 연 토론회로, 국회심의를 앞둔 상황에서 나름의 의미가 적잖았으나, 한계가 명확하였습니다. 아니, 예산에 대한 무관심과 몰이해를 재확인하는 자리란 느낌마저 들었습니다. 10여명에 불과한 청중에다, 복지부 관료는 초청에도 불구하고 숫제 참석조차 하지 않았습니다.

　이미 공이 국회로 넘어간 만큼 더는 할 말이 없다는 태도인지? 나라의 가계부를 그저 '그들'의 몫으로만 여기는 건지? 정부의 살림살이를 두고 정부,

● 복지국가, 조세재정

시민사회, 학계 등이 진지하고 치열한 논쟁을 벌이고, 이런 결과가 국회의 예산안 심의와 결정에 반영되는 모습은 상상 속에서만 가능한 일인가요?

예산에 대한 국민의 관심은 당연한 권리입니다. 정부의 예산안이 예산 결정의 최종 지점이 되어선 결코 안 됩니다. 이유는 굳이 긴 설명이 필요 없겠지요? 자신의 살림살이를 남에게 맡겨두고 살림이 제대로 꾸려질 수 있겠습니까? 자신이 거둔 땀의 결과로 마련한 돈과 재산을 자신의 행복을 위해 스스로 쓰지 못하고 남에게 맡겨 처분대로 사는 것, 이거 억울한 인생 아닙니까?

예산안은 정부의 정책 방향의 시금석

예산은 흔히 '정책의 숫자적 표현'이라고 말합니다. 단순한 수치가 아니며, 예산안을 짠 해당 정부의 정책 기조와 내역, 나아가 철학이 담겨있다고 볼 수 있을 겁니다. 서민을 위한다며 목소리 높인다고 해서 서민정부가 아니고, 복지를 외친다고 해서 복지정부가 되는 것은 아닙니다. 나랏돈을 실제로 서민과 복지를 위해 사용할 때 이런 수식이 가능한 것입니다.

2010년도 이명박 정부의 예산안은 이 정부가 나랏돈을 어디에 얼마나, 어떻게 쓸 것인지 그 정책 방향과 의도를 읽을 수 있으며, 국회의 예산 심의는 바로 이를 놓고 어디에 얼마를 더 보태고 더 뺄 것인가를 결정하는 것입니다. 이 결정이 이뤄지면, 이를 쫓아 정부가 돈을 쓰는 것입니다. 국회 심의는 내년도에 쓸 돈을 결정하는 최종 관문이라고 할 것입니다.

예산 또는 정부 재정의 여러 분야 중에서 보통 가장 논쟁적인 지점은 복지 분야입니다. 왜냐하면 큰 정부와 작은 정부, 성장과 복지 등 가치 지향이 반영되는 치열한 담론 영역의 성격 때문입니다. 내년도 예산안을 보셨습니까? 이번 예산안은 현 정부의 두 번째 예산안인데, 집권 초 예산이나 추경예산과는 달리 온전히 이명박 정부의 정책의지와 특징, 특히 최근 들어 부쩍 주창해 온 '친서민중도실용' 정책의 실체를 엿볼 수 있습니다.

표2. 2010년 예산안 비교 (단위: 조 원)

구분	'09년 본예산 (A)	'09년 추경 (B)	'10년 예산안 (C)	증감 본예산 대비 C-A 금액	증감 본예산 대비 C-A %	증감 추경 대비 C-B 금액	증감 추경 대비 C-B %
1. R&D	12.3	12.7	13.6	1.3	(10.5)	0.9	(7.0)
2. 산업·중기·에너지	16.2	20.8	14.4	△1.8	(△10.9)	△6.4	(△30.7)
3. SOC	24.7	25.5	24.8	0.1	(0.3)	△0.7	(△2.7)
4. 농림수산식품	16.8	17.4	17.2	0.4	(2.1)	△0.2	(△1.1)
5. 보건·복지·노동	74.6	80.4	81.0	6.4	(8.6)	0.6	(0.7)
6. 교육	38.3	39.2	37.8	△0.5	(△1.2)	△1.4	(△3.5)
7. 문화·체육·관광	3.5	3.6	3.7	0.2	(7.8)	0.1	(2.7)
8. 환경	5.1	5.7	5.4	0.3	(5.1)	△0.3	(△5.2)
9. 국방(일반회계)	28.5	29.0	29.6	1.1	(3.8)	0.6	(2.0)
10. 통일·외교	3.0	3.0	3.4	0.4	(14.7)	0.4	(13.3)
11. 공공질서·안전	12.3	12.4	12.9	0.6	(4.3)	0.5	(4.0)
12. 일반공공행정	48.6	51.6	49.5	0.9	(1.8)	△2.1	(4.0)
계	284.5	301.8	291.8	7.3	(2.5)	△10.0	(△3.3)

● 기획재정부 관련 자료를 재구성. 굵은 글씨가 '예산안 개요' 수치. 실제 증감은 추경대비 수치를 보아야 함.
출처: 사회공공연구소

● 복지국가, 조세재정

2010년 정부 예산(안)의 총수입 및 총지출 규모는 290조 원 안팎입니다. 이 가운데 기금을 포함한 복지예산의 지출 규모는 81조 원입니다. 정부는 이를 두고 복지 분야 예산의 비중이 전체 정부지출액 대비 27.8%에 달해 "복지 분야에 역대 최고의 예산 비중을 실현하게 되었다"고 평가했습니다.

우선 수치만으로 보면, 정부지출액 대비 복지예산의 비중은 '2008년 26.2%, '2009년 추경 26.8%에 이어 가장 높은 수준입니다. 증가율도 8.6%'에 이릅니다. 이것만 보면 정부의 평가가 틀렸다고만 할 수는 없습니다.

역대 최대 규모의 예산증가, 그 실체는?

정말 그러한가요? 그 속을 뜯어보면, 정부의 이런 주장은 상당히 어폐가 있습니다. 전년 대비 복지예산의 순증가분은 6조 4천억 원인데, 그 구성을 보면, 공적연금 2.2조 원, 실업급여 0.2조 원, 기초노령연금 0.3조 원, 건강보험 0.2조 원 등이 포함돼 있습니다. 이들을 합치면 3조 원 가까이 됩니다.

복지예산 증가액의 상당액이 국민연금의 성숙에 따른 급여 증가, 기타 실업급여 및 공적연금의 급여 증가, 기초노령연금 및 건강보험지원 등 법정지출에 따른 것입니다. 여기에 보금자리주택 13만호 공급을 위해 2조 6천억 원의 추가투여분이 있습니다. 둘을 합하면 5조 6천억 원에 이릅니다. 순 증가분 6조 4천억 원의 대부분을 차지하죠. 그렇다면, 정부의 재량에 따른 순예산 증가는 기껏 8천억 원 정도라고 계산할 수 있겠습니다.

정부지출액 대비 역대 최고의 복지예산 비중이란 것도 알고 보면 세수 감소에 따라 초래된 반사효과란 지적도 나옵니다. 이태수 꽃동네현도사회복지대학 교수는 "이는 세수 감소로 인한 정부의 총수입이 축소된 결과에 힘입은 반사효과"라고 평가했습니다.

표3. 복지지출의 비중 추이

	'07	'08	'09본예선	'09추경	'10안
복지지출(조원)	61.4	68.8	74.6	80.4	81.0
복지지출/총지출(%)	25.8	26.2	26.2	26.6	27.8

● 출처: 이태수 꽃동네현도사회복지대학 교수

2009년 예산 총수입이 291조 원입니다. 2010년 예산안에서 총수입은 287.8조 원입니다. 본예산 기준으로 수입이 3.2조 원이나 줄었습니다. 이런 상황에서 복지지출이 6.4조 원이 늘어난 것이니 비중은 당연 늘게 마련인 것이죠. 증가율 8.6%도 생색낼 일이 아닙니다. 참여정부 때 복지예산은 '03년 41.7조 원에서 '08년 67.5조 원에 이르렀습니다. 5년간 연평균 10.1%의 증가율을 보였던 것입니다.

복지예산 내역에 포함된 보금자리주택 예산에 대한 논란도 있습니다. 이걸 복지예산에 포함시키는 게 맞느냐는 반론이 우세합니다. 공공임대와 관련된 예산은 포함될 수 있습니다. 하지만 내년에 공급될 18만호 중 공공임대가 아닌 일반 분양이 8.5만호에 이른다고 합니다. 8.5만호와 관련된 예산은 복지예산이 아닙니다.

속빈강정 보건복지가족부의 예산

복지예산 전체가 아닌, 보건복지가족부의 예산은 어떤가요? 기금(11조 6,600억 원)을 제외한 2010년 복지부 예산은 일반회계와 특별회계를 합하여 19조 4천억 원입니다. 전년 추경예산과 대비할 때 약 3천억 원, 1.5% 감소된 예산이며, 본예산 대비 9,700억 원, 5.3% 증가된 예산 규모입니다.

하지만 정작 취약계층과 서민의 삶과 관련된 예산 배정은 미미하거나, 몇몇 사업은 되레 줄었습니다. 지난해 보다 늘어난 것을 보면 영유아보육의 확대 3,500억 원, 기초생활보장 대상자 확대 1,600억 원, 노인장기요양보험 확대 1,300억 원, 장애연금 하반기 도입 300억 원입니다. 친서민정부의 예산 치고는 너무나 인색합니다.

한국개발연구원(KDI)이 최근 발표한 「우리나라 빈곤 변화 추이와 요인 분석」 보고서를 보면, 우리나라의 빈곤층 비중을 보여주는 지표인 상대빈곤율은 2008년 14.3%로, 2000년(10.5%)보다 3.8% 포인트나 높아졌습니다. 이런 지경인데 빈곤층을 위한 예산배정은 미미하기 이를 데 없고, 더욱이 기초생활분야 사업 중 한시생계보호 사업은 아예 전액 삭감돼 사업 자체가 종료되고, 긴급복지 예산은 올 추경에 비해 도리어 삭감됐습니다.

경기가 좋아진다고 빈곤이 당장 해결되는 것은 아닙니다. 지속적 지원은 그래서 필요합니다. 우리사회는 이미 3~6개월 지원했다고 해서, 경기가 좀 나아졌다고 해서 빈곤층의 삶이 당장 좋아지는 구조가 아닙니다. 일할 수 있는 빈곤층이 노동시장으로 진입할 수 있게 지속적으로 관리해줘야 하는 이유가 여기에 있는 것입니다. 참여연대 사회복지위원회의 분석을 보면 장애인, 노인, 아동복지, 청소년복지예산 등도 사실상 전년도에 비해 삭감됐습니다.

표4. 보건복지가족부 장애인복지 예산 (단위: 백만 원)

	구분	'09예산	'10예산요구안 (6월 제출)	'10예산안 (10월 제출)
일반회계	장애인복지	546,341 (추경 미포함)	814,889 (49.2% 증액)	647,540 (16.4% 증액)
에너지 및 지원사업 특별회계	장애인 차량 LPG지원	110,500	7,750 (-93% 감액)	7,365 (-93% 감액)
농어촌구조개선 특별회계	농어촌장애인 주택개조사업	1,900	1,900	1,900
책임운영기관 특별회계	국립재활원	40,097	26,634 (-33.6%)	23,311 (-41.9%)
합계		698,838	851,173 (21.8%)	680,116 (-2.7%)

● 「2010년도 보건복지가족부 예산(안)및 기금 운용계획(안) 개요」. 2009. 10.
출처: 좌혜경 진보신당 정책위원

진정 서민을 위한 예산이 되도록 국회가 제 구실해야

몇몇 전문가들은 기초생활보장예산의 확충, 노인장기요양보험의 국가부담금 증액 등이 국회 심의과정에서 이뤄져야 한다고 말합니다. 동의합니다. 하지만 이런 시각으로는 부족합니다. 복지예산 기조의 근본적 변화가 있어야

● 복지국가, 조세제정

합니다. 보건복지가족부의 예산이나 복지예산의 틀 안이 아닌, 전체 정부 재정의 큰 틀에서 복지재정을 바라보는 시각이 절실합니다. 그 속에서 우선순위와 내용을 따져야 하는 것입니다.

양극화, 저출산 및 고령화 등 사회적 위기의 정도가 깊어지고 요구도 더 높아지지만 우리의 복지재정 수준은 여전히 국내총생산(GDP)의 10%에도 미치지 못합니다. 이래가지고선 서민들에게 체감 있는 복지를 실현하기 힘듭니다. 지속적인 복지예산 확충의 목표와 설계가 있어야 하는 것입니다.

경제 관료들과 보수 세력은 복지재정 확충을 외치면 '말은 좋은데 돈이 있어야지'라고 말합니다. 정말 돈이 없어 그런가요? 4대강 예산에 쏟아 붓는 돈이 얼맙니까? 22조 원이라고 하고, 32조 원이라고도 하는데, 하여간 천문학적 돈입니다. 또, 감세조치로 빠진 돈은 얼맙니까? 이런 돈을 복지에 쏟아 넣는다면? 아니 4대강 예산의 일부만이라도 장애인복지 예산에 투입한다면, 가정이 풍비박산 나는 중증 환자들에게 투입된다면, 아이들 급식에 투입된다면, 사교육비 절감대책에 들인다면. 4대강에 들이는 돈을 투입하면, 이 모든 게 당장에도 상당부분 가능해질 것입니다.

정부의 예산안은 향후 국회에서 16개 상임위원회 별로 예비심사를 받습니다. 이 심사가 끝나면 예산결산특별위원회에서 종합심사를 해서 예산안을 의결합니다. 국민의 대표인 국회가 정부에 동의권을 부여하는 과정입니다. 국회는 과거 권위주의 정권 시대에 이 과정에서 '정부의 시녀'나, '들러리, 거수기'란 치욕적인 말을 들었습니다. 민주화 이후 예전에 비해 많이 달라졌다고는 하나, 이 심의과정이 국민의 삶의 질과 나라의 장래를 깊이 새기면서 이뤄지는 지는 여전히 의문입니다. 정쟁과 이해관계 등으로 인해 예산심의는 번번히 법정시한 막판의 숫자 맞추기나 자신의 지역구 챙기기 성격이 강했습니다.

그러니 행정부의 '선수'들이 만든 예산안에 손을 대는 비율이 거의 1%대를 넘지 못했다고 합니다. 이쯤 되면, 누구 말대로 심의가 아니라 추인인 것이지요. 국회는 언제까지 들러리를 계속할 것인가요? 국회는 진정 '서민들의 아픔'이 무엇인지, 깊이 살피는 주체적인 예산심의를 하길 바랍니다. 국민의 대의기관으로서, 정책조정과 공론의 장으로서 제 기능을 온전히 했으면 하는 바람이 간절합니다. 그리고 이번에는 온 국민이 두 눈을 부릅뜨고 국회의 예산심의 과정을 지켜보아야 하겠습니다.

● 복지국가, 조세재정

프랑스 경제가 위기에 상대적으로 강한 이유

정세은 | 칼럼 2009년 12월 21일

　미국 발 국제금융위기로 전 세계가 고통 받고 있다. 이로 인해 2009년 대부분 선진국들도 경제성장률이 마이너스(−)를 기록할 것으로 예측되고 있다. 예를 들어 2009년 10월에 발표된 IMF의 경제전망에 따르면, 2009년 올해 미국은 −2.7%, 신흥 동유럽 국가들을 포함한 EU는 −4.2%, 일본은 −5.4%의 경제성장률을 기록할 것으로 예상되고 있다. 그런데 흥미로운 것은 서유럽 선진국가들 중에서 프랑스가 상대적으로 위기에 매우 강한 모습을 보이고 있다는 점이다. 2009년에 스페인이 −3.8%, 영국이 −4.48%, 이탈리아가 −5.1%, 독일이 −5.3%의 경제성장률을 보일 것으로 전망된 데 비해, 프랑스는 −2.4% 정도가 될 것으로 전망되었다.

　그 이유는 무엇인가? 현 대통령인 사르코지는 자신의 경기부양 정책이 효과를 발휘했다고 자랑하고 있지만, 프랑스 모델이 위기에 덜 민감했던 이유는 다른 데 있는 듯하다. 프랑스의 진보적 경제월간지 『Alternatives Economiques』(2009년 7월 호)는 가장 중요한 원인으로 프랑스의 수준 높은 재분배정책, 이로 인한 가계 소비의 일정 수준 유지를 들고 있다. 프랑스의 경제가 이웃 국가들보다 경기 침체를 덜 겪게 된 이유는 내수가 다른 국가들보다 크게 악화되지 않았다는 데 있는 것이다. 2009년 7월 전망한 바에 따르면, 2009년 한 해 동안 GDP의 58%를 차지하고 있는 민간소비는 소폭 증가하는 모습을 보였다. 미국의 경우 민간소비가 2.0% 감소, EU 27개국의 경우 1.5% 감소한 데 비해, 프랑스는 0.2%가 증가했다. 한편, GDP의 21%를 차지하는 투자도 부동산에 대한 투자와 기계설비 및 공장시설에 대한 투자가 단지 5.9% 정도 감소하는 데 그쳤다. 비록 감소하기는 했지만 이웃 국가들보다는 상당히 미약하다는 점에서 점수를 받을 만하다.

이와 같이 상대적으로 프랑스의 내수가 상대적으로 덜 충격을 받은 이유 중 하나는 인구가 꾸준히 증가하고 있다는 것이다. 독일의 경우는 인구가 줄고 있고, 스페인이나 이탈리아는 이민에 의해 인구가 증가하는 반면, 프랑스는 출산율의 증가가 인구 증가의 원인이 되고 있다. 이민에 의해 인구가 증가하는 스페인의 경우 위기가 발생하자 많은 이민자들이 본국으로 돌아감에 따라 인구증가의 부정적인 영향이 발생하고 있다. 이에 비해 프랑스의 출산율의 증가에 기인한 인구증가는 가계의 소비뿐만 아니라 주택수요를 지지하는 역할을 하고 있다. 이것이 왜 프랑스에서 건설투자가 단지 소폭만 줄었는지를 설명해 주는 하나의 이유가 되고 있다. 인구증가 외에도 프랑스 가계가 미국이나 영국에 비해 가계부채 문제가 심각하지 않다는 점도 소비가 유지될 수 있는 다른 이유가 되고 있다.

그러나 인구증가 요인과 양호한 가계부채 수준보다 내수 유지에 더 큰 기여를 하고 있는 것은 국가의 강력한 재분배정책이다. 재분배정책이란 조세를 거둘 때 고소득층으로부터 세금을 더욱 많이 걷어서 이를 복지프로그램을 통해 저소득층에게 이전함으로써 자본주의 경제가 불평등 심화로 인해 파멸하게 되는 것을 막기 위한 기능이다. 따라서 조세구조가 누진적이고 세금을 많

● 복지국가, 조세재정

이 거둘수록, 그리고 거둔 조세의 더 많은 비중을 복지프로그램에 사용함으로써 저소득층에게 더 많이 가게 할수록 재분배기능이 강력한 국가이다. 이러한 재분배기능은 어느 국가이든 하게 되어 있지만, 그 정도는 그 나라 국민들의 선호도에 따라 달라질 수 있다. 그리고 일반적으로 국가의 재정규모가 클수록, 복지프로그램 규모가 클수록 이러한 재분배기능이 강하다.

다시 프랑스의 예로 돌아오면, 프랑스의 재정규모는 2009년에 GDP의 55.6%에 이른다. 이것은 EU의 27개 국가 중에서 스웨덴(56.6%)을 제외하고는 가장 높은 수준이다(EU평균은 50.1%). 그리고 이러한 지출의 대부분은 복지프로그램의 형태로 시민들에게 재분배되고 있다. 이렇게 직·간접적으로 재분배되는 복지지출의 비율은 GDP의 34.6%이다. 그리고 이러한 재분배지출이 위기 시에 가계의 소득을 안정화시키는 강력한 수단이 되고 있는 것이다.

이러한 복지프로그램 지출액은 경제상황이 악화될 때 자동적으로 증가할 수밖에 없다. 반대로 정부의 재정수입은 경제상황이 악화될 때 나빠질 수밖에 없다. 이러한 상반되는 가위 효과로 인해 위기 시에는 재정수지가 악화된다. 그리고 바로 이러한 메커니즘 덕분에 위기 시에 인위적으로 무리한 경기부양 정책을 펴지 않더라도 경기가 진작되는 효과가 발생한다. 따라서 이러한 메커니즘을 "자동안정화 장치"라고 부른다. 즉, 복지프로그램이 잘 갖추어져 있을수록 위기 시에 "자동안정화 장치"가 잘 작동하는 것이다. 결국 프랑스의 내수가 크게 감소하지 않았던 중요한 이유가 바로 수준 높은 복지프로그램에 있었던 것이다.

	연도	지니계수		재분배 크기 (지니계수 개선율, %)		
		시장소득	재분배소득	전체	조세	공적이전
벨기에	1997	0.481	0.260	45.9	13.1	32.8
덴마크	1992	0.426	0.236	44.6	10.6	34.0
네덜란드	1999	0.440	0.248	43.6	15.3	28.3
스웨덴	2000	0.447	0.252	43.6	8.3	35.3
핀란드	2000	0.430	0.247	42.6	9.8	32.8
독일	2000	0.459	0.264	42.5	12.0	30.5
프랑스	1994	0.485	0.288	40.6	3.5	37.1
노르웨이	2000	0.406	0.251	38.2	9.9	28.3
오스트리아	1994	0.452	0.311	31.2	10.8	20.4
영국	1999	0.500	0.345	31.0	5.8	25.2
캐나다	2000	0.413	0.302	26.9	9.7	17.2
미국	2000	0.469	0.368	21.5	10.7	10.9
12개국 평균		0.444	0.281	36.6	9.8	26.8
한국	1996	0.302	0.298	1.3		
한국	2000	0.374	0.358	4.3		

위의 표는 선진국의 재분배정책이 어느 정도로 소득불평등을 완화하고 있는지, 우리나라는 사정은 어느 정도인지를 비교한 표이다. 소득불평등 정도를 파악하기 위해서 사용하는 개념이 지니계수이다. 지니계수가 높을수록 소득불평등도가 높다는 것을 의미하므로 재분배정책의 효과가 클수록 소득불평등도가 완화되고 지니계수가 낮아질 것이다. 따라서 조세를 거두기 전, 복

● 복지국가, 조세제정

지수당을 지급하기 전의 소득(시장소득)을 대상으로 지니계수를 구하고 조세를 거둔 후, 그리고 복지수당을 지급한 후의 소득(재분배소득)을 대상으로 지니계수를 구해서 비교함으로써 재분배정책이 어느 정도로 잘 이루어지는지를 파악할 수 있게 된다.

결과를 살펴보면, OECD 12개 국가들에서 평균적으로 조세와 공적이전을 통해 지니계수가 0.44에서 0.28로 바뀌어 형평성이 상당히 개선되었음을 알 수 있다. 프랑스는 1994년을 기준으로 계산했기 때문에 시간이 많이 흘렀으나 재분배정책이 매우 강력함을 알 수 있다. 그런데 자세히 살펴보면 영국, 미국, 캐나다 등 영미계 국가들의 재분배 규모가 작고, 유럽 국가들의 재분배 규모가 크다는 것을 알 수 있다. 그러면 우리나라는 어떠한가? 외환위기 이후에는 소득 불평등도가 상당히 증가했음에도 불구하고 조세와 공적이전을 통한 소득재분배가 크게 개선되지 않았다.

이와 같이 재분배기능이 약한 국가에서는 위기 시에 '자동안정화 장치'의 작동이 미약하므로 정부가 일반적으로는 강력한 경기부양정책을 펼치기 마련이다. 재분배기능이 약한 미국의 경우 2007년과 2009년 사이에 재정지출이 17% 증가했고, 영국은 11% 증가했지만, 프랑스의 경우 단지 3.8% 증가했다. 즉, 프랑스 재정지출이 장기적으로는 매우 높은 수준에 있지만 위기의 순간에는 크게 증가하지 않는 것이다. '자동안정화 장치'나 단기적 경기부양책이나 모두 위기 시에 경기를 부양할 수 있겠지만 자동안정화 장치의 장점은 위기로 인해 실업 상태에 처하게 되거나 해서 정부의 지원이 필요한 바로 그 사람에게 자동적으로 재정이 투입되게 된다는 점에 있다. 정부가 어떻게 경기를 부양시킬까 고민하지 않아도 되고 확대되는 정부지출을 따오기 위해 기업들과 지자체들이 무리를 하지 않아도 되는 것이다. 무엇보다 정부의 지원이 필요한 가계의 가처분소득이 유지됨으로써 소비가 유지되고, 그로 인해 위기가 다른 국가보다 빨리 지나갈 수 있게 된다.

한편, 복지프로그램의 존재뿐 아니라 공공부문 고용이 많다는 점도 프랑스의 내수를 유지시키는 데 중요한 역할을 했다. 민간부문이 경기침체에 따라 구조조정을 감행하고 그로 인해 실업상태에 빠져 소비를 줄이는 가계가 속출할 수밖에 없는데 비해, 공공부문은 경기순환을 따르지 않으므로 경제를 안정화시키는 데 큰 역할을 하는 중요한 요인이다. 2009년에 프랑스의 공공부문 노동자에게 지급된 임금이 GDP의 13.2%를 차지하였는데, 이는 EU 평균인 11%를 넘은 수치였다. EU 국가들 중 프랑스보다 공공부문 노동자에게 지급된 임금이 더 많은 국가는 스웨덴과 덴마크에 불과하다. 그만큼 공공부문이 경기안정화 역할을 했다는 의미이다. 한편, 27개 EU 국가 중 슬로바키아를 제외하고 공공부문 고용이 가장 적은 국가가 독일이었는데, 이것이 독일 경제가 심각한 충격을 받은 이유를 일부 설명할 것이다.

결국, 프랑스의 사르코지 대통령은 현 정부의 적극적인 경기부양 정책이 프랑스 경제를 부양했다고 자랑했지만, 단기적 경기부양책보다는 수준 높은 재분배정책에 의한 '자동안정화 장치'의 작동으로 인해 경제의 안정화가 유지된 것이다. 이러한 사례가 주는 교훈은 매우 명확하다. 위의 표에서도 확인했듯이 우리나라는 국제적 기준에서 보았을 때, 재분배기능이 매우 미약하므로 자동안정화 기능이 잘 발휘되도록 하기 위해 향후 복지프로그램을 더욱 강화해야 한다는 것이다. 제도적 복지의 강화가 사회의 안정과 통합에 기여하는 분배정책임과 아울러, 내수의 진작과 경제안정화의 중요한 수단이기 때문이다. 마지막으로 단기적 경기부양책보다 '자동안정화 장치'가 더 바람직한 이유는 자동안정화 장치의 경우는 언제 재정정책의 기조를 다시 긴축으로 변화시켜야 할지 고민할 필요도 없다는 점이다. 때가 되어 가계가 안정을 찾게 되면 자연히 그 복지프로그램의 대상에서 벗어나게 되기 때문이다.

불로소득세만으로도 복지국가 가능하다
불로소득세 중심의 증세 방안 도입하라

홍보위원회 | 논평 2009년 7월 16일

세종대학교 변창흠 교수가 흥미 있는 조사자료를 발표하였다. 변창흠 교수가 도시계획학회 학술대회에서 발표한 자료에 의하면, 1998~2007년 사이의 10년 동안 발생한 부동산 개발이익이 약 2,002조에 이른다고 한다(7월 9일자 한겨레신문 보도).

변 교수는 "1998년 한국의 총 지가는 1,472조원에서 2007년 3,171조원으로 1,700조원이 늘어났고 개발이익도 1998년 -114조원에서 2007년 302조원으로 늘어났다"며 "이 기간에 발생한 누계 개발이익은 2,002조원에 이른다"고 밝혔다.

그런데 변교수는 이 금액 중 양도소득세와 개발부담금을 통해 환수한 개발이익은 35조원으로 2,002조의 1.7%에 그쳤다고 밝혔다. 이중 양도세를 제외한 순수한 개발부담금, 개발제한구역 훼손부담금 등은 7조원으로 전체 개발이익의 0.4%에 불과했다. 개발이익 환수 총액에 취득세·보유세 등 토지 관련 세금을 모두 더한 금액도 116조원으로 전체 개발이익의 5.8%에 그쳤다.

결과적으로 지난 10년 동안 부동산 가치 상승으로 생긴 이익 2,002조원 가운데 각종 세금과 부담금을 제외한 1,886조원이 모두 토지·주택 소유자들에게 불로소득으로 흘러간 셈이다.

우리는 이러한 조사결과를 접하면서 두 가지 생각을 떠올리게 된다. 첫째는 이른바 민주정부로 규정되었던 김대중, 노무현 정권 10년 동안 엄청난 규모의 부동산 개발이익이 발생하였다는 것이다. 이것은 명확한 복지국가의 전

● 복지국가, 조세제정

략과 비전을 갖는 정치세력에 의해 권력이 창출되지 않는 한, 그것이 아무리 민주정부라 하더라도 그리고 아무리 10년 동안 집권을 했다 하더라도 결국 경제적으로는 명쾌한 자기 노선을 구현하지 못한 채 엄청난 불로소득만을 창출할 뿐이라는 것이다.

두 번째는, 이제부터라도 늦지 않았다는 것이다. 변 교수의 계산에 의하면, 불로소득에 대한 합리적 과세만으로도 복지국가를 만들기 위한 재원 형성이 그리 어렵지 않기 때문이다.

불로소득이란 말 그대로 아무런 노력 없이 가만히 앉아서 얻어지는 소득을 말한다. 이것은 대부분 자산가치의 상승을 통해 이뤄진다. 따라서 이러한 불로소득은 국가 혹은 사회가 거의 그대로 환수한다고 해도 크게 염려될 것이 없다. 자본주의적 효율성의 논리에 따르더라도 불로소득을 '사회화' 하는 것은 혁신을 저해하는 것이 아니라 오히려 혁신을 압박하는 결과를 빚게 된다. 즉, 불로소득에 대한 압박은 성장을 지원한다.

물론, 정상적인 물가상승분을 고려해 주고 자산의 획득과정에 들어간 근로가치를 일부 인정해줄 수도 있을 것이다. 그러나 그렇다 해도 최소한 절반 이상의 불로소득을 국가가 환수할 필요가 있다는 점에 대해서 사회적 합의를 이루기는 어렵지 않을 것이다. 이미 2008년까지 시행된 양도세 하에서도 3주택 이상 소유분과 비사업용 토지의 양도소득세율은 60%로 정해져 있었다. 이것은 특정 불로소득의 경우 60% 이상을 국가가 환수하겠다는 사회적 합의가 이미 존재하고 있었다는 뜻이다.

여기서 우리는 한 가지 재밌는 계산을 해보고자 한다. 만약 10년간 2,002조원의 불로소득이 발생했다는 변 교수의 자료를 단순히 수평적으로 계산해 연평균 200조원 규모의 불로소득이 매해 발생한다고 가정한다면, 그리고 그 중에서 50%를 국가가 제대로 환수한다고 가정한다면 우리는 연간 100조원의 재원을 마련할 수 있다는 결론을 얻을 수 있다.

문제는 이 돈을 만약 전액 복지예산으로 투입한다면? 연간 100조원의 복지예산이 생긴다면 그것은 도대체 어느 정도의 액수일까? 단적인 예로, 200만 명의 대학생에게 연간 등록금 600만원씩을 무상 지원해도 12조원이면 해결 가능하다. 우리도 유럽의 다른 나라들처럼 돈 걱정 없이 대학을 다닐 수 있는 무상교육의 세상이 그리 먼 미래의 일이 아니라는 것이다. 또한 6조원이면 우리나라에 무상보육 시스템을 구축할 수 있다. 7조원이면 300만 명의 절대빈곤층에게 빈곤탈출을 지원할 수 있다. 그러고도 또 10조원이 있으면 500만 명의 노인들에게 월 15만원씩 기초연금을 지급할 수 있다. 지금 나열한 복지제도들을 한 번에 몽땅 도입해도 30~40조원이면 다 해결할 수 있는 것이다.

물론 혹자는 이러한 계산법이 너무 단순하다고 비난할지도 모른다. 그러나 변교수의 조사 결과가 의미하는 바는 어쨌든 불로소득에 대한 합리적 과세만으로도 우리는 엄청난 잠재적 세수기반을 확대할 수 있다는 것이다. 아무도

● 복지국가, 조세재정

이를 부정할 수는 없을 것이다. 그리고 이것만으로도 우리는 역동적 복지국가를 위한 거대한 물적 기반을 창출 할 수 있다.

그런데 오늘 우리 정부는 불로소득의 사회적 환수보다는 새로운 불로소득을 창출하는 데 더 많은 관심을 갖고 있는 것 같다. 이명박 대통령이 지난 서울시장 시절, 청계천 개발을 통해 엄청난 액수의 개발이익을 창출했고, 그것이 대부분 민간 영역으로 흘러들었던 것처럼, 새로이 시작될 4대강 개발도 결국 토지 소유주들과 건설업체, 그리고 부동산업자들의 이익으로 귀착되지 않을까, 우리는 걱정하지 않을 수 없다.

변 교수의 연구결과는 불로소득에 관한 합리적 과세만으로도 적지 않은 정부재정을 마련할 수 있음을 잘 보여준 것이다. 지금까지 보수 정치세력뿐만 아니라 자유주의자들도 우리나라가 복지국가를 하기에는 정부재정이 부족하다는 현실 논리를 들이대면서 복지제도의 획기적 확충을 가로막아 왔다. 불로소득에 정당하게 과세하는 등의 조세 정의를 바로 세우는 일, 다음으로 소득세 중심의 누진조세를 강화하는 단계적 증세를 통해 정부재정을 경제협력개발기구 국가들의 평균수준으로 재빨리 끌어올려야 한다. 우리 복지국가소사이어티는 이러한 공정하고 진보적인 조세 및 재정정책을 통해 보편적이고 적극적인 역동적 복지국가를 만들 수 있다는 확신을 갖고 있다.

정부는 이제라도 소득의 기원을 따져 이를 차등 대우하는 새로운 조세 전략을 도입하고, 이를 통해 불로소득에 대한 엄격한 사회적 환수를 추진해야 할 것이다. 우리는 정부가 불로소득세라는 새로운 세목을 창설해서라도 자산소득 환수에 대한 강력한 의지를 표명해야 한다고 생각하는 바이다. 그리고 이렇게 환수된 불로소득은 당연히 역동적 복지국가를 위한 예산으로 쓰여야 한다. 이것이 진정한 의미의 민주주의, 곧 민생민주주의이기 때문이다.

● 복지국가, 조세재정

감세논란과 비정규직 법의 상관관계
이명박 정부는 부자감세 중지하고, 복지 확충에 나서야한다

홍보위원회 | 논평 2009년 7월 2일

　이명박 정부의 부자감세 정책이 심지어 범정부측 내에서도 회의론이 부상하고 있을 정도로 문제시 되고 있다. 최근 기획재정부가 주최한 2009~2013년 국가재정운용 계획 토론회에서 한국개발연구원(KDI)은 감세정책으로 재정건전성이 심각하게 저해될 수 있다는 경고를 보냈다. 지난해 실시한 감세정책에 때문에 빚어진 세수 축소 규모는 정부 추정치로 따져서 2012년까지 모두 33조900억 원에 이를 것으로 발표되었다. 또한, 매년 영구적 감세가 미치는 영향까지 고려하면 감세로 인한 재정 감소는 총 88조7000억 원에 달할 것으로 전망되었다. 국회의 예산정책처는 이 액수가 실제로는 96조 원에 이를 것으로 추계하고 있다.

　KDI의 계산에 의하면, 정부가 지난해 시행한 감세는 올해 약 25조 원의 세수를 줄이게 되는데, 여기에 정부가 올해 추가경정예산으로 편성한 29조 원을 합치면 약 54조 원의 재정 손실이 발생한다. 이는 연 200조원 규모인 통합재정 지출을 올해 한꺼번에 27%(54조)나 늘린 것이다. 이는 보통 때 연평균 재정 적자 증가율(9%)의 3년 치를 당겨쓴 셈이라고 한다. 이에 따라 올해 재정 적자는 국내 총생산의 5%인 51조 원이고, 국가 빚도 국내총생산의 35.6%인 366조원까지 늘어날 것으로 발표되었다. 우리 후세대가 갚아야 할 나라의 빚이 기하급수적으로 늘고 있는 것이다.

　이렇게 감세로 인한 문제의 심각성에 대해서는 이미 많은 사람들이 동의하고 있는 중이다. 그러나 이 문제의 해결 대책에 대해서는 정부와 여당 내부에

서도 의견이 모아지지 않는다고 한다.

일단 내년으로 예정된 고소득층의 소득세율과 대기업의 법인세율을 인하하는 방안을 놓고 세제 관련 주무부처인 기획재정부 내에서도 "유보를 긍정적으로 검토"한다는 장관과 "내년 감세 예정대로" 실시한다는 세제실장이 상반된 발언을 하다가, 나중에 다시 보도 자료를 내어 "내년 감세를 예정대로" 실시한다고 발표하기도 하였다. 정책 혼선은 정부 내에서만 있는 것이 아니다. 국회 기획재정위원회의 한나라당 의원들이나, 남경필 의원은 "이제 감세 정책은 그만두는 게 좋겠다"라고 하면서 종합부동산세와 법인세 및 소득세 감면, 다주택자의 양도세 중과 폐지 등 기존의 감세정책을 재검토해야 한다는 말까지 하고 있다.

그런데 이러한 '부자감세' 논란은 예전의 한나라당이 김대중 정부의 경제정책을 방해하고 발목 잡는 데 활용된 적이 있었다. 당시 이들은 우리나라가 조속히 재정균형을 회복하지 못하면 70년대 남미의 칠레나 아르헨티나와 같이 재정적자의 늪에서 헤어나지 못해 후진국이 될 것이라고 경고하였었다. 또 참여정부 시기에는 한나라당뿐만 아니라 당시 집권당이던 민주당과 재정경제부 관리들까지 한목소리로 '균형재정'을 외치는 바람에, 많은 복지제도와 진보개혁적인 조치들이 제대로 시행되지 못하고 유보되기도 하였다.

바로 이 같은 일이 엊그제 같은데, 오늘날 여당이 된 한나라당은 이제 자신들이 지난날 내세웠던 균형재정의 원칙을 손바닥 뒤집듯이 뒤집고 있다. 특히

● 복지국가, **조세제정**

지난 정부시절 균형재정을 금과옥조처럼 여기던 기획재정부 관리들은 이제 어떠한 논리로 오늘날의 감세 정책을 옹호할 것인지 궁금하지 않을 수 없다.

더 큰 문제는 이러한 감세가 지금처럼 경제가 어려운 상황에서 부자들을 대상으로 하고 있다는 것이다. 이런 감세 정책이 얼마나 경기 부양에 효과가 있을 것인지에 대해서는 전문가들조차 매우 회의적인 반응을 보이고 있다. 정부는 재정적자를 메우기 위해 서민들을 대상으로 하는 비과세 감면 폐지와 각종 증세 조치들을 구상중인데, 이는 위축된 내수를 더욱 냉각시킬 것이 거의 확실하다. 즉, 시대에 안 맞는 감세정책과 이로 인한 문제점을 숨기기 위한 오도된 증세 방침이 가만 놓아두면 회복될 경기 침체를 더욱 가중시키고 있는 것이다.

그런데 우리를 실망시키고 있는 것은 시대에 안 맞는 감세정책뿐만이 아니다. 최근에 국회에서 벌어지는 비정규직 입법의 시행 연기와 관련하여, 우리는 또 한 번 기성 정치세력들의 한계를 절감하게 된다. 법안 시행을 2년 동안 연기한 후에는 1,100억 원 정도의 예산을 동원해 (정부통계로도) 540만 명에 이르는 비정규직의 정규직 전환을 지원하겠다는 것이 정부 여당의 소위 비정규 대책이다. 그런데 1,100억 원이라는 이 돈의 규모를 잘 계산해 보자. 이것은 540만 명의 비정규직 근로자 1인당 1년에 2,037원을 지원한다는 얘기다. 1인당 2,000원씩 나눠주는 이것을 어떻게 집권 여당의 비정규직 노동정책이라고 발표할 수 있는지, 우리는 참 그들의 용기가 궁금할 지경이다.

야당이라고 해서 사정이 다르지는 않다. 현실을 무시한 채 무조건 정규직으로 전환하기 위해 법안의 시행을 강행해야 한다는 것을 대책이라고 내세운 민주당 역시 국민들이 보기에는 신뢰가 가지 않는다.

우리 복지국가소사이어티는 세계적인 경제 상황이나, 기업 경영의 불가피한 필요에 따른 구조 조정의 필요성을 인정한다. 우리는 무조건 모든 비정규직을 정규직으로 전환해야 한다고 주장하지 않는다. 이러한 구호성 주장은 우리의 현실을 조금만 구체적으로 고민해도 그것이 얼마나 허공의 뜬구름 잡는 이야기인지 금방 알 수 있기 때문이다. 우리가 원하는 것은 구호가 아니라 구체적인 대안이다. 우리는 정부의 재정을 비정규직에 대한 4대 사회보험 보장을 위해 사용하고, 보육·교육·보건의료·노후소득의 보장 등의 보편적 복지의 제도적 확대에 투자하여 비정규직이 정규직과 같은 수준의 대우를 실질적으로 받을 수 있도록 해야 한다고 생각한다.

이런 맥락에서 오늘날 빚어진 비정규직 법 파동과 감세 논쟁은 아주 긴밀한 관계가 있다. 비정규직 문제는 노사교섭을 다루는 노동정책 보다는 국가복지제도의 보편적 확충을 통해 사회적으로 접근해 나가야 하는 것이 대원칙인데, 정부와 여당이 마치 무슨 정신이상 증세에 감염된 듯 감세정책을 고수하는 바람에 복지 해법을 통한 문제 해결을 점점 불가능하게 만들고 있는 것이다.

우리 복지국가소사이어티는 그 동안 감세를 반대하고, 소득세 등 직접세

● 복지국가, 조세제정

　중심의 증세를 주장하는 일관된 입장을 표명해왔다. 우리는 보편적 복지의 제도화를 통한 사회경제정책의 통합적 발전을 위해서는 일시적인 적자 재정의 과감한 운용도 필요하다고 주장한다. 그러나 문제는 적자 재정의 지출 원칙이다. 이 적자 지출은 4대강 개발과 같은 토목공사 분야의 지출이 되어선 안 된다. 그것은 이 땅의 노동자들이 설사 비정규직이라 하더라도 정규직과 별 차별 없이 건강한 사회구성원으로서 아무런 걱정 없이 살아갈 수 있도록 탄탄한 복지시스템을 보편적으로 구축하는 것이다.

　실질적인 수준으로 영·유아 보육비를 지원하고 아동수당제도를 전면 시행하며, 획기적으로 공교육을 확대하고, 제로(0%) 금리의 대학생 등록금후불제를 전면 실시해야 한다. 또, 비정규직까지 고용보험을 확대 적용하고, 퇴직 후 2년까지 실업부조를 시행하며, 보장성 90%까지 전국민의료보장을 확대해야 한다. 그리고 실질적인 노후소득 보장이 되는 수준의 기초연금과 노령연금의 실시해야 한다. 이러한 보편적 복지의 확대에 국가의 재정을 투자할 때 적자 재정은 역사 앞에 그 정당성을 인정받을 수 있는 것이다.

　우리 복지국가소사이어티는 경제가 어려울수록 보편적인 복지제도의 시행을 통해 노동자의 가처분 소득을 늘리고, 그들의 구매력을 높여 내수 경기를 활성화시킬 수 있다고 생각한다. 우리는 이를 통해 국가의 성장 잠재력을 극대화할 수 있다고 확신한다. 이것이 한나라당이 마치 자신들의 전매상품인 냥 그토록 외쳐대는 경제 살리기의 실효성 있는 유일한 방법인 것이다.

바로 이러한 목표와 전략을 갖고 적극적인 증세를 주장하는 정치세력이야말로 진정으로 국민들을 생각하는 정당일 것이다. 또 그러한 정당만이 오늘의 경제난뿐 아니라 비정규직 문제를 비롯한 한국 사회의 산적한 난제들을 해결해 나갈 수 있는 수권 능력을 갖춘 정치세력일 것이라고 우리는 확신한다.

● 복지국가, 조세재정

추경은 민생과 복지에 국한되어야

정세은 | 칼럼 2009년 3월 23일

　최대 29조 원대로 예상되는 추가경정 예산안이 24일 발표될 예정이다. 2008년 GDP 규모가 약 950조 원이니 GDP의 3% 정도에 이르는 적지 않은 규모의 추경이 편성되는 셈이다. 이를 다루는 언론들은 '민생을 위한 슈퍼 추경'이라는 제목을 달아 현 정부가 대기업과 고소득층만을 위한 정부가 아닌, 서민들도 위하는 정부라는 인식을 효과적으로 심어주고 있다. 그러나 29조 원 중에서 적어도 11조 원은 감세와 경제성장률의 과다 예측으로 야기된 세수 부족을 메우기 위한 것이어서 이번 추경으로 민생예산에 사용될 실제 지출액은 16조~18조 원이라는 것, 그리고 이것도 지난 번 예산에서 제대로 반영되지 못했던 복지프로그램이 반영된 면이 크다는 점에서 이번 추경의 의미는 퇴색될 수밖에 없다.

　정부는 지난해 말 서브프라임 위기로 경기침체 우려가 심각해지는 상황에도 불구하고 고소득층과 대기업을 위한 감세를 과감하게 밀어붙여 세수 부족 사태의 원인을 제공했다. 감세안의 주요 내용은 다음과 같다. 개인이 납부하는 소득세를 과표 구간별로 2% 포인트씩 인하하며, 법인이 내는 법인세도 13~25%에서 10~20%로 최대 5% 포인트 낮춘다. 양도소득세는 세율 및 과표구간을 소득세와 똑같이 조정해 3% 포인트 인하하며, 상속·증여세 역시 인하한다. 아울러 대표적인 목적세인 교통세·교육세·목적세는 본세에 통합되는 방식으로 폐지하기로 한다. 이러한 정부의 감세안은 당초 야당의 거센 반대에 부딪혔으나 결국은 큰 수정 없이 통과되었다. 대표적으로 종부세의 경우 정부여당은 주택분 부과기준을 6억 원에서 9억 원으로 상향조정하고 세율을 1~3%에서 0.5~1%로 인하하려 했으나 여야 합의에 의해 주택분 부과기준은 6억 원으로 유지하되 1주택보유자에 대해서는 3억 원의 기초공제를 허용하고, 세율은 0.5~2%로 조정하기로 했다. 그러나 곧 헌법재판소가 종부세 부부합산에 대해 위헌 판결을 내림에 따라 종부세는 무력화되었다.

   정부는 이러한 세제개편이 조세부담률을 인하함으로써 민간부문 활성화시키는 효과가 있으며, 특히 저세율 구조로의 전환으로 투자가 촉진될 것이라고 보았다. 또한 이러한 감세의 혜택이 모든 국민에게 골고루 돌아갈 것이라고 홍보하였다. 법인세의 경우 과세표준을 1억 원에서 2억 원으로 높이고 세율을 낮출 것이기 때문에 혜택을 받는 기업이 전체 법인의 90.4%인 32만개로 늘어나게 되고, 소득세의 경우 전 소득구간에 대해 소득세율을 2% 포인트씩 인하하고 소득공제액을 높일 것이기 때문에 중산층과 서민층의 세부담이 줄어들 것이라고 발표하였다. 그러나 감세의 직접적인 혜택은 전 국민에게 골고루 돌아간다기보다 주로 대기업과 고소득층에게 집중될 것이 분명하다. 누진세율 체계에서 동일한 비율로 세금 부담을 완화시켜 주면 세금을 원래 많이 내던 대기업, 고소득층이 더욱 큰 이익을 누릴 것이기 때문이다. 더구나 소득이 면세점 이하여서 세금을 내지 않는 소득자가 전체 소득자의 반 정도를 차지하고, 적자로 인해 법인세를 납부하지 않는 기업이 전체 업체수의 1/3을 차지하고 있는데, 가장 어려운 처지에 있는 이들은 원래 세금을 내지 않고 있기 때문에 감세의 혜택을 누릴 수 없다. 양도소득세, 상속세 및 증여세, 종부세 등도 저소득층이라면 내고 싶어도 낼 수 없는 세금으로써 감세 혜택은 당연히 고소득층에게 귀속될 수밖에 없다.

　이들이 누리게 될 감세 규모도 정부 발표와는 달리 매우 클 것으로 추정되고 있다. 정부는 2008~2012년간 감세로 인한 세수 감소분이 23.2원이라고 발표했는데, GDP가 950조 원이라는 점에서 그리 큰 규모가 아닌 것으로 보일 수 있다. 그러나 이것은 한번 감세되면 그 해만 세수가 줄어드는 것이 아니라 향후 지속적으로 세수가 줄어드는 것을 고려하지 않은 추정 결과이다. 감세로 인해 줄어든 세수는 계속 줄어든 상태로 있을 것이므로 이러한 지속 효과를 포함하여 계산하는 것이 정확한데, 이러한 추정 방법을 채택해 국회예산정책처는 세수 감소분이 82.5조에 이를 것이라고 발표했다. 한편, 진보신당은 그 규모가 194조 원에도 이를 수 있을 것으로 추정했다. 이 두 기관의 계산을 받아들인다면, 2008년~2012년 동안 감세로 인한 혜택이 해마다 15조~40조 원에 이르는 것으로 볼 수 있다. 진보신당은 이 감세의 혜택이 어떻게 분배되는지도 계산했는데, 과세표준 4,600만 원을 기준으로 한 고소득층, 매출액 1,000억 원을 기준으로 한 대기업이 전체 감세액의 76.1%의 혜택을 누릴 것으로 추정하였다. 이것까지 감안한다면, 해마다 대기업과 고소득층에게 12조~30조 원에 이르는 감세 혜택이 돌아간다고 볼 수 있다. 이로 인한 세수 부족을 메우려면 다른 세원을 찾던가 아니면 정부지출을 줄일 수밖에 없다.

정부는 이 세수 부족을 어떻게 메우려 하고 있는가? 정부가 세제개편안에 이어 발표한 예산안과 중장기재정운용계획에서 이를 어떻게 처리했는가를 알 수 있는데, 그것은 공기업 민영화를 통해 세외수입을 늘리고 적자국채를 발행하며 정부지출을 가급적 늘리지 않는다는 것이다. 정부지출 중에서도 특히 위축된 분야가 복지 지출 분야이다. 감세로 세수가 제약을 받으므로 공약으로 내건 대규모 토목사업을 추진하기 위해서 어디에선가 지출을 줄여야 하는 정부로서는 복지사업이 가장 축소시키기 쉬운 분야이기 때문이다. 정부의 당초 예산안은 2009년 10월 2일에 총지출 수준이 2008년에 비해 6.5% 증가한 273.8조 원 규모로 편성되었으나, 대외경제 여건이 급속히 악화되자 11월 3일에 10조 원 확대하는 수정예산안이 긴급 편성되어 총지출 증가율은 최종적으로 10.4%로 높아졌다.

그런데 정부의 2009년도 예산안의 재정지출 구조를 보면 복지·통일·국방 등 노무현정부가 상대적으로 무게를 뒀던 분야의 가중치가 줄어드는 대신 사회간접자본(SOC) 투자가 크게 증가한 것을 알 수 있다. 예산안의 사회기반시설 투자 규모는 2009년에 24조 8,000억 원으로 2008년보다 4조 8,000억 원(26.7%) 더 증가하였다. 이와 함께 정부는 부동산 투기를 막기 위한 각종 규제 장치를 대부분 해제하기로 함으로써, 건설경기를 부양해 경기를 진작시키겠다는 의지를 뚜렷하 밝혔다. 이와 같은 SOC 위주의 예산에 대해 정부는 나름대로 빠른 경기회복을 가져오고 동시에 기업들의 물류비용도 절감시켜 줄 것으로 믿는 것 같다. 그러나 기술의 발달로 토목, 건설 사업의 고용창출 효과가 미미하고 만들어지는 일자리도 단순 노무직 위주라는 점, 경제성보다는 정치적 고려나 공약성 사업과 같이 나눠 먹기식으로 추진되고 있다는 점, 사업의 내용도 도로 건설, 강 정비 등에 국한되어 있다는 점으로 인해 SOC 위주의 재정지출 계획의 효과는 그리 크지 않을 것이란 평가가 재정학자들 사이에서 일반적이다.

감세로 인해 제약을 받는 상황에서 재정지출 증가의 대부분을 건설, 토목 사업에 쏟아 붓는 바람에 경기침체로 직접적인 타격을 받을 저소득층과 중소기업에 대한 배려가 부족할 수밖에 없었다. 본예산과 수정예산안에서는 취약계층 급증으로 늘어날 법정사업비를 소폭 늘렸을 뿐, 복지 사각지대를 줄이거나 복지의 질을 높이려는 적극성은 보이지 않고 있다. 2009년 본예산에서 보건복지 예산 증가율은 총지출 증가율 6.5%보다 높은 10.7%인 것으로 발표되었지만, 증가된 예산 가운데 참여정부 시기에 만들어진 법 집행을 위한 자연증가분, 즉 법정지출경비를 제외하면, 재량지출은 오히려 1.4% 감소하였다.

한편 수정예산안에서는 국민기초생활보장·긴급복지 대상자 확대에 2,000억 원의 예산을 증액하는 등 저소득층 복지지원 확대에 1조 원을 추가로 투입하겠다고 했지만, 이는 복지지출 확대에 소극적이었던 처음 예산안과 기조가 크게 다르지 않다. 수정예산안에서 기초수급 대상을 158만 6,000명으로 1만 명 늘려 잡고 2,000억 원을 더 쓰겠다고 했지만, 2008년 159만 6,000명이었던 것을 2만 명이나 줄였다가 다시 1만 명을 늘린 것에 불과하다. 또한 실업급여와 생활안정자금 대부 등에 3,100억 원을 추가 지출하겠다고 했다. 하지만 이것도 기업도산과 구조조정으로 실업자가 늘어날 수밖에 없는 추세를 소폭 반영한 것일 뿐이다.

중소기업 대책도 마찬가지이다. 정부는 추가대책을 통해 중소기업과 영세자영업자 등 지원에 3조 4,000억 원을 더 쓰겠다고 밝혔지만, 국책은행 출자(1조 3,000억 원), 신용보증기금 확대 재원(5,000억 원), 수출보험 출연(2700억 원) 등이 대부분을 차지한다. 영세자영업자 대책은 긴급경영안정자금 지원 대상을 1만 4천 곳에서 2만 9천 곳으로 늘린다는 것과 신용카드 수수료 결정체계를 합리화하겠다는 약속뿐이다. 이와 같이 중소기업, 서민을 위한 지출을 가능한 한 줄여 지출 계획을 잡았음에도 불구하고 감세와 SOC 사업 확대로 인해 2009년에 21조 8,000억 원의 적자가 발생할 것으로 예상되어, 정부는 적자를 보전하기 위해 19조 7,000억 원의 국채를 발행하기로 계획을 세웠다.

그러나 감세 및 적자 예산안을 통과시킨 지 얼마 되지 않아 정부여당은 경기부양을 위한 추경을 다시 논의하기 시작했다. 이와 같은 상황은 경기가 빠르게 악화되고 있기 때문이기도 하지만, 감세로 인한 세수 부족, 복지감축으로 인한 사회안전망의 위축을 무시한 채 예산안을 통과시킨 것이 더욱 주요한 이유이다. 만일 본예산을 편성할 때 감세 없이 증가하는 세수를 가지고 복지 지출을 적극적으로 편성했더라면 현재보다 더욱 여유 있게 적극적인 추경

대책을 마련할 수 있었을 것이다. 정부가 예산편성 당시 경제성장률을 과도하게 높게 잡았던 것도 문제이다. 예산편성 당시 실질성장률 5.0%, 경상성장률 7.4%를 전제로 했다가 수정예산안에서는 각각 4.0%와 6.4%로 다소 하향 조정했지만, 올해 경제성장률이 마이너스가 될 것이라는 전망들이 나오고 있는 상황이다.

결국 이번에 편성되는 추경은 민생을 살리기 위한 슈퍼 추경이라는 타이틀을 달고 있지만, 실제로는 과도하게 낙관적인 성장률을 전제로 추진된 부자감세와 SOC 사업 위주의 지출 정책에 의해 뒷전으로 밀렸던 복지프로그램이 되살려진 측면이 크므로 그 의미는 그만큼 줄어들 수밖에 없다. 이를 잘 보여주는 사례가 바로 노동부의 일자리 창출을 위한 추경예산이다. 노동부가 이번 추경예산에서 청년층 실업 해소를 위해 신규고용촉진장려금을 115억 원 증액할 것을 요구한 것으로 알려져 있는데, 사실은 2009년 수정예산안 작성 당시 해당 장려금을 590억 원을 삭감하였다가 다시 115억 원을 늘리겠다고 한 것에 불과하다. 추경예산의 조삼모사 성격을 잘 드러내는 사례이다.

이번 추경예산의 이러한 조삼모사 성격에 국민적 공분이 있음에도 불구하고, 저소득층과 중소기업들이 벼랑 끝에 몰려 있는 형국이라 현재로서는 이들을 위한 추경예산이 제대로 마련되고 실행되는 것이 무엇보다 중요하다 하겠다. 이번 추경의 규모는 순지출액이 16조~18조 원인 것으로 알려지고 있는데, 현재의 경기하강 속도가 너무 빨라 이것으로 충분하다고 말하기는 어려울 것이므로 향후 2차 추경 편성의 가능성도 염두에 두어야 할 것이다. 무엇보다 중요한 것은 이번 추경이 저소득층과 중소기업들을 위해 제대로 쓰이도록 민생과 복지에만 한정되어야 한다는 점이다. 그런데 정부의 추경예산안 편성 계획을 보면, 다소의 우려감을 갖지 않을 수 없다. 정부는 민생안정, 일자리 유지·창출, 중소·수출기업 및 자영업자 지원, 미래대비투자, 지역경제 살리기 등 5개 분야에 걸쳐 16조~18조 원을 지출할 것이라고 밝혔다. 이 중에서 특히 문제가 되는 것이 미래대비투자와 지역경제 살리기 분야이다.

이 두 분야를 위해 정부는 기업의 투자를 촉발시킬 수 있는 연구개발(R&D) 지원에 2,000억 원 안팎을 비롯해, 신성장동력, 과학뉴딜을 위한 R&D 예산을 대폭 반영하고, 4대강 살리기에도 4,000억 원을 투입할 것으로 알려졌다. 또한, 지역경제 쪽에서는 30년 이상 된 노후 국립대학 리모델링 사업, 소규모 건축 투자를 통한 동네 경기 살리기 대책 등이 포함됐다. 이 후자들의 사업은 그 자체로서의 중요성과는 상관없이 대부분 민생을 살리기 위한 이번 추경의 목적과는 크게 관계가 없는 것들이다. 특히, 추경의 의미를 가장 퇴색시키는 항목이 있는데, 4,000억 원을 4대강 살리기에 투입하겠다는 계획이 그것이다. 이번 추경이 경기침체로 고통 받는 중산층과 서민을 구제하고 경기를 부양하는 것을 목적으로 삼고 있다면, 추경의 내용은 무엇보다 본예산에서 제대로 반영되지 않은 복지를 확충하는 데 투입되어야 하며, 효과가 서서히 나타날 투자사업보다는 즉각적인 효과를 발휘하는 소비 확대에 투입

● 복지국가, **조세제정**

되어야 할 것이다. 만일 저소득층의 가처분소득을 직접적으로 증가시키는 정책을 편다면 같은 규모의 돈을 쓰고도 더욱 많은 소비 진작 효과를 얻을 수 있을 것이며, 이것이 내수를 활성화시키는 수단이 될 것이다. 한 마디로, 이번 추경은 민생과 복지에 국한되어야 함을 다시 한 번 강조하고자 한다.

　마지막으로, 올해 추경을 민생과 복지에만 투입하도록 짜더라도 추경 자체가 한시적인 것이기 때문에 이것이 사회안전망의 확충이라는 의미로 이해되어서는 안 된다는 점을 지적하고자 한다. 추경은 일시적인 대책에 불과한 것이다. 2009년 본예산은 여전히 복지 위축의 기조를 띠고 있으므로 내년에 본예산 자체가 바뀌지 않는다면 올해 추경을 통해 반짝 복지 지출이 늘더라도 내년에는 다시 축소되고 말 것이다. 이번 추경만으로도 큰 폭의 재정적자가 발생하고 정부채무도 크게 증가할 것이므로 내년에는 추경을 편성하는 것 자체가 제약을 받을 수도 있다. 따라서 이번에 추경이 민생과 복지 위주로 편성되는 것도 중요하지만, 확대되는 복지 지출을 어떻게 지속적인 것으로 제도화할 수 있을 지를 모색하는 것이 더욱 중요하다. 그래야 재정적 측면에서 복지국가가 가능해지기 때문이다.